感谢国家社科基金（17CTY006）、广东省社科项目（GD19YTY04）、广州市社科联"羊城青年学人"项目（18QNXR02）、中央高校基本科研业务专项青年教师培育项目（19wkpy21）的资助。

| 博士生导师学术文库 |

A Library of Academics by
Ph.D.Supervisors

碰撞与调试

民办武术学校管理冲突研究

———·———

康 涛 著

光明日报出版社

图书在版编目（CIP）数据

碰撞与调试：民办武术学校管理冲突研究 ／ 康涛著
. --北京：光明日报出版社，2023.5
ISBN 978 - 7 - 5194 - 7233 - 7

Ⅰ. ①碰… Ⅱ. ①康… Ⅲ. ①武术—民办学校—学校
管理—研究—中国 Ⅳ. ①G852-40

中国国家版本馆 CIP 数据核字（2023）第 089091 号

碰撞与调试：民办武术学校管理冲突研究
PENGZHUANG YU TIAOSHI：MINBAN WUSHU XUEXIAO GUANLI CHONGTU YANJIU

著　　者：康　涛	
责任编辑：刘兴华	责任校对：宋　悦　张慧芳
封面设计：一站出版网	责任印制：曹　诤

出版发行：光明日报出版社

地　　址：北京市西城区永安路 106 号，100050

电　　话：010 - 63169890（咨询），010 - 63131930（邮购）

传　　真：010 - 63131930

网　　址：http://book.gmw.cn

E - mail：gmrbcbs@gmw.cn

法律顾问：北京市兰台律师事务所龚柳方律师

印　　刷：三河市华东印刷有限公司

装　　订：三河市华东印刷有限公司

本书如有破损、缺页、装订错误，请与本社联系调换，电话：010-63131930

开　　本：170mm×240mm			
字　　数：233 千字		印　　张：13	
版　　次：2023 年 5 月第 1 版		印　　次：2023 年 5 月第 1 次印刷	
书　　号：ISBN 978 - 7 - 5194 - 7233 - 7			
定　　价：85.00 元			

内容简介

　　组织管理冲突是组织内部或外部管理中难以协调而导致的矛盾激化和行为对抗。研究以民办武术学校为例，在借鉴组织管理冲突理论、权威结构理论和已有相关研究成果的基础上，通过实地调研与质性分析，对民办武术学校管理中的冲突现状、动因、过程和冲突调适进行系统研究，对民办教育机构在双重权威困境下的自主办学、权利重构以及政府规制，引导民办武术学校办学，促进教育公共服务利益最大化等问题进行深入分析。

　　研究认为，随着社会权力结构逐渐向现代分权型的结构过渡，政府主导的科层组织与民办武术学校统领的专业技术结构必定要从分立走向并重、平衡阶段，韦伯型是学校组织中专业取向与科层取向互相融合的结果，这种"双重取向"是一种比较理想的学校管理模式。通过民办武术学校的管理实践，印证了双重权威下的两种管理机制并非始终水火不容、非此即彼，它们彼此适当渗透，相互协调，更能够激发民办学校的办学活力，保障其办学自主性和相应权力。

目 录
CONTENTS

第一章

导　论

中华民族创造了博大精深的灿烂文化。武术是中国人民在长期社会实践中不断积累和丰富起来的一项宝贵的文化遗产。当代中国青少年承担着民族复兴与文化复兴的历史责任，是中华民族伟大复兴中国梦的筑梦人，中国的教育不仅要培养身心健康的人才，还要重视学生对优秀传统文化的传承。由此，学校体育与中华优秀传统文化的典型性代表——武术，就成为当代中国教育乃至中国社会发展进程中至关重要的元素。民办武术学校是中华武术血脉延续的主要场域，我国民办武术学校如何发展，成为传统武术文化传承和民办教育发展共同关注的话题。

第一节　选题缘由

一、问题的提出

学校武术作为武术文化传承的主渠道，是中国武术发展的基石。随着教育国际化进程不断深入，学校武术教育的发展暴露出严重问题，状况不容乐观。国家体育总局对全国 30 个省、自治区、直辖市 252 所普通中小学（其中有的中学含高中、初中、小学）进行了抽样调查，70.3%的学校竟然没有开设武术课。① 通过调查还得知，有些学校不仅没有增加武术内容，反而削减武术，以增加跆拳道等域外武技项目，此举就是典型的"去中国化"表现，是与中华民族同心共筑的"中国梦"相违背的。② 而作为我国基础武术教育单位的武术学校，

---

① 关于学校武术教育改革与发展的研究课题组. 我国中小学武术教育状况调查研究 [J].
体育科学，2009（3）：82-89.
② 马麟，康涛. "去中国化"对学校体育的警醒 [J]. 青少年体育，2015（10）：119.

所面临的困境和存在的问题更加突出，随着大大小小的民办武术学校日益增多，许多潜藏的内在冲突日渐显露，办学规模与效益之间相互矛盾的突出问题和一些管理乱象，致使一些学校运营不畅，甚至停办关门，严重影响了我国武术学校整体的发展和武术文化的推广普及，若不加以重视，武术这块中华民族的金字招牌将后继无人，优秀传统武术文化的发展将岌岌可危。

1982 年，电影《少林寺》的热映在中国大地掀起了一阵习武热潮，武术学校开始迅猛发展。改革开放以来，武术学校由家庭庭院式的拳脚教育形式转化为担当人才培养重任、实施学历教育的正规教育形式，对普及群众性武术活动、传承发扬中华优秀传统文化发挥着重要作用。伴随着改革开放，在"武术热"的带动下，各色各类武术学校如雨后春笋般蓬勃发展。据国家武术运动管理中心不完全统计，在鼎盛时期，全国各类武术馆校有 13000 余所，在校生近 100 万人。① 然而，由于缺乏政策制度保障和现代管理理念，民办武术学校的发展思路不清、定位不明、质量不高。无节制扩张和盲目办学，使得骤然增加的武术学校办学目的模糊、办学硬件不足、教学软件不硬、生源恶性竞争，导致武术学校的形象在人们心目中逐年降低，由此导致的后果则是求学者人数逐年减少，而学校倒闭数量却逐年增加。2006 年起，武术学校的发展呈现出没落状态，一些办学效益低的武术学校开始关门、倒闭。社会经济文化的变迁，以及教育思想观念的转变，给武术学校的发展带来了新的挑战，如何提高办学质量和竞争能力，成为关系当代武术学校生死存亡的必然需求。尤其是近年来，跆拳道、空手道、泰拳等境外武技的文化冲击，掠夺了习武群体资源，以东方传统文化为背景的武术学校，亟待冲破传统理念的束缚和管理的困厄，探索出一条务实且符合我国国情的民办武术学校发展之路，以促进中华武术文化的大发展、大繁荣。

在对各地民办武术学校进行实地调查时发现，我国民办武术学校整体暴露出规模小、管理差、教学质量低下等问题。在这里，怀着对中国武术学校未来发展和武术教育前景的忧思，展开对民办武术学校管理实践的研究。从学理上分析，在公共管理的视域下，民办武术学校作为带有一定公益性的教育机构，在没有政府资助、政策支持，甚至是政府监管失灵的情况下，它是如何生存下来、发展下去的？另外，地方政府的区域行政监管会给民办武术学校的发展带来哪些机遇？从简政放权和创新公共服务两个维度，政府如何更好地运用公共

---

① 中国武术馆校总览编委会．中国武术馆校总览［M］．北京：北京体育大学出版社，2006：9.

权力对武术学校进行管理，实行政府职能转变，这也是研究对公共事务管理的热切期盼。研究致力于拓展公共管理的疆域，进一步增强对民办武术学校管理的系统认识，探寻可以解决我国民办武术学校管理冲突问题的发展之道。

二、研究意义

（一）理论意义

随着社会环境的新变化和外来武技的强势冲击，武术教育和民办武术学校的发展面临新的形势与挑战，也肩负着更大的责任和担当，许多新的问题需要从新的视角展开探讨，并做出新的理论诠释。研究以权威结构理论为支撑，从传统师徒制传授武艺到现代教育全面发展的育人理念进行深入分析，有利于拓展院校管理和武术教育研究的视角，促进研究思维的转换。回顾以往关于民办武术学校管理的研究，大都是基于局部的某些具体问题进行微观研究，缺乏较为深入的学理分析，致使问题研究浮于表层，无法探及民办武术学校管理冲突的问题本质。民办武术学校如何予以总体控制、合理布局以及提高办学效益和质量的问题亟待研究者予以宏观系统的研究，提出民办武术学校健康发展的正确方向。研究所归纳的民办武校管理理论是在中华优秀传统文化的基础上对现有组织管理理论的辩证补充和强化，其内在的管理思想是新颖的、务实的、开放的。研究从民办武术学校的管理定位分歧、教育理念变迁、政府监管规制治理等方面进行深入研究，进一步丰富了公共管理的理论基础，也对民办院校管理理论进行了有益拓展，弥补了该领域研究的不足，为武术学校这一群体适应新的历史时期需求提供了理论支持，这对于丰富我国武术教育改革和武术学校发展的理论研究有重要价值。

（二）现实意义

民办武术学校承载着普及武术运动和实施武术教育的双重任务，它不仅为竞技武术培养了大批人才，而且对弘扬中华民族优秀的传统文化，普及群众性武术活动，提高全民健康水平，起到了积极的推动作用。武术产业化发展趋势下，民办武术学校对当地经济发展具有一定的带动作用。同时，武术教育相关产业还直接带动当地其他行业的发展。所以，在一些地区，民办武术学校的生存发展关系到地方经济文化的兴衰。作为改革开放后的新生事物，民办武术学校如何健康持续的发展已成为迫切需要研究和解决的重要问题。

研究旨在通过分析民办武术学校发展的状况，从办学理念、市场环境、营销管理和法律法规等制约其发展、提升的因素进行深入剖析，探寻其发展困境的症结所在。民办武术学校管理冲突的相关理论与实践，是根植于中国国情和文化背景的新兴"中国的管理理论和实践"，研究为组织冲突理论提供了进一步的实证研究支持，为我国民办武术学校的规范办学、良性发展，提高教育质量和办学水平提供实践经验借鉴，以期更好地推动我国民办武术学校整体发展，传承发扬中华武术文化。同时，研究对提高武术人才的整体素质及规范社会力量办学机构的管理水平具有重要的现实意义。

第二节　研究方法

一、二手资料法[①]

研究通过对图书馆、文献数据库进行检索，收集国内外相关研究文献。研究所用文献主要来自两个方面：第一，公共管理学、管理学、教育学、社会学、经济学、体育学、史学、法学等相关专业的著作和期刊论文；第二，国家体育总局和教育部官网资料、国家统计局网站数据、全国及地方性教育法规、中国武术协会关于武术学校发展现状的报告、武术学校官网资料以及所收集到的武术学校内部管理文件等资料。已有文献是现实研究的基础，研究将尽可能翔实占有与民办武术学校管理有关的一手文献，加以分析、总结，并在此基础上借鉴公共管理学的相关理论，提炼出论文的观点，将组织冲突理论的应用进行拓展。

二、访谈法

运用结构型访谈和非结构型访谈相结合的形式，与相关政府职能管理部门领导、管理学专家、武术专家、武术学校管理者、教师、学生、家长进行访谈，并与政府行政管理部门相关负责人、武术学校领导进行了深入交谈，以获取第一手资料来支撑研究。为了近距离观察了解武术学校生活、学习、管理方面的真实情况，笔者在实地调查的三个月内深入学校，与学生同吃同住，在不违背法律和道德的基础上，征得调查对象允许后，利用照相机、摄像机、录音笔等辅助工具对调查对象进行辅助观察记录，定期对调查资料进行整理，撰写调查日志，保证调查研究的客观性、全面性和深刻性。

---

① 风笑天. 社会学研究方法：第 3 版 [M]. 北京：中国人民大学出版社，2009：229，233.

三、案例比较法

案例是对某个组织里一些人所面对的实际商业情形的描述，它通常涉及一个组织（家庭、企业、产业甚至课堂）中的某个决策者所面临的困难、挑战、机会和问题等，案例里面包含了组织的背景材料以及关键人物在处理事务时所涉及的各种各样的资料。Robert K. Yin（1984）曾经为案例研究做了一个定义，他认为："案例研究是一种经验上的探究，它主要研究现实中出现的暂时发生的现象。在这种研究情境中，现象本身与其背景之间的界限不明显，因此，研究者只能大量运用基于事实的事例和证据来展开分析研究。"研究运用收集整理到的民办武术学校相关历史档案、办学数据，以及在实地调查中利用访谈、观察等方法收集到的相关数据和资料，进行分类归纳，采用案例内分析和交叉案例比较分析，进而得出研究更客观的描述和更有力的解释。①

第三节 研究框架和创新点

一、研究的分析框架

研究从权威结构的理论基础开始，归纳总结专业性权威与科层制权威的概念、权威来源，从教育管理的实践出发，分析专业化与科层化的冲突与取向调试，以期为研究奠定良好的理论基础。重点分析了在民办武术学校组织演进的不同历史阶段所存在的矛盾与冲突，并对民办武术学校管理冲突的组织因素进行了抽象理论剖析和框架建构，从政府与民办武术学校的互动来探讨政府对民办武术学校管理冲突的应对措施。（研究框架如图1.1所示）

---

① 周三多. 管理学原理与方法 ［M］. 上海：复旦大学出版社，1999：97.

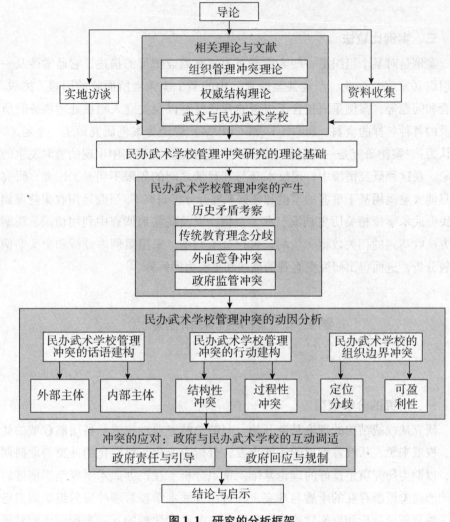

图1.1　研究的分析框架

二、研究的主要内容

研究共分六章。

第一章，导论。研究的背景与选题意义、关于方法与方法论的思考、基本思路与研究框架。

第二章，文献综述与理论基础。在文献综述的基础之上，对组织管理冲突理论、权威结构理论的相关研究进行归纳总结，重点对理性权威中专业权威和科层制权威进行理论剖析和观点归纳，建构研究的理论框架，为后面章节的分析和论述奠定理论基础。

　　第三章，民办武术学校的历史发展与矛盾冲突。本章从教育文化发展的动态思维审视了我国民办武术学校的发展脉络和历史矛盾，民办武术学校管理冲突的主体主要由外部的政府和内部的差序关联者组成，组织文化异质的程度和内在管理逻辑的不同导致了两种权威对立下的民办武术学校管理冲突。通过解析民办武术学校的组织边界冲突，对其合理回报进行论证。

　　第四章，政府对民办武术学校外部规制的界点。政府在回应民办武术学校管理冲突问题上，通过法律法规的建设明确了民办武术学校的身份及权益，利用"分类管理"从法律上解决了困扰民办教育发展的法人属性不清、财产归属不明、支持措施难以落实等瓶颈问题。通过确立"武"为特色的办学思路，从办学定位、制度建设、人力资源、产业创新等方面引导民办武术学校进行转型升级。

　　第五章，自主办学理念下的二元权力调试。从传统武术延传到与现代科学武术教育的承接之间的冲突来看，民办武术学校历经了从拜师学艺到以文为主，再到全面发展的办学思维转变，其内在的文化根基则是传统武术传承机制与教育理念变迁的结果。随着社会权力结构逐渐向现代分权型的结构过渡，政府主导的科层组织与民办武术学校统领的专业技术结构必定要从分立走向并重、平衡阶段，并最终形成民办武术学校自治所赖以实现的专业组织结构。

　　第六章，结论与启示。

三、研究的创新之处

　　从已有的相关文献来看，对民办学校管理冲突的问题大多采用文献法进行思辨研究，较少采用访谈法和调查法等实证方法。民办武术学校的相关文献中，缺乏较为深入的学理分析，致使问题研究浮于表层，无法探及民办武术学校管理冲突问题的本质。研究在方法论上将定性研究和定量研究相结合，使用二者混合的研究范式，力图通过大量实地调查、访谈记录、文本资料等手段进行质性分析和调查数据的量化分析，从中发现民办武术学校管理的规律，旨在确定科层权威主导下的"全面发展"与专业权威价值取向下的"专业发展"之间的关系以及解释变化的原因，以指导教育管理实践。

　　英国著名社会理论家和社会学家安东尼·古登斯教授曾说过："社会理论的探求者首先应该关注的是重新构造有关人的存在与行为，社会再生产与社会转型的概念，而不是愈益沉溺于认识论争论，在究竟是否能系统地阐述历来被视为认识论的东西这种问题上纠缠不清。"研究不仅首次提出了民办教育管理的权力冲突这一事实，而且对其本质、形成过程、产生原因等进行了较为深入的学理分析，并在实践规范意义上对其做出了积极的回应与解释。不管这种回应与解释是否能够真正为解决我国民办武术学校管理冲突的问题提供理性参考，但依据公共管理的学理要求对该问题展开规范性的分析，在理论与实践上都具有一定的开拓性意义与价值。

第二章

文献综述与理论基础

韦伯认为法理型权威代表了时代发展的方向，摆脱了人身依附关系，转而依靠法律规则的权威。彼得·布劳与马歇尔·梅耶进一步将法理型权威分为专业权威和科层权威。教育管理中，专业权威和科层权威是理性组织的两个方面，专业性权威建立在技术能力与专业知识基础上，而科层制权威则建立在合法权利和规章制度基础上。两种权威之间既有联系又有冲突，它们之间的冲突不仅表明工作上的冲突，而且也表明两者有着理论和经验基础的差距。

第一节 核心概念界定

一、专业权威（professional authority）

"专业"一词在《剑桥英文辞典》中的解释是指任何需要特别训练或一种特殊技能的工作形态，经常是受尊敬的工作，因为它需要高水平的教育。著名社会学家凯尔·桑德斯认为："专业是指一群人在从事一种需要专门技术之职业，这种职业需要特殊的智力来培养和完成，其目的在于提供专门性的社会服务。"从广义角度看，"专业"指某种职业不同于其他职业一些特定的劳动特点。教育行业被视为专业已普遍获得人们的认同，教师的行业是一门专业，它积极扮演某种社会功能的角色，并强调纯熟技术来达到完成社会功能的目的。实用主义哲学的创始人之一，美国教育家杜威（1904）在《教育理论与实践的关系》一文中指出教育的专业趋势是："第一，专业工作的中心是以技术发展和应用科学为主线；第二，在从事专业工作之前，有个前提性的要求即获得学术造诣方面量的积累；第三，专业学校在给予学员集中而非广泛的、典型的、具体的工作是对学员是最好的。"①

专业的形成，是以内部的高深知识和服务精神来换取外部对其赋予地位与权力的，即以知识博弈权力。教育管理的客体（顾客和社会）由于对高深、独特、专门化的专业实践与知识的无知甚至充满神秘感，而又迫切需要这种实践的服务，就要把事务交由教育管理的客体（专业人员）来处置，并出让权力、待遇和地位。因为在某种意义上，这是人类的本性，当我们对于情境不熟悉、缺乏足够的知识和解决能力的时候，我们总会依赖专家，而作为回报，专业则须不断地提升实践水平和严把入职门槛，以确保服务的高质量。这会反过来提高客体（社会和顾客）对主体的认可与赋权，而处于这种情境中的教育职业一般能够形成自律意识，自觉地以高质量实践服务于客体（顾客和社会）。这样一来，一个围绕知识（内部）—权力（外部）之间的关系展开的良性循环形成了，这种良性循环所体现的结构性内涵正是教育专业的关键所在。这种良性循环状态正是教育职业发展的理想状态，也是社会所期望的状态，人们用"专业"来指称它们。专业得以成立的根本在于其职业知识和实践内涵的独特神秘性、高深复杂性、科学有效性，这种特点被称为"专业性"或者"专门化"。② 专业、专业化与专业主义等意识形态是工业文明和西方文化的重要组成部分，专业现象在英美系国家已经被关注了一个多世纪，并且形成了专业社会学。

专业型权威在美国和其他地方都受到了广泛的尊敬。比如，医生是唯一被授权开处方与做手术的人，只有持照律师才能在法庭上代表当事人。③ 在民办武术学校教育领域，那些具有较高学术造诣和专业知识、技能的教导人员，往往在教育和管理过程中更为顺利获得客体信任感，就在于其专业地位带来的巨大感召力。教育领域的专家和学者作为专业权威代表，他们掌握了先进的教育理论，其在学术水平、学术资历上都有一定的影响，并占有一定的地位。不同于行政、法律权威的外在强制规限性，民办武术学校的专业权威是以学校占有的专业技能、知识、经历的专门训练和实践及其信奉的管理理念、认同的专业价值和规范为支撑的，反映在民办武术学校的管理和教育中，专业权威就是客体（顾客和社会）出于信任主体（学校）具有卓越的才能或专门知识，认为主体

---

① 李·S. 舒尔曼，王幼真，刘捷. 理论、实践与教育的专业化 [J]. 比较教育研究，1999（3）：37-41.

② STINNETT T M. Professional Problems of Teachers, The Macmillan Company Collier Macmillan Ltd [M]. London, 1968：8-25.

③ 彼得·布劳，马歇尔·梅耶. 现代社会中的科层制 [M]. 马戎，时宪明，邱泽奇，译. 上海：学林出版社，2001：72.

能够更好地为客体进行服务，维护并满足客体利益和需求，而自愿服从的一种权力形式。专业权威不是一种授予权，也不是一种民主协商能力，而是一种以专业人员个人的学术修养、成就、经验和人品等因素为基础的影响力，其没有制度机制保障其效能的发挥，也没有明确的法定的作用对象，是一种个人的威望、威信，其影响力大小不仅取决于具有专业权威人员本人的有意发挥，而且更大程度上还取决于相关人员的接受与否。①

专业权威是依靠同行而不是上司的客观判断形成的。在基于专业知识技能和专业价值的民办武术学校管理实践中，专业权威来源于管理环境、专业知识、训练与经验、社会价值观四方面。不同的管理环境会形成不同的专业权威，管理环境是有特质的，不存在一种最佳的形成方式。民办武术学校的主体专业权威使用的方式和对象，必须依据管理客体的特定的环境而展开。进一步讲，就是根据客体的管理环境，有意识促进主客体交流，在特定的管理环境下对专业价值观和实践原则达成一致，并在这种环境下最终将内容转变为专业行为准则。专业知识是民办武术学校管理实践中专业权威形成的依据，是内在合理性的根基。"专业知识"主要要求管理者、教育者应用科学专业的知识与方法应用于实践，专业知识本身的学科合理性和逻辑性，决定民办武术学校管理专业知识的科学程序与方法，促进管理结果合理产生，促使主客体公正接受管理过程与结果。但是，"管理知识"的形成并不是完全依靠"专业知识"。因为，"专业知识"与"管理知识"不同，管理知识是民办武术学校管理者在实践活动中创造出来的知识，有很强的实践指导性。训练与经验权威不是外来的，需要管理主体在实践中总结经验，不断训练自我专业技能，形成专业价值观和专业精神。从哲学讲，训练与经验起源于经验主义，即一种认识论学说，认为人类知识起源于感觉，并以感觉的领会为基础。它与前面的科学知识"理想主义"，即主张唯有理性推理而非经验观察哲学来源正好相互补充。因此，在实践中训练管理主客体共同的知识和技艺，内化他们共同的价值，形成他们共同的专业精神，就显得极其重要。一个人不能脱离社会环境，要受社会普遍形成的规则文化制约，内隐而深刻影响自我精神与行为选择。社会价值观的一般表现就是社会对公正、自由、民主、发展价值观的追求程度，反映在民办武术学校管理中，就是能为管理主客体提供多大程度的自主权，管理主客体间能否平等问责，能否

① 劳凯声. 教师职业的专业性和教师的专业权力 [J]. 教育研究, 2008 (2)：7-14.

为民办武术学校主客体提供可行的帮助与专业发展机会。① 从这点讲，社会价值观是影响民办武术学校管理主客体专业权威的深层因素。

二、科层权威（bureaucratic authority）

所谓科层，是指决策者拥有非对称性和不完全界定的权威，这种权威能在一定范围内指挥其他人的各种活动。② 而按照通行的解释，科层制（官僚制）指的是一种权力依职能和职位进行分工和分层，以规则为管理主体的组织体系和管理方式。也就是说，它既是一种组织结构，又是一种管理方式。作为一种管理方式，科层制（官僚制）为现代社会的组织管理提供了有效的工具。③ "科层制"又称"官僚制"，"科层制"（Bureaucracy）这个词是蒙西尔·德·古尔耐（Monsieur de Gournay）在 1745 年首先使用的。他把既指办公室又指桌的"bureau"和一个来自希腊语的词汇（to rule）"统治"连在了一起，即"rule by the bureau"，其字面的解释就是"官僚的统治"。④ 官僚制组织理论由"组织理论之父"——德国著名的社会学家马克斯·韦伯所创立，在其著作《经济与社会》（1922）一书中，关于统治与合法性的理论，官僚制理论，社会分层理论都做了详尽的论述，内容非常广泛。在韦伯看来，法理型统治的典型模式是科层制组织，科层制组织是法理型权威实施其统治的组织机构。根据韦伯的"理想类型"观点，专业化、权力等级、规章制度和非人格化这四个因素是科层制组织的基本特征。科层制解决的不仅是单个雇佣者的生产效率，而且是如何最大限度地在组织成员之间实现合作与控制，并由此提高组织的管理效率。韦伯相信，充分发达的科层制机构工作效率与其他组织相比，恰如大机器生产与手工生产之间的比较。

韦伯关于科层制的分析进一步得到西蒙管理决策模型的支持，西蒙也指出：正式组织的一个基本功能就是帮助克服个人的有限理性，并由此大大提高组织的决策效率。在集权主义的科层组织中，法律的至尊地位及组织的成文规定是所有行为的依据。依据合法性原则，组织中有明确规定的职权等级，上下级部门之间遵循着由下而上、直线贯通式的层序服从原则。这种层序服从意味着下

---

① 尤莉. 理性的呼唤：教育督导中专业权威的来源与构建 [J]. 现代教育管理，2011（10）：68-70.

② 盖瑞·J. 米勒. 管理困境：科层的政治经济学 [M]. 王勇，等译. 上海：上海三联书店，2002.

③ 朱国云. 科层制与中国社会组织管理模式 [J]. 管理世界，1999（5）：207-208.

④ 安东尼·吉登斯. 社会学 [M]. 北京：北京大学出版社，2003：439.

级必须接受上级的管理和监督，各个部门最终都服从顶层的唯一权威。这样，在金字塔式的集权组织中，就形成上下级之间的直线型权威模式。依据韦伯的观点，所有大规模组织经常具有科层制的性质。韦伯指出在传统文明中只存在有限的科层组织。比如，在封建帝国时期的中国，一个科层制的官场负责全部政府的事务。但是只有到了当代，科层制才得以充分发展。韦伯将科层制看作社会理性化的一个核心部分，正在影响着从科学到教育再到政府生活的方方面面。①

韦伯认为，科层体制作为美德赞扬的是"它成功地从解决职务上的事务中，排除一切爱憎和一切纯粹个人的、从根本上说一切非理性的、不可预计性的感觉因素"，是由"人治"的传统社会向近代社会转变的制度保证。② 根据韦伯的观点，在现代社会中，科层制不可避免地要扩大。科层制权威是处理大规模社会系统管理要求的唯一方式。"由于现在大多数的大型组织都需要控制和协调，所以科层制不只是指政府部门，工商组织、志愿者组织，任何组织，只要有行政任务都有科层制。"③ 学校科层制与企业科层制一样，是一个通过专业化的分工来实现组织绩效与效率的组织体系。美国三一大学的托马斯·J. 瑟吉奥万尼（Thomas J. Sergiovanni）曾对教育管理中的科层权威做过全面系统的分析，他指出，教育管理中的权威来源于以下五种：官僚的权威、心理的权威、技术—理性的权威、专业权威、道德权威。④ 他指出，科层权威是期望教师遵守规则，并按照既定的条文办事或正视后果，在某种意义上，教师是以依从换取避免与制度发生问题，即使在最具进步意义的学校，科层权威也占有一席之地。

相对于西方教育管理而言，我国院校管理的内部组织制度是模仿行政组织，围绕行政权力建立起来的，科层化特征比较突出。对照韦伯的科层组织构想，不难发现，我国现在教育管理存在典型的科层制特征和科层权威。如从教育部到省市教育厅，再到市县级教育局，存在明确的科层权威等级。一系列的命令自上而下延伸，使协调性的决策成为可能。在这个等级制中，组织中的任务是作为"公务"分派的，而且每一个更高一级的岗位控制和监督它下面的岗位。并且，在组织的各个层次上，都有成文的规章制度控制着成员行为。这并不意

① 安东尼·吉登斯. 社会学［M］. 北京：北京大学出版社，2003：14.

② 马克斯·韦伯. 韦伯文集［M］. 北京：中国广播出版社，2000：243.

③ 彼得·布劳，马歇尔·梅耶. 现代社会中的科层制［M］. 马戎，时宪明，邱泽奇，译. 上海：学林出版社，2001：2.

④ 托马斯·J. 瑟吉奥万尼. 校长学：一种反思性实践观［M］. 张虹，译. 上海：上海教育出版社，2002：159.

昧着科层制的职责只是常规性的。职位越高，规章制度越倾向适用于多种情况与需要。在学校内部，以高层、中层和基层管理者组成了一个金字塔状的层级管理结构，构成了层级森严的科层权威，决策权集中在金字塔的顶端。学校组织内各科室的职责、科室与科室之间的关系，甚至学校内每一个职位、每一位教师的工作任务、行为标准等都有严格的规章制度，对教师的聘任按专业技术资格量才录用，并需要经过专业训练，晋升以能力、资历、工作表现为基础，主要采用奖惩性评价制度等。①

行政控制是科层权威对传统教学管理特征的概括和提炼，它是一种教学管理的类型，强调对教学的控制和管理，力求教学的规范有序，追求管理和教学的效率。强制性是行政的基本特性，它通过一系列的控制手段减少实施过程中的偏差，以实现预期的教育管理目标。② 科层权威在保证组织成员行为的准确性、稳定性和可靠性方面明显优于其他的管理方式，是认真、精确而有效率的一种行政管理典范，有助于实现组织追求高效率的目标。

三、武术学校

武术学校的诞生和发展与过去各种武术馆校有本质上的区别，它们都是习练武术的专门机构，都是以培养武术专门人才为主要目的，但两者从办学性质到内容、形式都有很大的差别。从掌握的文献和资料来看，"武术馆校"与"武术学校"交替使用的情况时常出现，这其中也包括政府职能部门下达的规定公文。一直以来，出现把两个名词等同的情况，导致人们通常将武术学校与武术馆、武术拳社等概念相混淆，也使武术学校在管理上出现权责不清等问题。

相关机构、学者对"武术学校"的提法归纳起来分为以下四种。

第一，安徽省体育运动委员会于 1998 年发布《安徽省社会武术管理办法》，③ 文件中明确规定："凡以培养武术人才为目的，在学好文化知识的同时，根据武术专业人才业务规定的要求，系统学习武术理论，进行武术技术训练，并具备颁发学历文凭资格的武术教育机构，称为'武术学校'。"

第二，公安部、教育部、国家体育总局在 2000 年下发的《关于加强各类武

---

① 李焰. 借鉴西方视角透析中国校长权威来源 [J]. 教育与教学研究，2009（7）：34-36.

② 马克·汉森. 教育管理与组织行为 [M]. 冯大鸣，等译. 上海：上海教育出版社，1993.

③ 法律法规网. 安徽省社会武术管理办法. [EB/OL]. (2015-12-16). http://www. 110. com/fagui/law_ 154189. html.

术学校习武场所管理的通知》①　指出，武术学校是指经县级以上教育行政部门按照学校设置标准设立，实施理论教学，进行武术技能训练，具备颁发学历文凭资格的各级学校。首次明确了武术学校与习武场所的区别，即武术馆校是教育机构，不同于过去的武术馆、拳社、武术辅导站等社会武术组织，它以学校的形式存在，必须遵循我国的教育方针，进行九年义务教育，遵守教育行政法规，根据国家规定开设文化课程，它的培养对象是青少年学生，最终目的是使每个受教育者都能成为对社会主义建设有用的人才。

第三，江百龙和黄治武的《我国民办武术学校兴起的社会学原因探微》②认为，"所谓武术学校是以培养专门人才为目的，在学好文化知识的同时，根据武术专业人才培养质量的要求，系统学习武术理论，进行武术技术训练，并具备颁发学历文凭资格的武术教育机构，与武术馆明显分了开来。而武术馆是以培养武术专长为目的，开展非学历武术技能训练，并进行武术理论知识学习的武术培训机构"。它们之间有着本质的区别，一种是学历教育，另一种则是非学历教育，这就界定了各自的办学性质。

第四，李萍的《论新形势下武术学校的作用》③　中认为，武术学校是指经县级以上教育行政部门按照学校设置标准设立，由社会力量举办，以培养武术专业人才为主要目的，在学习文化知识的同时，实施武术理论教学，进行武术技能训练，具备颁发学历文凭资格的各级学校。

武术学校与其他学校的武术专业不同，它是社会力量办学的形式之一。社会力量办学是指企业事业组织、社会团体及其他社会组织和公民个人利用非国家财政性教育经费，面向社会举办学校及其他教育机构的活动。很多体育部门主管负责人也认为，武术馆和武术学校一样，只是同一事物的不同称谓而已，都是由有关行政部门按照学校标准设立，以培养武术专业人才为主要目的，在学习文化课的同时，实施武术理论教学、进行武术技能训练，具备颁发学历文凭资格的学校。在国家有关教育、行政部门下发各种文件时，如《武术馆校的教材》《武术馆校的文件》《关于武术馆校的暂行规定》等，都把他们看成同一事物来要求执行。

在调研中还发现，一些地方的行政管理部门，包括学术研究机构，甚至把

---

① 公安部、教育部、体育总局关于加强各类武术学校及习武场所管理的通知 [J]. 教育部政报，2000（9）：402-404.

② 江百龙，黄治武. 我国民办武术学校兴起的社会学原因探微 [J]. 武汉体育学院报，2005（2）：70-73.

③ 李萍. 论新形式下武术学校的作用 [J]. 体育文化导刊，2005（1）：16-18.

有武术项目的公办体校都划归到武术学校的范畴，虽然目前还没有准确可靠的武术学校统计数据支撑，但研究对以往主管部门、学术研究所宣传的全国武术学校有超过万家，顶峰时达到13000家的数据存在较大质疑，因为在估算时，一些武术辅导站、武术馆、武术俱乐部、武术组织，甚至是体育运动学校都被统计入内。譬如，北京什刹海体育运动学校，虽然这里培养、走出了像李连杰这样的"国际功夫巨星"，但从办学性质上来说，是北京市体育局所属的"国家级重点中等职业学校"。国人所熟知的乒乓球国手王涛、张怡宁、马龙，跆拳道奥运冠军罗薇等都是出自该体校，李连杰的恩师吴彬也是在这里培养出了甄子丹、吴京等国际功夫明星和左娟、孔祥东、刘清华这样的世界武术冠军。但我们也并不能够因为它的名气大，就把它划归为武术学校的范畴。

马克思认为，"一物的属性不是由该物同他物的关系产生，而只是在这种关系中表现出来"①。有介于事物的联系或关系是多种多样的，每一种事物都有多种属性，而本质属性是多种属性的统一。毫无疑问，武术学校的属性也是在武术教育与其他社会活动关系中才能表现出来的，即通过相互之间的作用、比较而暴露而显现。由此亦可见，相互作用、比较的条件和情形不同，武术学校表现出来的属性亦不相同。从武术学校本身内在所包含的诸多要素来看，要素与要素之间存在着复杂的作为，同时与其他多种社会因素还有种种直接或间接的关系，因而武术学校蕴含着极为丰富的属性，社会性、文化性、多样性、产业性、价值性、适应性、职业性等都是武术学校的属性，那么它的本质属性则是多种属性的统一，即武术教育特色。武术教育属性既然是教育的感性特质和一般性质规定，那么也就是教育的表面特征和内在联系。它的表面特征是通过其表面形象来显现的，它的内在联系是由其内部因素而构成的，由此可见，武术学校的本质属性就是武术教育的表面形态和内部因素的联系。分开来说，武术教育的表面形态是教育的属性，武术教育的内部联系也是教育的属性。在客观上，武术教育的外属性是显而易见的那些感性特质和表面形态，是通过人的感官知觉便可发现的，如武术技艺传承、武术训练教学等，这些属性常以显现的方式存在；而武术教育的内属性是由武术教育的内在联系而决定的，故不易觉察，难以发现，常以潜在的方式存在。不论是外属性还是内属性都是武术教育本身固有的性质特征，都是武术学校本质在不同的条件下的表现，而非由它物所给予。武术学校是当前我国民办教育机构中的特殊形式，它既有民办教育的

---

① 中共中央马克思. 恩格斯列宁斯大林著作编译局. 马克思恩格斯选集［M］. 北京：人民出版社，1995：72.

一般属性，又与其他类型的民办教育机构存在诸多不同。

通过已有的研究成果发现，本研究较为认同马学智对武术学校概念的划分：广义的武术学校是由社会力量举办，以武术理论和技能为学习内容的教育机构，都可称为"武术学校"。社会力量办学是指企业事业组织、社会团体及其他社会组织和公民个人利用非国家财政性教育经费，面向社会举办学校和教育机构的活动。就像早期的武术馆、学校、社、辅导站等机构都属于这个范畴。狭义的武术学校即由社会力量办学，以培养文武兼备的武术人才为主要目的，在学习文化课的同时，以武术为特色，进行系统的武术理论学习与武术技术训练，并具备颁发学历文凭资格的武术教育机构。[①] 这部分具备颁发学历文凭资格的民办武术学校是研究的范围。

第二节　组织管理冲突理论

一、理论渊源：组织管理冲突思想回顾

冲突是一种常见的社会现象，无处不在，无时不有，小到人与人之间，中到组织层面，大到国家与社会生活领域，莫不如此。[②] 可以说，冲突是任何群体与生俱来或组织中的一个固有组成部分。综观管理思想发展史，其实质就是一部不断解决各种管理冲突问题的历史，中西古代管理思想中都充满了解决冲突问题的思想，但因各学科对概念界定采用不同的方式，加上冲突理论不再为社会学家所独有，而逐步走入管理学、心理学、教育学、人类学等学科领域。因此，各学派都从各学科角度给予了冲突不同的界定，心理学家更强调引起个人心理体验的紧张状态，社会学家倾向于强调冲突主体间的对立性、冲突的公开性、目标的不相容性以及后果的消极性，而组织行为学家更注重冲突的过程性。

在管理学中，冲突有广义和狭义之分。广义的冲突包括潜在冲突潜在的对立或不一致、知觉冲突的认识和个性化阶段、意向冲突行动者依据自己对冲突的认识和判断，确定处理冲突的行动策略、行为冲突行动者采取了公开的冲突行为，使潜在的冲突变成公开的冲突、结果冲突行动者的行动导致了冲突的最

---

① 马学智. 中国民办武术学校可持续发展研究 [D]. 北京：北京体育大学，2010.
② 时和兴. 冲突管理学源流探析：兼论公共冲突管理学的发轫 [J]. 国家行政学院学报，2013（5）：55-60.

后结局。狭义的冲突则把冲突的行为意向和冲突中的实际行为以及反应作为研究对象，研究冲突在这两个阶段的内在规律、应对策略以及方法技巧，以便有效地管理冲突。在中国古代，以孔子为代表的儒家思想产生于中国奴隶制与封建制剧烈冲突的时代，促使孔子提出"贵和"的核心思想。此外，道家的"无为而治"、兵家的"全胜而非战"都渗透着管理冲突思想。而在古代西方管理思想中，苏格拉底、柏拉图和亚里士多德的管理思想中同样包含着丰富的管理冲突的思想。洛克在《政府论》中的政府管理思想和卢梭在《社会契约论》中的"众意"思想，都从不同角度提出了管理冲突的思想；自由经济之父斯密则在《国富论》中强调，运用市场这只"看不见的手"来调整冲突的管理思想。①

　　随着管理科学的进一步发展，利用管理活动来解决冲突的优势越发明显。科学管理理论的创始人弗雷德里克·泰罗在看到了"不好的工业状况"之后，提出了精确的"工时研究"和合理挑选"头等工人"的方法来解决管理冲突的问题。其后，哈林顿·埃默森通过解决工业体系中普遍存在的高浪费、低效率的冲突来提高组织管理效率，他的"十二个效率原则"也成了管理思想史上解决组织各种冲突、提高组织效率的鲜明标志。这些都充分说明，在科学管理时代，管理的目的就是要解决管理者与被管理者之间的各种冲突。继科学管理之后，行为科学管理理论继续对管理冲突进行追踪研究。著名的"霍桑实验"是管理史上具有划时代意义的事件，它的实验目标就是解决管理中的冲突，梅奥推翻了把人看成"经济人"的假设，为管理学开辟了一个新领域，即开始重视人、研究人的行为。"霍桑实验"说明人不只是机械的延伸，这引发了产业界与学术界做出了一系列的相关措施与研究，也为管理学打开了一扇通往社会科学领域的新大门。第三代心理学的开创者亚伯拉罕·H. 马斯洛提出了马斯洛需求层次理论，他认为人类价值体系存在两类不同的需要，一类是沿生物谱系上升方向逐渐变弱的本能或冲动，称为"低级需要"和"生理需要"，另一类是随生物进化而逐渐显现的潜能或需要，称为"高级需要"。人的最迫切的需要才是激励人行动的主要原因和动力，而管理的实质就是不断满足人不同层次的需求，以解决管理冲突的过程。

　　冲突理论勃兴于 20 世纪 60 年代，它吸取了近代以来卡尔·马克思、马克斯·韦伯、格奥尔格·齐美尔等古典社会学家有关冲突的思想，在批判结构功能主义的基础上逐渐成为有重大影响的社会学流派之一。冲突理论的主要代表人物有：美国的刘易斯·科塞、詹姆斯·科尔曼、德国的拉尔夫·达伦多夫、

---

① 丹尼尔·A. 雷恩. 管理思想的演变 [M]. 北京：中国社会科学出版社，2000.

英国的约翰·雷克斯、兰德尔·柯林斯等。科塞早在 1956 年就写了《社会冲突的功能》一书，成为现代冲突理论的先导。如今，社会冲突理论已经成为管理学、政治学、法学、社会学等学科中一股重要的社会思潮。科塞既批判了结构功能理论对社会冲突的忽视，又批判了"左派"冲突论者对社会冲突结果的过分强调。科塞认为冲突是价值观、信仰以及稀少的地位、权力和资源分配上的斗争，斗争中的一方目的在于企图中和、伤害或消除另一方。科塞进一步提出"安全阀"理论和强调冲突的正功能，并从社会分配、整合与变迁三大体系中分析冲突机制，开创了独特的社会冲突分析模型。始于科塞的现代社会冲突理论对后来冲突管理学之滥觞直接发生作用的便是其关于冲突功能的理论。① 当代冲突管理学普遍认为，冲突既有正向功能，又有反向功能。正向功能表现在冲突带来组织创新、创造与成长，改善组织决策，激发多种问题方案，强化组织绩效，迫使组织或个人重新定位，寻求新的出路。反向功能表现在冲突导致工作压力、疲劳和不满，阻抑沟通，滋长不信任，损伤人际关系，降低工作表现，对抗变革，破坏组织忠诚。② 在这个时代，还有一个人对于组织冲突管理的研究做出了尤为突出的贡献，那就是著名的组织行为学家路易斯·R. 庞蒂（Louis R. Pondy）。庞蒂提出了冲突过程的五个阶段的区分，他把冲突过程分为潜在的冲突、知觉的冲突、感觉的冲突、显现的冲突和冲突的结果。庞蒂还认为任何实际的冲突都是由潜在的冲突升级引起的，由潜在冲突上升到显现冲突，还要经历人的主观知觉和感觉的冲突，最后会形成一定的冲突后果。他的冲突演进阶段论，把冲突管理研究的实用性大大向前推进了一步，至今还影响着人们对于冲突发展阶段的认识。③

事实上，冲突管理所要面对的复杂性不仅存在于组织内部，而且更多地表现于组织的外部环境和各种利害相关者。因此，冲突管理的另一种模式转换已悄然出现，那就是冲突治理的概念渐入人们的眼帘，这使得冲突治理研究也以更高的理论形态进入了冲突理论行列。2013 年，美国乔治·梅森大学冲突管理学院院长安德烈·巴托利与其同仁罗宾·沃拉切尔等共同出版的论文集《诱发

---

① 时和兴. 冲突管理学源流探析：兼论公共冲突管理学的发轫 [J]. 国家行政学院学报，2013（5）：55-60.

② RAHIM, AFZAIUR M. Managing conflict in organizations [M]. 3rd ed. Westport, Connecticut: Quorum Books, 2001: 7.

③ PONDY L R. Orgnizational Conflict: Concepts and Models [J]. Administrative Science Quarterly, 1967（12）：296-320. [EB/OL]. (2017-01-06). http://dx. doi. org/10. 2307/2391553.

冲突：破坏性社会关系的动力基础》，把冲突管理的复杂性研究推入新的高潮，也为冲突治理的研究开辟了新的天地。冲突治理研究远远突破组织冲突的视野，大量涉及社会公共领域的冲突现象，为公共冲突管理学开辟了广阔空间。① 从科学管理、行为管理到现代管理，尽管管理理论层出不穷，但在解决管理过程中所遇到的各种冲突一直是各种管理理论的实质所在。

二、组织管理冲突的动因与效应

作为冲突的一个特定形态，组织冲突是组织内部或外部某些关系难以协调而导致的矛盾激化和行为对抗。尽管对组织冲突动因的研究，到目前为止，已经有了较为丰富的理论和实证研究成果，但由于组织冲突的产生往往是多种因素共同作用的结果，所以关于冲突动因的分类，历来没有一个统一的说法。组织行为学的权威罗宾斯将组织冲突的动因分为沟通、结构和个人因素三类②，Wall 和 Canister 将冲突的原因分为个人因素和个人之间的因素，将后者又分为认知、沟通、行为、结构、先前的交互行为五类，并探讨了问题的性质与冲突产生的关系。③ 国内学者王琦等在《组织冲突研究回顾与展望》中，按照个体特征、沟通、结构、权力、利益等五方面因素对组织冲突的动因进行了论述。王琦认为在组织冲突的动因中，个体特征的研究主要集中于个性、价值观、个人目标和角色五方面。沟通是一种信息传递的过程，低水平的沟通往往造成协作困难，从而产生冲突。组织结构中，当互依关系伴随着认知差异或者目标分歧出现，或者互依关系限制了各方的行为、欲望或产出，冲突很容易产生。权力斗争是一个更为普遍的冲突来源，权力实际上规定了组织成员在多大程度上占有稀缺资源或者让稀缺资源为自己服务，围绕资源安排所形成的心理契约、势力范围、影响力、指挥链、习惯与传统等往往成为冲突的诱因。由于组织是需要协调各种利益的混合体，因此，不同个人或群体之间的利益对立，往往是组织产生冲突最基本的动因。④

① 时和兴. 冲突管理学源流探析：兼论公共冲突管理学的发轫 [J]. 国家行政学院学报，2013（5）：55-60.
② 斯蒂芬·P. 罗宾斯. 组织行为学精要 [M]. 北京：机械工业出版社，2000：251-257.
③ JAMES A W, Jr, RONDA R C. Conflict and Its Management [J]. Journal of Management, 1995, 21（3）：515-558.
④ 王琦，杜永怡，席酉民. 组织冲突研究回顾与展望 [J]. 预测，2004（3）：74-80, 26.

表 2.1 组织冲突的动因

个体特征	沟通	结构	权力与政治	利益
个性差异	误解	互依关系	权力斗争	利益对立
价值观差异	信息传递无效	分配关系	权力失衡	公平公正原则
个人目标差异	缺乏信任	对"第三方"	政治活动	资源稀缺
角色期望	失败的	依赖关系	权威重复	报酬系统
角色压力	交互历史		破例	不完善

资料来源：王琦，杜永怡，席酉民. 组织冲突研究回顾与展望［J］. 预测，2004（3）：74-80，26.

关于组织冲突的效应，Pondy[1]、Lewin[2]、Wall 和 Canister[3] 等学者的研究指出，冲突可能导致员工动力不足、旷工次数增加、责任感降低和生产率下降。此外，在冲突对组织成员的影响上，特别是对个人认知、情绪等心理因素的消极影响，这方面的研究成果最多也最全面。冲突可能造成个人的愤怒、紧张、焦虑、压力、对敌意的感知、社会情感的分离、挫折感等，从而造成工作满意率降低、动力不足和工作绩效下降。冲突双方变得敌对、扭曲和误解，信任感降低，经常质疑对方意图，态度也变得更为消极。[4][5] 组织冲突在群体层次上产生的消极影响也引起了学者的注意。冲突容易造成部门将时间和精力用于在冲突中取胜而不是实现组织的目标，偏见增长，人们不能很好地理解冲突对方提出的观点，群体之间的交往和合作减少，协调变得困难。[6] Deutsch 认为冲突是阻止冲突主体实现己方目标的冲突主体间的不兼容行为。无论在合作还是竞争的情形下，主体间的不兼容行为都有可能存在，冲突主体的期望、互动和行为结果会受到他们对合作目标与竞争目标不同认知的影响，在此基础上，冲突可

[1] PONDY L R. Orgnizational Conflict：Concepts and Models［J］. Administrative Science Quarterly，1967（12）：296-320. ［EB/OL］. （2016-02-16）. http：//dx. doi. org/10. 2307/2391553.

[2] LEWIN D. Dispute resolution in the nonunion firm：a theoretical and empirical analysis［J］. Journal of Conflict Resolution，1987，31：465-502.

[3] JAMES A W，Jr，RONDA R C. Conflict and Its Management［J］. Journal of Management，1995，21（3）：515-558.

[4] PRUITT D G，RUBIN J Z. Social conflict：escalation，stalemate and settlement［M］. New York：McGraw-Hill，1986.

[5] THOMAS K W. Conflict and conflict management［A］. In Dunnette M D，Hough L M，eds. Handbook of Industrial and Organizational Psychology［C］. Palo Alto：Consulting Psychologists Press，1976：889-935.

[6] SEILER J A. Diagnosing interdepartmental conflict［J］. Harvard Business Review，1963，41：121-132.

以被分为合作型冲突与竞争性冲突。[1] 20 世纪 40 年代末至 20 世纪 70 年代中叶，学者发现群体内的冲突是不可避免的，存在"对群体工作绩效产生积极动力的潜在可能性"，应当接纳冲突，这被称为"人际关系观点"。20 世纪 70 年代之后，越来越多的学者鼓励冲突，认为一定水平的冲突能够使群体保持旺盛的生命力和不断创新，这被称为"相互作用观点"。相互作用的观点并不是忽视组织冲突的消极影响，它最大的贡献在于提醒人们从正反两方面看待冲突，并主动对冲突进行管理。相互作用观点认为过多与过少的冲突同样机能不良，冲突与绩效存在"U"形，应把冲突保持在一个适当的水准。邱益中研究了企业冲突的水准对企业经营效果的影响，得出结论，如表 2.2 所示[2]。

表 2.2　组织冲突与企业经营效果的关系

冲突水准	冲突类型	组织特性	企业经营效果
低或无	不利型	冷淡 停滞 无视改变	低
适当	有利型	生存发展 自我批评 创新活泼	高
高	不利型	分裂 混乱 自私	低

资料来源：邱益中. 企业组织冲突管理［M］. 上海：上海财经大学出版社，1998.

早在 20 世纪 50 年代，Coser 就强调了"冲突的生产性潜力"，并认为适度的冲突能够避免更为严重的冲突。但直到 20 世纪 70 年代末，学者们才真正开始考察冲突的正面效应。冲突可以刺激组织生存所需要的变革，可以刺激创新和想象力、提高决策质量、向旧观点提出挑战、对潜在问题更为警觉，更加准确地理解问题等。[3][4] 冲突还能够促进组织成员的自主学习、自我更新、自我发

---

① DEUTSCH M. The Resolution of Conflict：Constructive and Destructive Processes［M］. US：Yale University Press，1973.

② 邱益中. 企业组织冲突管理［M］. 上海：上海财经大学出版社，1998.

③ COSIER R A，DALTON D R. Positive effects of conflict：a field assessment［J］. The International Journal of Conflict Management，1990（1）：81-92.

④ AMASON A C. Distinguishing the effect of functional and dysfunctional conflict on strategic decision making：resolving a paradox for top management teams［J］. Academy of Management Journal，1996，39（1）：123-148.

展。Dechurch 和 Marks 认为，"基于任务"或"与任务相关"的冲突往往能够提高组织绩效。① Rahim 强调了冲突管理的重要性，其认为如果管理得当，组织中的冲突是有益的并且可以提高组织绩效。Rothman 和 Friedman 认为冲突是组织学习发生的"必由之路"。然而，Wall 和 Canister 等学者提出，组织冲突带来的正面效应——创造性、警惕性、提高绩效、自主学习等，可以通过其他方式被更好地达到。② 在已有的文献中，还只限于组织冲突效应或积极或消极的判断，关于成本、效益及它们之间的关系问题方面的研究鲜有出现，因此，组织管理冲突的潜在风险还是不可避免。如果不考虑效应问题，组织冲突管理的成败就失去了准绳。

三、组织冲突管理述评

组织冲突研究的根本在于实现有效的组织冲突管理，管理冲突是管理的全部，任何管理都是对各种冲突的管理。冲突管理是一种基本的管理方法，其实质是充分利用冲突的效果来达到管理的效应，两者既有本质的区别又有必然的联系。③ 自从学者认识到组织冲突的正面效应以后，有关冲突管理的文章大多把冲突分为"功能正常冲突"和"功能失调冲突"，或者分为"建设性冲突"和"破坏性冲突"来讨论。两分法在组织冲突管理实践当中扮演了重要角色。④ 杰克·韦尔奇十分重视建设性冲突的积极作用。他认为，企业要反对盲从，每位员工都应有表达反对意见的自由和自信，事实摆在桌面上讨论，并能尊重不同意见。韦尔奇称此为建设性冲突的"开放式辩论风格"，从而培植了 GE 独特的企业文化。两分法的缺陷在于未能认识到正反两方面的冲突往往相伴而生，两者具有正相关关系。学者往往分别研究了建设性冲突和破坏性冲突对组织的影响，却忽视了两者同时存在时对组织有什么影响。另外，冲突的建设性和破坏性往往是同一种冲突的不同方面，或者说两者之间仅仅是一种"度"的差别。⑤ 我国学者也注意到了冲突对组织的破坏性和建设性的"两重性"。宋衍涛（2005）提出，公共领域的冲突或危机管理模式是价值观、信仰以及稀少的地

---

① DECHURCH L A, MARKS M A. Maximizing the benefits of task conflict: the role of conflict management [J]. The International Journal of Conflict Management, 2001, 12 (1): 4–22.

② 王琦，杜永怡，席酉民. 组织冲突研究回顾与展望 [J]. 预测, 2004 (3): 74–80, 26.

③ 孔冬. 管理冲突与冲突管理 [J]. 经济与社会发展, 2004 (3): 73–74.

④ RAHIM M A. Empirical studies on managing conflict [J]. International Journal of Conflict Management, 2000, 11 (1): 5–8.

⑤ 王琦，杜永怡，席酉民. 组织冲突研究回顾与展望 [J]. 预测, 2004 (3): 74–80, 26.

位、权力和资源分配上的斗争，具有一定的负功能。关注公共领域中的冲突管理或危机管理并不是涉及双方行政关系的基础，不是核心价值的冲突，而是民主性质的公共规则控制下的冲突，是公共领域可以承受，并对公共管理结构的整合提供动力的冲突，使人们能够运用冲突的危机探索并接近解决的可能性的冲突，因而是具有正功能的冲突。江勇、李步峰（2003）提出建立建设性的冲突管理机制，有利于组织搞好内部管理，协调成员之间、部门之间关系，是提高组织内部成员业务水平，提升整个组织管理水平，使组织达到整体效率最优的必要手段。

冲突管理的方式，也可以称作冲突管理的"策略"，它是研究在微观层次上，冲突双方在面对不同冲突时采取的行为倾向。学者把这些不同的管理方式放入一类"二维模型"加以考察，从而确定了五种典型的冲突管理方式。最早引入二维模型的学者是 Blake 和 Mouton，他们把横坐标定义为"关心人"，纵坐标定义为"关心生产"，从而区分了五种冲突管理方式：竞争、合作、妥协、逃避和宽容。① 在此基础上，托马斯（1977）又提出了冲突管理的五因素策略模型，这一模型得到了后续研究者的普遍认同。托马斯提出的五因素模型中，横坐标对应于"关注他人利益"，纵坐标为"关注自己的利益"。追求个人目标时的武断程度决定了对自己利益的关注，而与他人的合作程度则决定了对他人利益的关注。通过进一步的研究表明，对不同利益的关注程度也会受到不同文化背景的影响。托马斯在提出五因素模型的同时，又给出了相对应的五种冲突处理策略，分别为回避、竞争、忍让、合作及妥协。② 继托马斯之后，伦威克（1975）、拉希姆（1983）、沃尔和卡利斯特（1995）等对冲突管理的二维模型进行了进一步的研究。自从冲突管理的二维模型和测度技术出现以后，它逐渐成为学者研究冲突管理方式的标准或模版，出现了大量的理论和实证研究成果。这使得很多学者误认为这一模型已经相当完善，并形成了二维思考的定势。③ 到目前为止，还没有学者对这一模型进行较大改革。总体而言，二维模型仍是冲突管理模型研究的主要框架和范式，已有关于冲突管理的研究多延续了二维模

---

① BLAKE R R, MOUTON J S. The Managerial Grid [M]. Houston：Gulf Publishing Co.，1964.
② KOMARRAJU M, DOLLINGER S J, LOVELL L L. Individualism-collectivism in Horizontal and Vertical Directions as Predictors of Conflict Management Styles [J]. International Journal of Conflict Management，2008，19（1）：20-35.
③ 于柏青. 公共组织冲突演进机理与管理策略研究 [D]. 哈尔滨：哈尔滨工业大学，2013.

式。事实上，除了已有二维模型中的两个维度外，还可以在冲突管理模型中加入其他维度，如关注团队利益、关心组织利益等，进而实现将已有二维模型扩展成三维或更高维度的冲突管理模型。①

当冲突涉及第三方的利益，或者冲突双方无法达成协议的情况下，第三方将被引入。② 第三方主要采取两种方式解决冲突：调解和仲裁。管理者往往扮演着第三方的角色。虽然第三方的介入是解决冲突的一种有效方法，但这一方法也存在一定的不足之处，例如，第三方的介入会使冲突处理周期延长，也可能在冲突的处理过程中引入第三方的相关利益和判断。普特曼和威尔森指出，没有哪一种模式或方法对于所有冲突的解决来说都是最有效的，对于不同类型的冲突成因、类型、情境及影响，需要采取不同的冲突管理方法，同时在方法的强度上也要有所差别。③ 在实践中，就意味着管理者要根据不同的冲突情境采用不同的冲突管理方法。在有效的管理中，还要依据实际情况决定是采用参与的管理方式还是采用专制的管理方式，抑或是采用介于两者之间的管理方式。但究竟采取什么样的方式，任龙认为取决于以下四个因素：第一，预期的阻力大小及其种类。一般来说，预期的阻力越大，专制方式的效率越高。第二，领导者所处的地位及其权力情况。权力越小，往往越需要被迫采取参与的管理方式。第三，涉及的特殊利害关系。一般来说，组织的成效及生存所面临的风险越大，迅速强硬地采取行动的必要性就越大。第四，管理对象的觉悟程度。管理对象的觉悟程度越高，参与的管理方式就越有效。④

在对相关文献进行回顾梳理之后，研究发现有关组织冲突管理的研究，无论是"两分法"、冲突管理策略还是对第三方的研究，主要着眼于冲突发生以后，冲突双方或第三方如何管理冲突，而在一定程度上忽视了管理冲突产生的根源。事实上，当我们懂得如何管理冲突的动因之后，冲突结果的管理就容易多了。因此，我们认为冲突管理研究的重点应放在怎样主动控制冲突的动因，而不是被动接受冲突的结果。⑤ 从现有的组织冲突管理研究文献来看，在冲突的跨文化研究方面还不够深入，尤其是基于东方传统文化，特别是中国文化背景

---

① 刘新. 企业组织冲突管理研究：以石油企业为例 [D]. 武汉：中国地质大学，2010：25-26.

② RUBIN J Z. Models of Conflict Management [J]. Journal of Social Issues, 1994, 50: 33-45.

③ PUTNAM L L, WILSON C E. Communication Yearbook 6 [M]. California: Sage Publication, 1982: 629-652.

④ 任龙. 管理冲突的艺术 [J]. 领导科学，2009 (14): 43-44.

⑤ 王琦，杜永怡，席酉民. 组织冲突研究回顾与展望 [J]. 预测，2004 (3): 74-80, 26.

的组织冲突研究还处于起步阶段，中华优秀传统文化源远流长、博大精深，凝聚着中华儿女改造世界的辉煌业绩，无论是儒家、道家还是法家、兵家、墨家，都为组织冲突管理的中国化研究提供了丰厚的土壤，因此结合中华优秀传统文化进行组织冲突管理本土化的研究十分必要。

第三节　两种权威的碰撞：专业与科层的冲突与调试

一、解读"权威"

"权威"一词在《辞海》中有两层含义：一是指权力和威势，二是指人类在社会实践过程中形成的具有威望和支配作用的力量。[①] 而在《现代汉语词典》中，"权威"有四层含义：一指权力、威势，二指使人信从的力量，三指统治、威慑，四指在某种范围里最有地位的人或事。

对"权威"的解释，也有从哲学、心理学、社会学等不同角度来阐述的。从哲学角度出发，权威是在实践活动中逐渐形成的，任何权威都是相对的。《马克思列宁主义哲学词典》中的解释是：权威是指被普遍承认的组织、集团或者个人对一定社会生活领域所起的影响，这种影响所产生的后果是，其他人在自己的生活和观点中服从或依赖于这个组织、集团或者个人。[②] 从这个意义上说，权威是一种社会关系，这种关系保障人们的活动服从于社会确立的目标和规范并在一切社会形态中发挥作用。对权威论述最详细的则是恩格斯的《论权威》，恩格斯科学地界定了权威的内涵，概括了权威的功能与作用，阐述了权威主客体的辩证关系，论证了权威和自治的辩证关系。《论权威》一文的发表标志着马克思主义权威理论体系的初步形成，使得马克思主义者在权威问题研究上有了明确的方法论指导。[③] 权威作为普遍联系的交往形式，反映的是人与人之间的关系，恩格斯正是通过对人与人之间内在联系的分析，认为权威是强加于服从的矛盾统一体。

权威在心理学上被解释为个人或群体对其他人或群体的影响，有两种表现

---

① 辞海 [M]. 上海：上海辞书出版社，1989；3276.

② 阿·辛科. 马克思列宁主义哲学词典 [Z]. 北京：东方出版社，1991；285.

③ 恩格斯. 论权威 [M]. 北京：人民出版社，1972；5.

形式，正式权威和非正式权威。① 正式权威也称为"官方权威"，是权威者用法律、章程、条例等正式手续赋予的权力解决具有社会意义的问题时所产生的影响，正式权威受主体在群体中的角色所制约；非正式权威也称为"民间权威"，是由权威者个人某些突出的品质、特殊的生活经历和学识而在组织中产生的影响。② 从社会学角度最早探讨和解释权威的是社会学家马克斯·韦伯，他认为权威指一些特别的命令（或）全部命令能被发命令这个团体中的个人所接受的可能性，权威是一种合法的权力。③

对于"权威"的认识和阐释，可谓是见仁见智。丹尼斯·朗在其著作《权力论》中，根据权威所产生的命令服从关系的特点，依据不同的服从动机把权威划分为强制性权威、诱导性权威、合法权威、合格权威和个人权威。④ 莱斯利·里普森在《政治学的重大问题——政治学导论》中关于国家起源问题时阐述了权力与权威的关系问题，分析了权力与权威的区别，认为权威与权力的不同之处就在于它被认为是正当的权力。⑤ 他认为权威是更高一级的权力。在现实中，政府存在是因为人们对政府怀有特定的期望，并希望政府官员能够将这些期望变成现实。正如他所言：政府技能的发展并不止于权力。就如同秩序要得到永久稳固需要赢得正义之名一样，权力也追求更高一级概念的发展。如果安全通过暴力获得，秩序通过权力构建，那么正义就需要依靠权威来确立。

而罗伯特·达尔在《现代政治分析》一书中认为，权威就是一种特殊的影响力，由观念、地位、品质、技能和知识等所塑造的影响力或感召力，即合法的影响力。⑥ 韦伯从权力的合法性基础上来探究权威的来源，认为合法的统治权威不外乎三种历史形态，即设有官僚行政管理班子的合法型统治权威、传统型的统治权威以及魅力型的统治权威。伊兹欧尼将由专业人员组成的机构的管理权威分为"行政（决策）权威"与"专业权威"。在一般的社会组织中，官方法定的行政权威占据主导地位。专业权威需要更高程度的技术能力，这种专业技能是由本专业的同行专家而非科层制中的行政管理者来决定的。⑦ 在权威的重

① 朱智贤. 心理学大辞典［Z］. 北京：北京师范大学出版社，1989：512.

② 崔雪峰. 当代中国政府权威论［D］. 长春：吉林大学，2010.

③ 韦伯. 经济与社会［M］. 北京：北京出版社，2008：76.

④ 丹尼斯·朗. 权力论［M］. 陆震纶，郑明哲，译. 北京：中国社会科学出版社，2001.

⑤ 莱斯利·里普森. 政治学的重大问题：政治学导论［M］. 刘晓，等译. 北京：华夏出版社，2001.

⑥ 罗伯特·达尔. 现代政治分析［M］. 王沪宁，陈峰，译. 上海：上海译文出版社，1987.

⑦ ETZIONI. Modern Organizations［M］. Englewood Cliffs, NJ: Prentice Hall, 1964：75-84.

要性认识上，美国著名政治经济学家查尔斯·林德布洛姆认为，权威关系是支撑政府的基石。权威对政府之要紧，如同交换对市场制度之要紧一样。①

现代管理理论之父切斯特·巴纳德作为西方现代管理理论中社会系统学派的创始人，他的"权威接受理论"也受到了广泛的关注。他认为："如果一个命令下达给了命令的接受者。命令对他的权威就被确认或确定了，这成为行动的基础。如果他不服从这个命令，就意味着他否认这个命令对他有权威。因此，按权威的定义来说，一个命令是否有权威决定于接受命令的人，而不决定于'权威者'或发命令的人。"同时，巴纳德给出了权威被接受的条件，他能够而且的确理解了命令在他做决定时，他认为这个命令同组织目的是没有矛盾的在他做决定时。② 切斯特·巴纳德的"权威的产生不是来源于上级，而是来源于下级的认可与接受"，对探讨政府权威的逻辑生成提供了全新的视角，对于研究管理权威冲突问题起到了很好的借鉴作用。

二、科层制中专业权威与科层权威的管理冲突

古希腊哲人亚里士多德断言："人是天生的政治动物。"社会上各种各样的政治活动行为的产生多与人的这种政治本性有关。正如约翰·洛克在《政府论》中指出："处于自然状态中的任何数量的人们，进入社会以组成一个民族、一个国家，置于一个有最高统治权的政府之下；不然就是在任何人自己加入并参加一个已经成立的政府。这样，他就授权给社会，或者授权给社会的立法机关，根据社会公共福利的要求为他制定法律，而他本人也有尽力协助这些法律执行的义务。"③ 实际上，政治性是不是天生的，我们根本无法得到证明。但是，不管是不是人类的本性，一个不可否认的事实是，在我们的周围总是会伴有各种各样由人类政治性情所决定的矛盾与冲突的产生，如诽谤、攻击、恐吓、暴力威胁、战争等。为了规避与消除这些由人类政治性情而引发的各种各样的矛盾与行为冲突，就需要建立一种理想的制度形式，科层制的产生在很大程度上与人类在自身发展过程中这种政治需求的客观存在有着非常密切的关系。科层制虽然是20世纪初提出的一个概念，但作为一种制度安排形式在古代社会就已经萌生了。科层制在人类社会中的产生与存在和人类内心深处隐藏的政治情节或

---

① 查尔斯·林德布洛姆. 政治与市场：世界的政治经济制度 [M]. 王逸舟，译. 上海：上海：三联书店，1992.

② 切斯特·巴纳德. 经理人员的职能 [M]. 孙耀君，译. 北京：中国社会科学出版社，1997.

③ 约翰·洛克. 政府论 [M]. 刘丹，赵文道，译. 长沙：湖南文艺出版社，2011.

政治性情有很大关系。早在几千年以前，亚里士多德就提出："人生来就有合群的性情，所以能不期而共趋于这样高级（政治）的组合……"

韦伯对组织理论研究的主要贡献，是他的权威结构理论。这一理论使他得以根据组织内部的权威关系揭示各种组织所具有的特性。个人为什么要服从命令，为什么会按他被告知的那样去行事，这就是权威结构理论的基本出发点。并且，韦伯提出了三种正式的政治支配和权威的形式：魅力型权威（家族和宗教）、传统型权威（宗主、父权、封建制度）、法理型权威（现代的法律和国家、官僚）。传统型权威的合法性以人们承认和习惯性服从被神圣化了的习俗和远古的传承为基础，个人魅力型权威的合法性建立在领袖人物的神圣性、英雄主义和榜样作用的基础之上，而法理型权威的合法性基础则是以理性方式制定的规则的有效性和客观性。权威是指使人信从的力量和威望。在这三种权威中，韦伯认为法理型权威代表了时代发展的方向，摆脱了人身依附关系，转而依靠法律规则的权威。

布劳在《现代社会中的科层制》中提到，专业型权威有几个方面与科层制权威不同。第一，与非专业型权威比较，专业型权威需要更高程度的技术能力。虽然会有例外，但专业文凭需要接受更广泛的正式教育。第二，专业技能由同行而不是科层制中的上司来认定。譬如，法学院的学生在毕业之前必须通过庭审考试。第三，专业工作者受到与科层管理不同的伦理规范制约，因为其目的在于保护危难中的当事人利益。科层权威与专业型权威相反，几乎完全基于个人在组织中的正式职位。二者之间的比较是有意义的。虽然科层制的发展也依赖于专业技能，即管理规范的知识，但不像专业技能那样涉及科学或学术知识。此外，非专业雇员的技能认定，不由外在于其工作组织的同业群体做出，也无须对他们负责。越来越多的专业人员在大型组织中工作，专业人员的大量出现虽然是必要的，但也带来了问题，因为他们基于专业技能或伦理做出的判断可能不同于以成本与组织的管理要求为取向的管理判断。尽管没有解决专业型权威和管理型权威之间冲突的简单办法，但是有充分的证据表明，专业人员越来越像其非专业的同事一样，服从于同样的组织强制。① 除了专业化以外，在科层制中也许还存在专家权威，同样也可能是问题的根源。从传统上来讲，特别是在军队中，已将"作战人员"与"参谋人员"分开，后者由专家构成，在理论上只有建议的权力而无命令的权威。组织底层的工人所获得的专业技能常常也

---

① PAUL STARR. The Social Transformation of American Medicine [M]. New York：Basic Books. 1982.

被忽视。在这两种情况下，都会产生冲突。在作战人员与参谋人员之间的区分存在时，相互之间的贬低就会发生。在工人专家被贬低的地方，小的争吵和效率的下降就会发展，因为专业知识被掩盖而没有用来为组织的目标做贡献。①

科层制在政治学、管理学等学科中，对权威问题都有深入的研究，但在教育管理学中的研究仍相当薄弱。② 法国教育理论家布迪尔指出，统治阶级通过"符号暴力"（就是统治阶级通过文化教育的影响作用，达到阶级控制的目的）的方式，利用学校来传递统治阶级的文化，排斥其他阶级的文化，保证统治阶级文化的再生产，以此来巩固统治阶级对学校教育的统治和社会地位。③ 美国著名教育管理学者霍伊（Wayne K. Hoy）和米斯尔（Cecil G. Miskel）合著的《教育管理学：理论·研究·实践》（第7版）对马克思·韦伯的科层制在教育管理中的指导原则分为两种类型：一类是建立在技术能力与专业知识基础上的权威，另一类是建立在合法权利和规章制度基础上的权威。④ 在科层权威之下，权威附着于职位，而不是占据职位的人。但在现代组织中，正式权威并不准确地附着于组织中的职位，而是附着于专家，这是法理型权威的另一种形式。随着现代组织的发展，组织内部的分工越来越细，专业化程度越来越高，加之现代领导体制的发展，"职业软专家领导体制"的出现，以管理为职业的"软专家"不可能在各个具体的专业领域内都具有超过下属的知识技能。在这种情况下，强调以层级节制为基础的纪律控制和强调以客观事实为基础的专业知识技能控制之间的矛盾再也无法调和，科层取向与专业取向的冲突由此产生。早期的冲突并不激烈，主要是因为专业取向还没有形成一种可以和科层取向相对抗的比较成熟的观念系统。所以，解决这一冲突的方式一直都很简单，那就是根本忽视以专业知识技能为基础的组织控制原则，这使得现实中的科层体制大多成为名副其实的"官僚体制"。⑤

现在教育官僚机构招聘人员，都要求这些人员有一定的专业知识。但专业性本身和科层权威是冲突的。在我国，许多学者对教育管理中的科层权威进行

---

① MICHEL GROZIER. The Bureaucratic Phenomenon [M]. Chicago：University of Chicago Press，1964.

② 李焰. 借鉴西方视角透析中国校长权威来源 [J]. 教育与教学研究，2009 (7)：34-36.

③ 陆有铨. 现代西方教育哲学 [M]. 北京：北京大学出版社，2012：438.

④ 霍伊，米斯尔. 教育管理学：理论·研究·实践：第7版 [M]. 范国睿，译. 北京：教育科学出版社，2007.

⑤ 张新平. 论学校管理的科层取向与专业取向 [J]. 教育评论，2001 (5)：36-38.

了批判①②③④，认为科层权威建构下的层级教育组织存在以下突出问题：一是权力过于集中，组织中个体的影响力过大；二是机构重叠，权责不清；三是组织行为缺乏理性。⑤ 由于这类问题而在管理中造成的矛盾和冲突，是许多研究者归咎于"科层制"的主要原因。一些学者开始致力于教育管理中专业权威建立的研究。⑥⑦⑧⑨ 一方面，专业权威有利于实现教育管理的科学化、均衡化和制度化。首先，专业权威作为特定知识和方法的结合，具有其他权威没有的学科性、知识性，能科学有效地研究教育管理的主客体行为，为院校运行发展奠定理性基础。其次，制约政府教育部门的行政权威。为有效控制行政权威的泛用、滥用，专业权威是合理的控制方式，避免督导中集权、特权的出现。最后，专业权威凭借专业声望，可以有效调动教育管理活动中客体积极性，对于促进教育管理制度化具有重要作用。另一方面，当专业权威过分绝对化、过度迷信和崇拜专业权威时，只会造成专业霸权，严重影响教育管理主客体的平等地位。科层取向要求教师的一切行为接受来自上级行政领导的指示与控制，对教师的行为评价要视其是否与学校现存的各项法规条例一致，这是专业取向与科层取向冲突的最重要原因之一。⑩

三、科层权威与专业权威的调和

美国社会学家塔尔科特·帕森斯（Talcott Parsons）认为，韦伯并没有特意把专业性权威和科层制权威当作一种权威，两者之间的冲突是不可调和的。⑪ 事

---

① 谢笑珍．科层制学术治理模式的功能障碍 [J]．高校教育管理，2011（6）：12-15.
② 黄慧．论高校管理行政化与教师专业化的冲突 [J]．中国成人教育，2007（15）：37-38.
③ 钟启泉．从"行政权威"走向"专业权威"："课程领导"的困惑与课题 [J]．教育发展研究，2006（7）：1-7.
④ 张新平．对学校科层制的批判与反思 [J]．教育探索，2003（8）：29-31.
⑤ 王春娟．科层制的涵义及结构特征分析：兼评韦伯的科层制理论 [J]．学术交流，2006（5）：56-60.
⑥ 鲍传友．消解与重构：新课程情境中的教师权威 [J]．湖南师范大学教育科学学报，2004（5）：32-35.
⑦ 田国秀．关于教师权威的辩证思考 [J]．教育理论与实践，1998（3）：36-38.
⑧ 程培杰，许晓娟．论教师权威性的重构 [J]．教育评论，2003（1）：65-67.
⑨ 马廷奇．大学管理的科层化及其实践困境 [J]．清华大学教育研究，2006（1）：33-38.
⑩ 张新平．论学校管理的科层取向与专业取向 [J]．教育评论，2001（5）：36-38.
⑪ 彼得·布劳，马歇尔·梅耶．现代社会中的科层制 [M]．马戎，时宪明，邱泽奇，译．上海：学林出版社，2001：82.

实真的是这样吗？其实，专业性权威和科层制权威有很多相似之处，比如，非个人化、专业技术、基于普遍规则的组织决策。①②③

　　韦伯是以理性作为科层制理论的学理预设。在他看来，人的社会行动可分为理性行动和非理性行动，理性行动包括目的合理性行动和价值合理性行动，非理性行动则包括传统行动和情感行动。他认为，支配目的合理性行动的理性是工具理性，支配价值合理性行动的理性是价值理性。工具理性主要是指选择有效的手段去达到既定目标，它是可以精确计算和预先算计的。与工具理性相反，价值理性（价值合乎理性的）则是"通过有意识地对一个特定的举止的——伦理的、美学的、宗教的或作任何其他阐释的——无条件的固有价值的纯粹信仰，不管是否取得成就"④。从上述可以看出，价值理性主要是以支持或确定终极目标为主，而不计算现实的利益得失。科层取向与专业取向是教育管理的两种基本倾向。前者是指以科层体制的价值观念和是非标准作为学校管理的基本原则，后者是在科层组织内部产生同时又与科层体制的管理原则存在严重矛盾的一种学校管理倾向。科层取向与专业取向代表着两种不同的管理文化与价值观，它们之间的冲突是教育管理中的人文思想与传统观念的冲突。双重取向在一定程度上能够减少矛盾，是一种相对理想的教育管理模式，但如何选择最佳专业化与科层化结合点却是一个难题。⑤

　　在教育科层组织中，就业的教师不仅在专业素质上合乎要求，而且不能被随意解雇。"这个原则造成了一种程序、一个系统，职务晋升要取决于候选人的资格或做出的成绩，或者同时参考两方面。"教师受雇是他们的能力，而不是依靠像种族、家庭背景这类先赋的特征。对人的评价不是以其职务、个性、与领导者的关系等为标准，而是以组织的章程为标准对人进行客观的评价，这既保护其成员，又避免被任意解雇和任人唯亲。⑥ 非个人取向要求学校组织内一切行为都排除同情、喜爱、仁慈、感激等个人感情因素，因为它们违背了科层体制的"客观、理性"的原则。对于学校组织而言，强调理性一方面有可能对学校

① 彼得·布劳，马歇尔·梅耶. 现代社会中的科层制 [M]. 马戎，时宪明，邱泽奇，译. 上海：学林出版社，2001：8, 17.

② 马克思·韦伯. 韦伯作品集：支配社会学 [M]. 桂林：广西师范大学出版社，2004：25.

③ 马克斯·韦伯. 经济与社会：上 [M]. 林荣远，译. 北京：商务印书馆，1997：248.

④ 马克斯·韦伯. 经济与社会：上 [M]. 林荣远，译. 北京：商务印书馆，1997：56.

⑤ 张新平. 论学校管理的科层取向与专业取向 [J]. 教育评论，2001（5）：36-38.

⑥ 彼得·布劳，马歇尔·梅耶. 现代社会中的科层制 [M]. 马戎，时宪明，邱泽奇，译. 上海：学林出版社，2001：8.

管理者滥用权威加以有效限制，强化学校工作秩序，提高效率；另一方面也会导致对教职员工的人性压制，从而破坏学校教职员工的工作士气和心理气氛。[①]在科层制中，由于科层组织中的职务和地位不为占据者所专有，所以在处理公务时，要求将私人关系和公务关系严格分清，不徇私情。职位集中体现了地位与角色的内涵，代表了一整套规范和行动模式，它不受担任这一职位的任何个人的性格、气质、品德等影响，在一定限度内不因人员变动、个人偏好而改变。所以彼得·布劳认为，从公务中排除个人情感，是保证公平和效率的前提条件。

　　科层制中的劳动分工，把任务分成大多数人都能胜任的工作，并根据标准由受过训练的人员执行这种任务。这不仅提高了人的可靠性和胜任能力，而且可以使普通人发挥个人专长去达到不平常的目标。分工与专门化是保证学校工作得以顺利开展并获得较高专业知识水准的重要条件。[②] 科层制的组织活动是"由一些固定不变的抽象规则体系来控制的，这个体系包括了在各种特定情形中对规则的应用"。组织中的任何成员都要严格遵循一套抽象的规章制度，组织成员职务的运作受规则的约束。设计制定这样的规范体系，是为了保证不管多少人从事某项工作，其结果都能一致，而且不同的工作之间能得到协调。详细的规章制度规定了组织中每一个成员的责任及其相互关系。规章制度是科层制的管理基础，它们保证了科层组织活动的常规性、稳定性以及连续性。科层制的职权等级确定了个体的权力与责任，使能力及精力有限的个体，通过整个科层制的目标结合起来，从而使大量具有专长的人在一起有效地工作，以合乎逻辑和高效率的方式完成一个复杂的目标，保证了大规模组织的控制与协调。[③] 我国学者张新平认为韦伯型是学校组织中专业取向与科层取向互相融合的结果，所以被称为"双重取向"，是一种比较理想的学校管理模式。[④] 他提出，双重取向在学校管理的硬件方面基本上保留科层体制的学校组织结构，但相应加强了教师的参与管理和专业自主权，并通过系统的法规条例加以保证。在实行双重取向的学校，往往同时存在两个权力系统，区分而治。一是行政的，二是专业的。前一系统自校长、各职能部门的行政管理人员到普通的职工，由上至下实行层层控制；后一系统则由教师及其他专业人员组成自己的层级结构，如专业委员

---

① 张新平. 论学校管理的科层取向与专业取向 [J]. 教育评论，2001（5）：36-38.

② 马克思·韦伯. 韦伯作品集：支配社会学 [M]. 桂林：广西师范大学出版社，2004：22.

③ 马克思·韦伯. 韦伯作品集：支配社会学 [M]. 桂林：广西师范大学出版社，2004：25.

④ 张新平. 论学校管理的科层取向与专业取向 [J]. 教育评论，2001（5）：36-38.

会或教师联合会等组织，进行自我管理。这两个系统协同运作，共同实现对学校的管理。

为了调和科层制取向与专业取向之间的结构性矛盾，很多理论家进行了积极探索。其中，保罗·阿德勒和布莱恩·博里斯把韦伯的形式化解释为一种组织技术，并提出了形式化的两种类型，即促进型形式化和阻滞型形式化。他们还提出，在学校管理中，各种规则与程序的设计，要有利于人们更有效地处理所发生的各种突发事件。霍伊和斯威特兰在形式化的理论基础上，改进了韦伯的科层制的组织结构论，提出了促进型学校结构和阻滞型学校结构，也有人把它们称为"促进型科层制"和"阻滞型科层制"。与古典的科层制不同的是，促进型的科层制学校管理是发现并帮助教师取得成功的方法，而不是监视教师的行为以确保服从。霍伊和斯威特兰认为在促进型结构的学校里充满着信任，教师信任校长、信任同事，教师对校长有一种责任。校长和教师的心态是开放的，彼此坦诚。① 鲍成中在此基础上提出，促进型学校结构是调和科层制取向与专业取向之间结构性矛盾的产物。促进型学校结构实质上是支持教师的机制，而不是提升或加强校长权力的工具。鲍成中认为，促进型学校结构是通过发展教师来发展学校的，它不仅可以使学校管理的效能大大提高，而且可以促进学校的良性运作。②

---

① 霍伊，马萨尔. 教育管理学：理论·研究·实践 [M]. 范国睿，译，北京：教育科学出版社，2007.
② 鲍成中. 促进型学校结构：超越传统"科层制" [J]. 中国教育学刊，2011 (4)：29-32.

第三章

民办武术学校的历史发展与矛盾冲突

自 1978 年改革开放以来，我国社会就进入总体性的转型期。40 多年来，社会变迁使我国大部分地区社会环境、社会结构、生产方式、生活方式、信仰体系等发生了或正在发生革命性的变化。① 随着社会生活方式的变化，武术自身的价值功能由原来的技击、观赏逐渐向健身、娱乐方向发展。在体育全球化的背景下，西方体育文化在我国备受追捧、一路高歌，中国武术在体育文化的交流中明显处于边缘地位，没有话语权。从农业社会到工业社会的转型使中国当代社会没有了尚武的风气，习武、爱武、传武的人越来越少。

第一节　武术学校发展的历史矛盾与管理冲突

一、武术的定义与相关概念

武术作为中华优秀传统文化的象征和金字招牌，是中华民族在漫长社会实践中不断积累、丰富起来的一项宝贵的文化遗产。武术独特的攻防技击、健体养生功效和深厚的文化底蕴，不仅深受国人的喜爱，也受到了其他各国人民的青睐。如今，国际武术联合会的会员组织已达 155 个，中国武术在世界遍地开花。据相关媒体报道，仅是太极拳，目前全世界的学习人数就已经超过 4 亿人，遍布 150 多个国家和地区。② 武术已然在大国崛起的盛世下呈现出空前的发展势头。

"什么是武术?"每次给新生上第一堂武术课时，笔者总会先问学生这样一

---

① 郑国华. 社会转型与我国民族传统体育文化传承 [D]. 北京：北京体育大学，2007.
② 让太极走向世界，让世界共享太极：太极拳列入人类非物质文化遗产代表作名录 [J]. 中外文化交流，2021（1）：36-39.

个看起来很平常简单，但又不太好作答的问题。武术作为我国具有广泛社会基础的传统体育活动方式，迄今已有漫长的历史。但是，不同时期人们对它的认识不尽相同。"什么是武术？"这样一个关于武术本体的基本问题，不仅让世人不好作答，而且觉得既熟悉又陌生，也一直困扰着武术工作者。2009 年 7 月，武术定义和武术礼仪标准化研讨会在河南省登封市召开，笔者也有幸参与了研讨会。由国家体育总局武术运动管理中心召集国内有关学者经过反复讨论、推敲后所作出的"武术"的定义是：武术是以中华文化为理论基础，以技击方法为基本内容，以套路、格斗、功法为主要运动形式的传统体育项目。①

概念是反映事物特有属性的思维方式，是认识事物的起点。要了解和认识武术，首先应从其概念入手。中华武术文化源远流长、内容丰富。由于武术门派林立、流派众多，人们有时会被它的缤纷浩繁所迷惑，混淆其与其他体育类项目。武术的根基是中华优秀传统文化。"文化影响技术，技术反映文化。"武术作为中华优秀传统文化孕育的一支民族奇葩，必然沿承了中国的文化精神和历史积淀，武术的整个渊源就是中华优秀传统文化，习练武术就是直观地体悟中国文化，所以这也是它普遍受到世界人民喜欢的根本原因。武术以打、踢、拿、靠、摔等攻防技击动作为素材，套路是对实战格斗动作的提炼，将假想模式的攻防技击进行集合，是武术实践的经验总结，所以一招一式必然有其特定的攻防技击用意，通过练习武术套路可以培养练习者的实战技击意识。例如，在武术功法练习中有"石锁功"，在《少林七十二艺》中就专门记载它有锻炼两臂提掇之力的功效，属武术硬功范畴。武术功力的锻炼目的就是提高人体的攻击力度和抗击能力，是以武术技击为核心，是武术的主要组成部分和表现形式。武术界素来就有"练拳不练功，到老一场空"一说，为了加强各界人士对武术功力的认识，国家体育总局武术运动管理中心、中国武术协会从 2004 年起每年举办"全国武术功力大赛"，众多民间习武者踏进赛场，展示武术功法的魅力，也深刻地表达了武术功力在武术习练中所占的重要地位。由此看出，诸如此类的功法练习形式，其最终的目的是提高武术技击的能力，应该将其划分为武术范畴。概念界定清晰了，就能准确地区分武术与其他体育项目或游艺杂技类等项目。②

自 20 世纪 30 年代有人提出"武术"之定义以来，人们对"武术"的概念

---

① 周伟良."武术"定义的新成果 [J]. 中华武术，2009（8）：34-34.
② 康涛，马麟. 我国武术非物质文化遗产传承发展的思考 [J]. 中国学校体育（高等教育），2015（3）：13-17.

已有诸多表述，武术界人士总是喋喋不休地论争，武术概念也在不断地衍化。最早武术同源于狩猎、战争中的实用技术。随着不断总结发展和适应需求，从形式到内容有很大的变化，但是技击这一精髓却万变不离其宗。"武术以技击为主要内容"，表达了它的本质属性，无论是套路还是格斗，都离不开攻防技击。这一特性使它既有别于舞蹈、杂技等人体运动形式，又有别于体操等体育项目。当然技击并不是中国独有的，它是人类从本能需要到文明需要必然出现的技能和文化。世界各地如角斗、拳击、击剑、泰拳、空手道、跆拳道、桑勃、摔跤等，也具有技击攻防的属性。重要的是华夏民族、中华儿女长期以来，在自己的土地上，以自己的实践，按照自己的需求，总结出了自己的传统技击术，如踢法中有蹬、踹、铲、截、弹、缠、扫、挂、摆、点、弹、踩、撅等，打法中有冲、撞、挤、靠、崩、挑、劈、砸、贯、撩、盖、鞭、抛、抄、钉、砍、插、穿、标等，"踢打摔拿击刺"六法中都有许多丰富的技击法，各地域、各拳种又不尽相同。此外，武术中的擒拿法、快摔法、桥法、十八般兵器的击法等，均有独到之处。武术的技击属性，反映了武术概念的内涵。①

　　一个概念界定能否成立，还必须经受逻辑验证，其中最重要的是看其是否阐明了被定义概念的内在本质属性和涵盖它所概括的内容形式。大约自20世纪90年代开始，有关武术的概念成为武术理论研究中的一个热点，不少论著纷纷提出自己的观点，由国家体育总局武术运动管理中心所做出的武术概念定义与以往的武术概念定义相比，有了三点突破：第一，在武术的表现形式上强调除套路、格斗外，功法同样是武术运动形式的有机构成，弥补了原定义中外延的不足；第二，在"传统体育"下去掉"项目"两字，更突出了武术文化归属的社会性；第三，去掉了非概念定义要求的"注重内外兼修"几字，使其更符合逻辑学有关定义的要求。另外，该定义的逻辑顺序清晰，文句简洁明了。从逻辑学上认识，中国传统体育是武术的上属概念，武术的套路运动和格斗运动则是概念的外延。比较确切的提法，体育项目的武术应称其为"武术运动"。② 武术与其他体育项目的共性，是它们都以身体运动为特征，都有着强健体魄的共同价值，但武术也有着与其他体育项目不同的个性特点，如鲜明的中华优秀传统文化特色、攻防再现性和表现性兼修的本质特点，多样性统一的运动形式特点、整体统一的运动观念特点。由于武术以中华优秀传统文化为理论基础，其

---

① 康戈武. 中国武术实用大全 [M]. 北京：今日中国出版社，1992：7-13.

② 周伟良. 武术概念新论 [J]. 南京体育学院学报（社会科学版），2010，24（1）：10-13.

技术和技法都受到中华优秀传统文化的严格规范，促成了武术与西方体育既有同、又有异的运动特征。由此，研究完全赞同国家体育总局武术运动管理中心所做出的武术定义，整个研究将沿用此定义及相关概念。

二、自古"文武兼修"的教育理念与学校武术传授

从甲骨文对中华民族教育活动的记载开始，武术学校便开始了漫长的孕育，武术学校的萌生形式在我国有悠久的历史。学校教育内容中，武术的传授也较早出现，夏朝创立了我国最早的学校，学校武术传授也产生于夏商时代。夏代的"序""痒""明堂""辟雍""右学""西学""西雍"等大都是官学机构。这就必然注定奴隶社会里的君王从一开始就是为自身服务、为政治服务的。①《左传》记载："国之大事，在祀与戎"，祭祀与军事是最重要的事。当时的奴隶主贵族培养子弟，要求其成为精通武艺的武士，奉行"文武俱行，威德乃称"的信条。周代的"六艺"教育，即"礼、乐、射、御、书、数"，其中"礼""乐""射""御"这四艺均有丰富的武艺教育内容，并且"射""御"既是当时主要的军事技能和身体训练的内容，又是学校武术教学的主要内容。射箭在西周不但已经成为军队进行训练的主要手段，而且随着战争的频繁爆发和社会矛盾的日益尖锐，统治者也开始考虑对一般人进行武事的训练。周代"六艺"教育强调文武兼能，孔子所授的六艺课程也涵盖了这两大方面训练内容，并重视礼仪道德的培养，但其根本目的是培养武士，所以武艺是主要的组成部分。孔子被称为"第一武士道"（梁启超语），日本学者新渡户稻造在他的《武士道》一书中提道："至于说到严格意义上的道德教义，孔子的教诲就是武士道的最丰富的资源。"即便在武士道盛行的日本都视孔子为"武士道的精神教父"，足见，孔子作为第一武士道的代表人物不是空穴来风。②长期和频繁的战争，充分显示了武力的重要性，对尚武风气的形成起到了推动作用，促进了武勇的发展。虽然以上时期学校里的武术根本目的是为奴隶主阶级服务，但是融武艺于"礼"和"乐"中的举措，更表明了武艺对当时社会的重要性和影响力，也充分显现了那个阶级社会下武术作为学校主要教学内容的发展盛状。③

"独尊儒术""重文轻武"的封建社会教育指导思想使中国古代2000多年的封建社会中官学教育里几乎没有武术教育。根据历史发迹，武术的系统传授最

---

① 孙培青. 中国教育管理史 [M]. 北京：人民教育出版社，1997.
② 新渡户稻造. 武士道 [M]. 张俊彦，译. 北京：商务印书馆，2005.
③ 邱丕相. 中国武术史 [M]. 北京：高等教育出版社，2008.

早以学校形式出现，应始于宋代的官办武学，它不仅学习技术，还研习兵法。宋代武学的开设，提高了习武人员的理论修养，推动了武艺训练理论、战术思想的发展。两宋时期，武术在民间进一步发展，武艺组织如雨后春笋似的诞生，如有名的弓箭社、锦标社、忠义巡社等，推动了民间武艺活动的蓬勃发展。由于出现了许多组织，这就为武术的交流、传授、发展创造了有利条件。宋元时期，由于多个民族政权的存在，并长期处于战争状态，尤其是宋朝与西夏、辽、金、元都有过战争。因此，宋朝和其他民族政权都比较重视加强武备和军事训练，如设置武学和武举来培养和选拔军事人才，并伴有大量军事专著和兵书出现。宋朝统治者设立的武学教育，是针对武举的，将武备人才的培养纳入教育系统而创办的军事学校。武学教育与武举考试相辅相成，武学为武举输送了良好的生源，武举又促进了武学的办学质量提高。明清是武术集大成的发展时期，流派林立，不同风格的拳术、器械都有了空前的发展。武术作为军事技术、健身活动及表演技艺的作用，在明代更为人们所认识。① 明洪武二年（1369 年），朱元璋"大建学校"，在校生员均"专治一经，以礼、乐、射、御、书、数设科分教，务求实才"。明洪武三年（1370 年）五月，朱元璋又下令要求国子生及郡县学生都必须学习射箭。明洪武二十年（1387 年）七月，礼部奏请沿袭旧制，即"立武学，用武举"。而明太祖朱元璋果断地否定了这个建议，他认为"析文、武为二途，轻天下无全才矣，三代之上，士之学者，文武兼备，故措之于用，无所不宜，岂谓文、武异科，各求专习乎"？"今又欲循旧，用武举、立武学，甚无谓也"。从这我们不难看出朱元璋对文教和武备并行、平衡发展的重视，对能够培养文武兼备的人才的渴求。与明代武术最大的不同是，清代的民间武术已逐步与军事武艺分离，加强了与传统文化中的哲学、玄学、宗教、养生思想与方法的相互借鉴融合，极大地丰富了武术的内容，促进了武术的繁荣发展。② 清朝自诩"以武功定天下"，因而比较重视通过武举制来选拔将才，并强调"以骑射为本、右武左文"，从而来达到文武兼备的目的。同时，为了与武举相适应，武学也被依附入儒学。各类官学中设儒学教习和武学教习，教授文武生员。③

中国人的尚武精神源远流长，可以追溯到三代时期，战国时期达到最高峰。

---

① 王晓东，高航. 武术进入学校教育的历史溯源［J］. 首都体育学院学报，2004（3）：121-122.

② 吕光明. 我国学校武术发展源流探源［J］. 武汉体育学院学报，1993（3）：23-25.

③ 中国武术百科全书编撰委员会. 中国武术百科全书［M］. 北京：中国大百科全书出版社，1998.

传统上正宗的中国"士人"，都是文武"斌斌"的。在现存的孔子雕像中，一种是面带微笑双手作揖的孔子，一种是不苟言笑佩剑而立的孔子，前者最常见，后者不易见。两种面貌的孔子，传递出的是不一样的生命情怀。面带微笑的孔子，用《论语》中的话讲，展现给世人的是"有朋自远方来不亦乐乎"的仁者情怀，佩剑而立的孔子向人们传递的是"勇者无惧"的武士情结。借此也反映出中国传统的教育理想的追求就是文武兼修，我国自古就重视培育能文能武，文武双全的全面人才。隋代出现的武科，发展至唐·长安二年（公元 702 年），演进成了专为选拔武官的武举考试制度。这种从武术技能优秀者中考选武官的方式，为武术传习者提供了入仕的渠道，在一定领域中体现了武术教育的价值，促进了武术教育的发展。概要地说，以武学、儒学中设武技课以及师授和家传的武术教育方式，以"武举制"为习武者入仕为官的考选方式，构成了古代武术的教育体系。①

三、近代"强体救国"思想与武术教育系统建立

原中国社会科学院院长、中国著名哲学家、近代史专家胡绳在其著作《从鸦片战争到五四运动》中，按社会性质划分了中国近代史和中国现代史，并在书中序言写道："把中国近代史规定为从 1840 年鸦片战争到 1949 年中华人民共和国成立前的一百一十年的历史，而把中国民主革命胜利，摆脱了半殖民地半封建的社会以后，进入社会主义时代的历史称为'中国现代史'。"② 从鸦片战争开始，中国开始卷入世界资本主义体系当中，从独立自主、自给自足的自然经济的封建国家逐渐沦为半殖民地半封建的国家，由此，中国社会发生了巨大的变化。中华民族屡遭挫折、历经磨难，社会的主要矛盾由地主阶级和农民阶级的矛盾上升为帝国主义和中华民族、封建主义和人民大众的两大矛盾，而帝国主义与中华民族的矛盾成为中国社会最主要的矛盾，中国的革命进入了民主革命时期。近百年来，在帝国主义侵略和瓜分我国的关键时刻，许多武林豪杰纷纷挺身而出，为国家和民族的存亡甘洒热血。"国家兴亡，匹夫有责"，民族精神是一个国家走向未来的精神基础，民主革命的先驱者孙中山先生在《精武本纪·序》中也把武术精神归结为"以振起从来体育之技击术，为务于强种保国有莫大之关系推而言之的尚武精神"。武术的精神教育价值也一直受到上层意

---

① 康戈武. 从全球化视角探讨武术教育的生存与发展 [J]. 体育文化导刊, 2006 (10)：13-19.

② 胡绳. 从鸦片战争到五四运动 [M]. 上海：华东师范大学出版社, 2014.

识形态建设的重视。武术对于国人而言对民族精神的培育具有不可替代性，武术精神价值和生活方式的教育功能同样具有不可复制的特质。首先，武术作为中华民族传统体育项目能够防身、健身，其他体育项目无法全面取代其价值功能；其次，传统武德教育与现代武德教育在继承与发扬中前行，体现出继承的合理性与创新的科学性，其本身就反映出特有的精神价值取向。

辛亥革命前后，新科学和新思想相继传入中国。鸦片战争失败后，帝国主义为了加强对中国政治、经济、文化的控制，肆意妄为地向我国输入西方文化，西方体育正是在"西学东渐"的历史洪流中，伴随着西方教育思想和军国主义思想逐渐传入中国。1881年起，废"书院"而创办的"天津武备学堂"之类的学校，既学文理和火器（洋枪、洋炮）理论技术，又学击剑、刺棍、木棒、拳击等。中华传统武术开始受到西方文化体育的影响，有的学校采用了马良编写的摔跤、拳脚、棍术、剑术等教材。重庆体育学堂中，开设的是拳勇、刺刀术。中国体操学校，开设的是拳术、武器。①秋瑾主持的大通师范学校，坚持了孙中山先生所倡导的"强种保国"和"尚武精神"。"中华民国"时期，社会上建立了各种形式的拳社、武士会、体育会等武术组织。1910年6月，霍元甲在上海创办的精武体操学校，对学校武术的促进效果更为显著。精武体操学校，是我国第一所将武术列为主要教学内容的学校。②1911年，由10多位武术名家编辑的《中华新武术》，取材于传统武术动作，借鉴兵式体操的教练方式，编成新式武术教本③，效仿西方体育的方式和方法，采纳其教学理念的《中华新武术》可谓近现代学校武术体育化的肇始。这种适宜团体教学和操练的方法，为武术进入学校体育课提供了可行的形式，对其后的精武体育会、中央国术馆以及学校武术教育发展都有着积极的影响。体育和武术是两个不同的概念，体育是一个十足的外来语，武术则是十足的本土文化，将武术寄生在体育的躯体之上，"嵌入"到学校体育教育的框架体系，显示了学校武术教育发展逻辑的异化。1918年成立了"中华武士会"，1926年成立了"致柔拳社""武当太极拳社""尚武国术研究社"等，这些武术团体对传播和发展武术起了一定的推动作用。终于，在1928年，国民政府在南京成立了全国武术研究和培训的核心机构——中央国术馆，西北军将领、陆军上将张之江任馆长。由此，国家级的武术专业

---

① 张之江. 恢复民族体育与抗战的最后胜利 [J]. 国民体育季刊. 创刊号. 转引自周伟良. 中国武术史 [M]. 高等教育出版社，2003.

② 崔乐泉. 中国体育思想史·近代卷 [M]. 北京：首都师范大学出版社，2008.

③ 张胜利，郭志禹. 中国武术的体育化进程及启示 [J]. 体育文化导刊，2007（9）：52-54.

教育、研究机构成立，之后又相继在 24 个省市建立了国术馆，县级国术馆达 300 余所，形成了中国历史上第一个较为完备的武术教育研究系统。①

民国时期，无论是许禹生、张之江、马良等倡导"将中国旧有武术列为学校教育必修课以振起尚武精神""国术为达成军事目标之最佳手段"的建议，还是土洋体育之争中对"一切学校，宜教授拳棒。艺不必精，时不必久，但须作必修科目"的倡导。② 仔细审视其初衷和动机可以看到武术教育最初的重要目的是让学生感受到强烈的民族危机感，从而增强学生的民族觉醒意识。在"国势衰微，欲弱为强，必须先谋种族强盛"的呐喊声音中，武术教育的初衷绝不仅仅局限于向学生传授一些武术技艺，而是让武术教育在其民族主义的支撑下，将民族存亡、国家兴衰作为武术教育优先考量的重要目标。③ 中华民族能够成为世界历史上唯一文明不曾中断的伟大民族，正是因为爱国主义和民族精神已深深融入中华民族血液之中。中华武术以承载民族文化，强化青少年爱国主义思想，达成尚武、修身、立德之目的。习练武术，就是自觉接受中华优秀传统文化熏陶，深化爱国主义教育的过程，振奋青少年学生的民族自豪感。忘记历史等于背叛，丢弃传统等于割断血脉。开展武术教育，是一件功在当代，利在千秋的大事，是强国强种的重要举措。④

四、现代武术组织兴起与民办武术学校的发展

（一）隐性阶段（1949—1976 年）

中华人民共和国成立后，为使武术这一民族传统体育项目作为国粹得以继承和发展，全国各地成立了武术业余体校、武术队、辅导站等。这个时期全国的"武校"多为官办，主要培养当地武术爱好者，并没有出现现在我们认为的武术学校，武术教育以"班"的形式时办时停并处在隐性阶段。⑤ 后来由于"文化大革命"的开始兴起，但武术教育仍依存于民间发展。当时许多老一辈民间武术家都受到了冲击，教授武术被当作"四旧"批判，抑制了武术学校的产生，阻碍了武术的发展。但社会各界有识之士还是想尽办法，克服重重困难将

---

① 邱丕相. 中国武术史 [M]. 北京：高等教育出版社，2008.
② 周伟良. 近代武术史上的一桩"剽窃案"[J]. 体育文化导刊，2004（10）：65-67.
③ 李源，赵连文，梁勤超. 学校武术教育百年的演进逻辑与文化反思 [J]. 北京体育大学学报，2016（6）：110-115.
④ 马麟，康涛. "去中国化"对学校体育的警醒 [J]. 青少年体育，2015（10）：119.
⑤ 国家体委武术研究院. 中国武术史 [M]. 北京：人民体育出版社，1997：9.

武术文化保护、传承下来。①

（二）萌生阶段（1977—1982 年）

1977 年，邓小平明确把科学教育作为我国发展战略的首位。这一年，新中国成立后全国第一所专业性武术学校——河南登封少林鹅坡武术专修院创立，它是经教育体育部门批准，集文化教学、武术训练、体育竞赛、影视表演于一体的现代化综合性武术学校。② 1978 年，国家实行改革开放政策，在科教兴国的大背景下，教育呈现百家齐放、百家争鸣之态势，为武术学校的产生与发展提供了政策保障。这时，武术作为社会主义教育、体育事业的一部分，其性质、地位、目的和作用也发生了变化，特别是在 1978 年党的十一届三中全会以后，各种政策、法规的确立为武术学校的建设与发展提供了法律的保护与支持。③ 我国最早成立的武术学校代表之一，全球最大的武术学校——河南少林塔沟武术学校就始创于 1978 年，其位于中岳嵩山，是由出身于武术世家的全国著名拳师刘宝山先生率先兴办，并以传授少林武术为主要特色的武术学校。当时的武术学校没有固定校舍，教育形式也是传统的师傅带徒弟，呈现出典型的家庭作坊式发展模式。

（三）兴起阶段（1982—1995 年）

武术学校的悄然兴起得益于改革开放后《少林寺》等大批武打影视作品和武侠小说的流行。随着电影《少林寺》在全国热映，少林功夫迅速走红大江南北，呈现出典型供不应求的市场供需矛盾。慕名拜师学艺的武术爱好者大量涌向少林功夫发源地——登封，当时校舍连走廊、楼梯上都有人打地铺。登封的武术学校迅速扩张到 100 多家，学员万余人，从登封到少林寺，堪称"三步一馆，五步一校"，教学零散、管理混乱。因为三天两头有踢馆、打架事件，政府部门成立临时机构"武管办"，结合国家相关政策和管理办法出台了办学标准，还对已办的武术馆校进行检查验收，取缔了一些不具备开办条件，搞封建迷信，招摇撞骗及其他非法活动的组织，以保障民间武术活动的健康发展。④

---

① 张文彬 . 民办学校集团化、专业化发展研究：以福建西山教育集团为例 ［M］. 北京：人民出版社，2014：6.
② 少林鹅坡教育集团 ［EB/OL］.（2015-08-16）. http：//www.shaolinepo.com.
③ 中国武术馆校总览编委会 . 中国武术馆校总览 ［M］. 北京：北京体育大学出版社，2006：18.
④ 阎彬，马学智 . 文化视野中的武术热：历史回溯与现实观照 ［J］. 北京体育大学学报，2016（2）：23-28.

（四）规范阶段（1995—2000 年）

由于乱办武校现象非常严重，各地政府通过加强审批和检查，并通过示范课、目标考核等方式引导民办武术学校健康发展。1995 年，出台了国家体委文件《关于经营性武术馆校的管理规定》，同年还下达了《关于开展全国百家名武术馆校评选活动的通知》。这时，武术学校与武术馆出现脱离状态，武术学校逐步走上规范化发展的道路，即正规的武术学校形成。1996 年，国家体委还评出了首批全国先进武术学校。在国家对社会力量办学提出了"积极鼓励，大力扶持，正确引导，加强管理"的十六字方针和强调"进一步解放思想、转变观念、积极鼓励和支持社会力量以多种形式办学"等一系列利好政策引导下，民办武术学校如雨后春笋般蓬勃发展起来。

（五）快速发展阶段（2000 年至今）

随着社会经济的发展，人们开始对武术学校的要求和期盼逐渐加强，学生和家长对学校的多元化需求逐年增加，民办武术学校仅靠学费来完成学校的正常运营十分困难。此时，颇具发展眼光的武术学校经营者迅即调整学校发展规划、发展方向，探索、建立学校多元化、产业化的发展目标。经过多年发展，一些省市已形成了颇具规模的武术学校产业集群，如河南登封就已形成了少林寺塔沟武术学校教育集团、少林鹅坡武术集团、少林寺小龙武术集团、嵩山少林寺武僧团培训基地等四大武术集团。一些民办武术学校审时度势，迅速根据社会转型进行了办学结构调整，产业化和集团化的发展不仅扩大了民办武术学校的办学规模，还满足了家长、学生、社会的需求，形成了武校集聚产业带动文化教育发展的新模式。目前，武术学校集团化的兴起，给我国民办武术学校产业注入了新的活力，使传统的武术教育形式开始走向现代化的新型办学模式。

第二节 民办武术学校管理冲突的主体分析

一、外部主体——政府

（一）政府管理的权力

权力存在于社会关系中，社会公共管理通过权力来实现。政府的权力作用就在于通过处理公共关系、提供公共服务和维护公共利益来维持、调整和发展社会生活的基本秩序，没有权利，社会公共管理就难以进行。[①] 政府公共权力不

---

① 苏保忠，张正河. 公共管理学 [M]. 北京：北京大学出版社，2004：299.

是天生就有的，是有其本源的，它是国家政府部门通过一定程序授予行政机关一种用于行政管理和公共事务管理的强制性力量。根据行政行为的模式，可以将政府行政权力分为行政立法权、许可批准权、行政确定权、行政监察监督权、行政制裁权、行政强制权、行政司法权；根据权力的层次，可以把政府权力分为中央权力、地方权力和基层权力。中央权力主要服务于对整个国家和社会事务的宏观管理与调控，使国家的政治、经济、文化、教育得到全面发展；地方权力则注重结合本地区实际，发挥承上启下的功能，加速地方经济发展，造福本地人民；基层权力的重点在于执行、贯彻上级政府制定的政策、法律法规以及下达的各项指令。① 我国单一制的国家结构形式决定地方政府的权力更多源自中央政府的授权，因此，下级政府的公共管理权力也主要源自中央政府或者上级政府的授权。中国传统的公共权力模式是在计划经济体制下形成的，是政治、经济和行政长期一体化的结果。在中华优秀传统文化这片特定的土壤中，形成了各级政府一以贯之的以命令行政、人情行政、经验行政、多层行政、受控行政和身份行政为基本特征的传统权力行政模式。中国以往的权力结构和制度遗产影响着转型的发展选择及其社会政治关系。②

威尔逊认为："行政管理是政府工作中极为显著的一部分，它就是行动中的政府；它就是政府的执行，政府的操作，就是政府工作中最显眼的部分，并且具有与政府本身同样悠久的经历。"③ 就行政与政治的关系而言，一方面，行政不同于政治，"行政管理是置身于'政治'所特有的范围之外的。行政管理的问题并不属于政治问题。虽然行政管理的任务是由政治加以确定的，但政治却无需自我找麻烦地去直接指挥行政管理机构。""政治是'在重大而且带普遍性的事项'方面的国家活动。而在另一方面，'行政管理'则是国家在个别和细微事项方面的活动。因此，政治是政治家的特殊活动范围，而行政管理则是技术性职员的事情。"④ 政府权力运行的效率一直是公共行政持久的价值追求。自威尔逊提出行政效率原则以来，以弗雷德里克·泰勒为代表的科学管理主义，以及新公共管理运动所奉行的均是效率中心主义原则，即使是强调公共行政的核心价值在于社会公平的新公共行政学派仍不得不承认效率问题的重要性，它所反对的只是对传统机械性效率的过度迷信。但是，低效率状态实际上一直伴随着

① 张康之，张乾友. 公共行政学 [M]. 北京：中国人民大学出版社，2016：49.

② 张建君. 政府权力、精英关系和乡镇企业改制：比较苏南和温州的不同实践 [J]. 社会学研究，2005（5）：92-124，244-245.

③ 丁煌. 威尔逊的行政学思想 [J]. 政治学研究，1998（3）：32-37.

④ 丁煌. 西方行政学说史 [M]. 武汉：武汉大学出版社，2005.

政府权力的运行。政府权力运行效率高低是由权力运行机制本身决定的，但权力机制设计存在着难以调和的内在冲突，即权力目标确认的抽象性、政府权力边界设定模糊性、权力组织体制选择对官僚制体系的依赖与官僚制低效的冲突以及公共权力的多重委托代理与有效监督的冲突等四方面。①

托马斯·R. 戴伊（Thomas R. Dye）在《谁掌管美国》一书中认为："权力是社会体制中职位的标志，而不是某人的标志，当人们在社会结构中占据权力地位和支配地位时，他们就有了权力。一旦他们占据这种地位，不管他们有所作为或无所作为，都对其他人的行为有着很大的影响。"② 权力的实施必然存在权力主体和权利客体、管理者和被管理者，从而产生一定的服从与被服从关系。政府权力的约束性主要依靠两方面的力量来实现：一是外在的强制力量，二是内在的传统、道德或人们的自愿服从来实现。从伦理视角来审视权力，权力主体掌握权力，由于权力的主体是公众，所以个人不应拥有权力；权力主体以权力影响对象，为社会施政，是一种组织力量；权力在归属上是公权，即权力的主体利益所在不是权力，而是实现公共利益、社会利益的工具和手段；从权力的来源来看，权力是社会赋予的某种职位，而不是某个私人、特定的个人所赋予。③ 从国家的具体行政权力来看，就权力主体而言，具体权力的主体是政府组织中的管理层或个人。如果说具体权力的主体可以是一个机构或部门的话，那么这个机构或部门也必定是个性化或人格化了的。从权力关系的角度来看，政府管理权力关系是政府机关依法对公民、企业组织、事业单位等在进行行政管理时所产生的权力关系；监督权力关系是在管理权力关系基础上派生的一种关系，即依法监督管理权力。

（二）政府管理的主要职能

职能是个人或组织所具有的职责和功能。政府在民办武术学校管理中，主要的职能有市场监管、提供公共服务、经济调节和社会管理。当市场配置资源出现低效或无效率时，就出现了市场失灵。政府必须制定各种法规和市场规则，规制一切市场主体和市场行为，维护市场契约关系和市场秩序，努力创造良好的市场环境。政府市场监管的重点是创造公平、公正、公开的市场竞争环境，充分发挥市场机制配置资源的决定性作用。所以，凡是市场机制能发挥积极作用的，政府的介入要越少越好，政府应远离直接配置资源，不要成为资源配置

---

① 吴松江, 胡扬名. 论影响政府权力运行效率的四种内在冲突 [J]. 甘肃社会科学, 2011 (4)：205-208.

② 托马斯·R. 戴伊. 谁掌管美国 [M]. 北京：世界知识出版社, 1990：101.

③ 张康之. 寻找公共行政的伦理视角 [M]. 北京：中国人民大学出版社, 2002：372.

的主体，要从社会资源的分配者变为监管者。① 政府在提供公共服务方面，可按领域分为：基础性公共服务、经济性公共服务、社会性公共服务和公共安全服务。其中，地方政府履行公共服务职能的范围与中央政府是有明显分工的。当前，强化地方政府对民办武术学校的公共服务职能，主要是解决市场经济体制的发展完善与地方政府职能转变缓慢之间的矛盾；协调解决不同利益群体的利益矛盾，维护社会的公平正义；加大解决人民内部矛盾与社会纠纷的力度。政府经济调节的职能包括切实执行中央政府宏观调控政策；着力推进辖区教育基础设施；有效培育、监控、调节管理教育市场；理顺与规范政校之间的关系，提高微观经济效益。政府的社会管理职能核心是要保障民办武术学校的个人和集体依法享有规定的政治、经济、文化、教育权利。政府通过整合社会资源、动员社会力量，化解社会矛盾，提供公共教育产品和公共教育服务，维护社会秩序，满足社会成员对多样化教育的需求。

威尔逊的行政学思想主要体现在他的那篇被誉为行政学开山之作的《行政之研究》一文中提道：任何一个国家的政府，在从事行政活动前，首先要明确其职能任务是什么，任务的范围有哪些，政府应该管什么，不应该管什么，威尔逊在此所强调的"适当"，即是指凡公共事务应当由政府管理，而其他社会组织不能承担，这才体现"适当"；反之，政府统管包揽一切社会事务，或应该由政府承担却又不管，均为不"适当"。② 民办武术学校出现的30多年来，从国家层面到地方政府都针对武术学校制定了一系列的相关政策法规，来规范指导武术学校办学。从政府监管来说，武术学校的发展从自发状态到政策鼓励，从政策鼓励到限制调整，到现在的从限制调整到以法促进等发展时期。但各地政府在对民办武术学校进行监管时，暴露出多头管理的问题，各地政府行政职能部门对民办武术学校监管的执行方面也会经常形成冲突。如河南省内的民办武术学校，其办学审批由县级体育行政部门考察审核后，报市级体育行政部门审批注册登记并办理《河南省武术专业办学资格证》，市级体育行政部门对申请开办中等职业教育武术学校的审批，还需报省体育局审查备案。在此基础上，经公安机关消防安全检查合格后，方可按社会力量办学审批规定向所在县级以上相应的教育行政部门申请办理《社会力量办学许可证》审批手续。各级教育、公安等有关部门在各自职权范围内依法对武术学校和习武场所进行管理和监督。地方体育局和教育局是武术学校的业务主管部门，一些管理问题会在多个部门

① 陈瑞莲，张紧跟. 地方政府管理［M］. 北京：中国人民大学出版社，2016.
② 丁煌. 威尔逊的行政学思想［J］. 政治学研究，1998（3）：32-37.

间存在争议，容易造成多头监管的弊端，"好事大家抢着做、有事大家推着做、出事大家都不管"等问题。

美国匹茨堡大学教授 B.G. 彼得斯在《政府管理与公共服务的新思维》一文中，对传统公共行政模式的不适应性和未来公共行政模式的发展两个方面做了全面分析，他认为："传统的公务员制度和在政府管理过程中起作用的一些基本原则，明显不像过去那样具有传统的权威性了。"首先，政治——行政二分法及与其紧密联系的公务员政治中立之主张落伍了。因为公务员在当今多数政府中发挥着重要的政策制定功能，且其整体作用具有明显的政治化倾向。其次，以等级结构和规章制度为金科玉律的传统政府管理模式——经典的韦伯管理模式显得过时了。因为公共部门权力和权威来源正在不断扩散，如市场成为检验政府绩效的标准之一。再次，公共组织的常设性和公务员职业的终身性受到挑战——公共官僚机构在当代环境中运转失灵。因为非常设机构甚至临时机构正在进入政府管理过程。最后，职业文官完全服从政务官意志的原则不那么重要了。因为公务员的进取精神和自主性的发挥正在提高政府工作效率和效能。① 传统公共行政模式在当代环境中运行的有效性已经降低，人们开始关注未来的政府模式。中国正处在前所未有的经济、政治、社会的全面改革时代，政府是这场改革的发动机和推进器。在这场汹涌澎湃的改革大潮中，政府也必须进行自身的改革，其职能在改革中发生着变化。政府职能决定着公共行政模式，职能转变必然引起行政模式的变化。②

二、内部主体——差序关联者

（一）民办武术学校内部的差序格局

中国社会学和人类学的奠基人费孝通先生在《乡土中国》一书中提出了"差序格局"这一概念，他在书中指出，西方社会常常是由若干人组成一个个的团体。团体是有一定界限的，谁是团体里的人，谁是团体外的人，不能模糊，一定得分得清楚。在团体里的人是一伙，对于团体的关系是相同的，如果同一团体中有组别或等级的分别，那也是先规定的，我们不妨称为"团体格局"。中国社会以"己"为中心，像石子一般投入水中，和别人所联系成的社会关系，不像团体中的分子一般大家立在一个平面上的，而是像水的波纹一般，一圈圈推

---

① 国家行政学院国际合作交流部 . 西方国家行政改革述评［M］. 北京：国家行政学院出版社，1998.

② 刘俊生 . 从权力行政到服务行政［J］. 云南行政学院学报，2000（4）：28-32.

出去，愈推愈远，也愈推愈薄，这是中国社会结构的基本特性。儒家最考究的是人伦，伦是什么呢？笔者的解释就是从自己推出去的和自己发生社会关系的那一群人里所发生的一轮轮波纹的差序。我们中国传统思想里是自我主义，一切价值是以"己"作为中心的主义。古之欲明明德于天下者，先治其国，欲治其国者，先齐其家，欲齐其家时，先修其身……身修而后家齐，家齐而后国治，国治而后天下平。这些在条理上是相通的，不同的只是内向和外向的路线，正面和反面的说法，这是种差序的推进形式，把群己的界线弄成了相对性，也可以说是模糊两可了。这和西洋把权利和义务分得清清楚楚的社会，大异其趣。①正如费孝通先生所指出的，西方团体格局下，一方面是倡导平等观念，指在同一团体中各分子的地位相等，个人不能侵犯大家的权利；另一方面是宪法观念，指团体不能抹杀个人，只能在个人们所愿意交出的一份权利上控制个人。"差序格局"的提法恰用以说明中国传统社会中的社会结构和人际关系特点与西方"团体格局"相对性，"差序格局"的概念形象地概括了中国社会关系中以"己"为中心，通过伦理、血缘、地位、身份、利益、代际等建立在差序上的人与人之间的关系。

　　民办武术学校的武术传承遵循儒家"天地君亲师"的伦理序位，构建了模拟血缘关系的家庭结构和传承机制，"伦"重在分别，在礼记祭统里所讲的"十伦"——鬼神、君臣、父子、贵贱、亲疏、爵赏、夫妇、政事、长幼、上下，都是指差等。"不失其伦"是在别父子、远近、亲疏。伦是有差等的次序。在我们现在读来，鬼神、君臣、父子、夫妇等具体的社会关系，怎能和贵贱、亲疏、远近、上下等抽象的相对地位相提并论？其实在我们传统的社会结构里最基本的概念，这个人和人来往所构成的网络中的纲纪，就是一个差序，也就是伦。差序格局中的"序"，强调等级次序。② 中国社会结构尤为注重人伦，正如费孝通先生所言，孔子的道德系统里绝不肯离开差序格局的中心，"君子求诸己，小人求诸人"。因之，他不能像耶稣一样普爱天下，甚至而爱他的仇敌，还要为杀死他的人求上帝的饶赦——这些不是从自我中心出发的。孔子呢？或曰："以德报怨，何如？"子曰："何以报德？以直报怨，以德报德。"这是差序层次，孔子是决不放松的。③ 然而，在市场经济"功利性"的强势侵蚀下，利益成为决定人际关系亲疏远近的一个重要的维度，许多人事已非，丧失人伦。正如《增广

---

① 费孝通．乡土中国［M］．北京：北京大学出版社，1998：26.
② 廉如鉴．"差序格局"概念中三个有待澄清的疑问［J］．开放时代，2010（7）：46-57.
③ 费孝通．乡土中国［M］．北京：北京大学出版社，1998：26.

贤文》中所描绘："贫居闹市无人问，富在深山有远亲。衙门八字开，有理无钱莫进来。有钱道真语，无钱语不真；不信但看筵中酒，杯杯先劝有钱人。"当然，民办武术学校中人际关系在差序上的亲疏远近，实质包含着利益关系平衡，虽然血缘关系、伦理维度仍然决定着差序格局的结构，但这种既定关系得以维持和扩展的关键，则在于双方在互动的过程中利益的交换。必须指出的是，与利益关联相比，民办武术学校中差序相关者之间除了利益关系之外，还包含着更为重要的情感关系，即管理者与被管理者之间存在一种互为认同的师徒人伦情怀与江湖武林义气。因此，差序关联者的话语建构对民办武术学校的影响更大。

（二）差序关联者之间的冲突表现形式

1. 家族代际的观念冲突

家族式管理和创办者独裁管理是民办武术学校两种最为主要的管理模式，家族式管理在民办武术学校中尤为普遍。如河南塔沟武术学校，父亲刘宝山担任董事长，三个儿子分别担任常务副董事长和副董事长，女儿负责辖下州神武少林武术用品有限公司的经营，担任总经理。在家族式"差序格局"管理结构下，差序格局管理模式与关系网络结构间同样存在着相互构建的关系，这种互动维系了民办武术学校"差序格局"的运作。土生土长于农耕村落文明生产方式下的老一代武术学校创办人，受教育程度普遍较低、科技意识差，生活单调、节奏缓慢，容易安于现状，进取心不足，缺乏创新精神，但却又抱残守缺，盲目排外。这种精神面貌与心态，既是传统人生观与思维定式的表现，又是这些因素在市场经济浪潮冲击下的一种扭曲表现，而民办武术学校长远发展所需要的恰恰就是抛弃旧有的发展理念。诚然，人们总是习惯做自己所熟悉的工作，特别是在取得一定成绩之后，就越发不愿意去创新改变，认为转型意味着冒险。过去的成功经验、经营范式、知识理论等都会成为行为习惯，而许多武校领导者就囿于自身行为习惯的障碍，缺少转变的紧迫感和压力。老一辈创办者的固有观念与新一代改革领导者的创新意识都会产生激烈的思想碰撞和观念冲突。

一所武术学校要想发展壮大，武校的领导者必须具备"敢入未开化的边疆，敢探未发现的新理"之开拓进取精神。在竞争激烈的教育市场敢于开发新业务、探索新领域、发展新产业，敢于在面对强大市场压力的时候，始终保持积极开拓、不屈不挠的精神。当然，提高开拓进取战略素质的重要途径，就是不断加强学习，多学一些对学校发展和领导工作管用的知识，并且勤于思考，把武校战略管理实践中感性的认识理性化，把零散的教育认识系统化，把表象的武术运动感觉深刻化，真正在思考中领悟办学真谛，把握教育规律，谋求学校建设跨越式发展，勇于挣脱传统武校办学观念的束缚，敢于提出新的办学管理观点，走前人没有走过的新产业发展道路。当然，一些武术学校能够长盛不衰，凭借的就是老一辈创办人能够与时俱进、不断开拓创新，他们是白手起家的实业家，从最初的创办武校，经过以学养学、以教养教的长期发展，使中国的武术学校从无到有、从小到大，逐步变强，再到其他相关产业的拓展，形成了武术学校持续稳定的发展基础，铸就了武术学校辉煌的今天。他们一般把握市场的能力较强，而且能够坚持正确的办学理念，像塔沟教育集团创办人刘宝山、鹅坡教育集团创办人梁以全等武林前辈。这些经过市场经济长期检验，积累下来的宝贵经验，应该得到下一代接班人的传承和发扬。家族式武术学校在很长一个时期内处于两代或多代人共同经营管理的状态，代际间观念的差异是家族武校必须处理好的一个重要问题，但又是一个很难处理的棘手问题。

2. 权力领域的关系冲突

学校权力冲突属于学校内部冲突，是学校成员对权力关系和权力实践引发的对立或抵抗情形的感知差异，其冲突机制主要是由身份差异而引发的管理者与教师之间的冲突、管理者与学生之间的冲突。[①] 这些关系冲突在民办武术学校的管理实践中并不十分显现，因为民办武术学校大多实行封闭式和军事化管理，先例与惯性已形成了武校管理者对教职工、教师对学生的绝对权威传统。正如西蒙所指出的，组织中上下级部门之间遵循着由下而上、直线贯通式的层序服从原则，这种层序服从意味着下级必须接受上级的管理和监督，各个部门最终都服从顶层的唯一权威。对于民办武术学校权力中心的校领导，其行使权威的方式更多是基于个人的特性，韦伯用"超凡魅力"来描述领袖人格的特性，由于这种特性，领袖被看成是超乎凡人之上，并具有超自然、超人的能力，或至少具有非同一般权力和才能。先知、救世主以及政治领袖便是如此，他们的组织由他本人和一批门徒构成、门徒在领袖和群众之间起着媒介作用。[②] 建构在师徒关系价值认知上的民办武术学校管理层序，校领导与管理者不完全依赖传统权威影响力来管理学校，他更多表现为武者独善其身、兼济天下的道德领导力。相比科层制行政权力、身份地位、规章制度等的刚性领导范式，武校领导者的道德权威、专业素养、人文关怀更多体现为柔性领导范式。源远流长的文明发展史长河里，人类社会存在着亘古一致的英雄主义情怀及领袖人物的众星捧月

---

① 张东娇. 学校文化冲突发生、表现与管理策略 [J]. 教育科学，2016（1）：1-6.

② 古尔德纳，唐亮. 韦伯和他的权威结构理论 [J]. 现代外国哲学社会科学文摘，1986（7）：11-13.

式膜拜，武术学校的校长绝对是学校的灵魂和脊梁。但并不能说明民办武术学校内部没有权利争夺的冲突。在民办武术学校内部，家族权力的明争暗斗成为学校内部冲突的焦点。

在民办武术学校的种种冲突中，举办者家庭内部成员之间、师门师兄弟之间的经济利益已经不是最主要的元素，一种对霸权追求的极度欲望驱动着各方抛开亲情和血脉的维系，展开了令人唏嘘不已的争夺。就像英国政治学家霍布斯对权力的精妙解读，"执政者必须得到更多的权利，才能确保目前所拥有的权利"。导致民办武术学校内部关系冲突的原因有很多，家族成员和学校员工双重身份之间的矛盾、家族利益与学校利益之间的失衡、家族价值观和教育核心文化的碰撞，以及家族内部派系在代际传承问题上的摩擦，都是引发民办武术学校权力关系冲突的潜在因素。权力关系冲突会以公开或隐秘的方式出现，后者会造成更加严重的负面影响。但是，无论何种形式与程度的关系冲突，都会导致家族成员间的关系趋于紧张，较轻的冲突会导致家族成员相互怀疑，严重的冲突会造成彼此怨恨，极端的冲突甚至会导致钩心斗角、相互倾轧，而家族企业却由于严重的内耗而最终分崩离析。①

3. 结构差异的符号冲突

不同群体以符号的形式进行文化传播的同时，其自身的属性和特征也会符号化，变成符号权力。民办武术学校的管理者或教师因学科差异（武术专业训练和文化课学习），各自使用不同的符号体系，这种差异及其机制导致了符号冲突。不同符号体系的分工不同，无意或有意创建了不同的符号系统、意义和价值系统和话语体系。不同的符号系统相当于不同的范式，只要在两个学科理论间无法完全翻译到一种中性语言中去时，两种范式间就是不可通约的。不可通约性是造成不同符号系统间差异的主要内因，演绎了民办武术学校的内部冲突，如办学理念上"以文为主"还是"以武为主"的争论。这种学科、专业间的歧见会演化为信念和行为方式选择上的冲突。波士顿大学社会学系教授戴维·斯沃茨（David Swartz）在《文化与权力：布尔迪厄的社会学》一书中指出："符号权力与其说是特指某种权力，不如说是指代了社会生活中形式多样的权力的某些方面。日常生活中，权力常以符号权力的面目呈现，从而获得了其他形式的权力无法获得的合法性。"② 专业学科的差异确立了民办武术学校管理者、教

---

① 王明琳，周生春. 家族企业内部冲突及其管理问题探讨 [J]. 外国经济与管理，2009，31（2）：58-64.

② 戴维·斯沃茨. 文化与权力：布尔迪厄的社会学 [M]. 上海：上海译文出版社，2006：45.

师的不同身份和对立格局，前提是在专业分离和身份剥离机制的基础上。深层次分析，这种身份上的差异会导致管理者与被管理者以及两类教师群体的行为和价值取向产生深度差异，即建立在科层权威下的管理活动效率观和建立在专业权威下的教学活动自主观。这也是研究着重剖析的焦点，不同的是这种冲突发生在民办武术学校内部。

第三节　民办武术学校管理冲突的行动建构

一、民办武术学校管理冲突的结构性因素

（一）组织体系的架构

组织的生成与分化，并不仅仅是一个自然的过程，而是通过行动建构的，行动建构的结果是新的结构的生成，这种新的结构反过来又会为行动提供新的条件和制约。同时，组织的生成与分化是一个辩证的过程，生成意味着分化，分化又意味着新的组织的生成。① 组织结构是确保民办武术学校健康、良性运转的经营模式，是学校运营的通路，不同规模的武术学校，它的组织结构截然不同。MIT 的钱德勒教授（Alfred D. Chandler, Jr.）曾提出过一条非常重要的管理原则，那就是"发展战略决定组织结构"。② 组织发展的变化导致了组织结构的变化。首先，民办武术学校不同的发展计划要求开展不同的学校业务活动，因此决定了组织结构中部门的设置、责权利的分配、核心职能的设计、岗位的设置等；其次，民办武术学校发展重点的改变会引起学校工作重心的改变，导致各部门及岗位在学校中重要程度的改变，并最终导致各管理职务以及部门之间关系的相应调整；③ 最后，武术学校发展稳定期需要规范组织结构。当武校持续地向同类型教育对象提供同样的教育产品或服务时，维持市场份额并保持一贯的投资报酬记录时，所采取的就是稳定型发展态势，此时需要规范学校组织结构，由此进一步降低成本，实行标准化操作和高度的正规化经营，集中决策，增强决策的时效性。

---

① 刘越. 社会建构论视阈下组织冲突的管理研究［D］. 哈尔滨：哈尔滨工程大学，2011.
② 王凤彬. 战略决定结构还是结构决定战略：兼评联想集团的战略与结构关系［J］. 经济理论与经济管理，2003（9）：44-49.
③ 陈英梅，李春燕. 企业战略与组织结构的有效结合［J］. 经济师，2004（12）：44-45.

有效的组织结构确保了武术学校内部各单位、各成员之间的联系沟通渠道，促使学校各类信息准确快速地进行传递，有利于促进武术学校管理正常顺利进行。因此，武术学校的组织架构设计必须符合学校发展的目标要求，能够切实为运营服务，使学校发展愿景能够有效执行。加拿大管理学家亨利·明茨伯格（Henry Mintzberg）在《组织的结构》一书中提出了组织结构的五种基本形式：简单结构、机械性的科层制、专业性的科层制、事业部制结构和特别小组结构。20世纪90年代以来，国内外学者不断地在组织结构领域进行着深入的研究，先后提出了一系列的理论与模式①，其中包括团队型组织（Team Organization）、学习型组织（Learning Organization）、知识技能型组织（Intelligent Organization）、网络组织（Networked Organization）、虚拟组织（Virtual Organization）、连锁型组织（Interlock Organization）、无边界组织（Boundless Organization）、战略联盟（Alliance Organization）、交响乐组织（Symphony Orchestra Organization）、分子式组织（Modular Organization）以及联网型组织（Internet Organization）等新的组织结构模式。② 在这些新型组织结构模式中，学习型组织、网络型组织与虚拟组织已经广泛应用于组织的管理实践。从现有的文献情况看，研究总结了七种组织结构，并对其在民办武术学校管理实践中的优劣势进行了归纳整理。（如表3.1所示）

表3.1 不同组织结构类型的优劣表现

组织形态	优势	缺陷
直线制	管理结构简单，管理成本低，智慧命令关系清晰、统一，决策迅速，责任明确，反应灵活，纪律和秩序的维护较为容易	要求各级管理者有管理和生产的全面知识，成员之间和组织单位之间的横向联系较差，沟通周期长，对环境变化反应缓慢，专业化分工不足
职能制	能充分发挥专业管理人才的作用，弥补各级行政领导人管理能力的不足	容易形成多头领导，削弱统一指挥，各职能部门的指挥有可能相互矛盾，下级无所适从

① 亨利·明茨伯格. 战略历程：纵览战略管理学派［M］. 北京：机械工业出版社，2002.
② 刘益，陈静，代晔. 组织结构：内涵、维度与形式［J］. 北京印刷学院学报，2015（3）：74-76.

续表

组织形态	优势	缺陷
直线职能制	既有利于保证统一的指挥，又可以发挥各类专家的专业管理作用	横向信息沟通不足，可能引发组织运行中的不协调；授权过大容易干扰直线指挥系统的运行；按职能分工的组织通常弹性不足，对环境的反应较为迟钝；不利于培养综合管理人才
事业部制	专门化管理和集中统一领导能很好地结合；职能部门间建立明确的责、权、利关系；有利于培养综合型高级经理人才	容易造成职能重复，增加管理成本；可能引发不必要的内耗；分权过度容易削弱领导层权利，分权不足，影响事业部门的自主性
矩阵制	加强了横向联系，克服了职能部门相互脱节，各自为政的现象；各项资源保持较高的利用率，提高了组织的灵活性和应变能力；增强集体意识和团队精神	成员的工作位置不固定，容易产生临时观念，不易树立责任心，组织中存在双重职权关系，出了问题，往往难以分清责任
集团控股型	适合于非相关领域开展多种经营	容易产生管理缺位现象，从而导致投资效益下降
网络型	有效利用社会现有资源使自己快速发展壮大起来	由于结构的松散导致组织的不稳定性，从而影响组织的长远发展
蜂团型	决策迅速，很好地适应市场的快速变化，把握机会，回避风险	只适合少数类型的组织和企业

资料来源：刘益，陈静，代晔. 组织结构：内涵、维度与形式 [J]. 北京印刷学院学报，2015（3）：74-76.

对各种组织结构类型的优缺点进行认真的分析比较，然后根据民办武术学校所处环境、发展阶段及领导决策的特点选择一种最合适的组织结构类型与学校发展目标相匹配。下图为河南省少林鹅坡武院的组织架构设置（如图 3.1 所示）这是我国民办武术学校组织结构架构的典型代表。

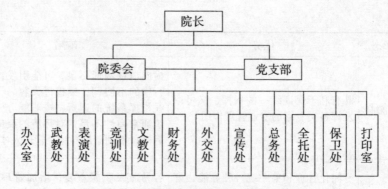

图 3.1　河南省少林鹅坡武院的组织架构①

有人群的活动就有管理，有了管理，组织才能进行正常有效的活动，简而言之，管理是保证组织有效运行所必不可少的条件。民办武术学校组织管理体系主要由组织机构模式、领导决策体制和管理体系与制度建设构成。组织机构离不开相应的管理体制建设，组织机构的设计应当职责分明，使每个人都清楚应该做什么，谁对什么成果负责，应该消除由于工作分配的混乱和多变所造成的障碍，并能够反映和支持组织目标的决策沟通网络。民办武术学校管理实践中，组织机构模式、领导决策体制和管理体系建设相辅相成，如若不能有效协调，就有可能发生组织内部管理冲突或与其他外部组织发生冲突。

（二）资源的构成与争夺

1. 民办武术学校的资源结构

对于任何组织而言，资源都是稀缺的，而任何组织和个人都想获得更多的资源。20 世纪 80 年代，流行于西方国家的以产业结构和竞争优势来源分析为基础的竞争战略理论，20 世纪 90 年代以后逐渐被以企业资源和核心能力分析为基础的资源学派和能力学派所取代，企业竞争力分析的重点也从以前的根据环境的变化决定"应该做什么"（最终产品）和"应该做什么事"（业务）转移到根据自身资源和能力决定"应该如何做"（活动）和"管理如何做"（活动的组合），即通过不断的积累和学习提高公司"活动"的竞争优势，将重点放在最能增加附加值的几种主要"活动"中，并通过共享、扩散、整合和不断更新来提高和管理公司的核心能力，而且这些核心能力应同时具备价值增值、稀缺（竞争对手没有的或处于劣势的）、难以被模仿、不能通过市场交易获得并能通过组

---

① 河南省武术运动管理中心内部资料。

织管理发挥作用等五方面的特性。① 与行业结构学派相反，战略资源论学派认为，企业的盈利潜力主要来自企业内部，企业是一个资源与能力的集合体，各个企业拥有的资源与能力是不一样的，企业资源与能力的不同造成了企业利润的差异，所以企业的资源与能力才是企业盈利潜力的决定因素。② 根据该理论，民办武术学校的资源是由学校本身所拥有或控制的，能用于构造和维持学校发展的各种有形资源、无形资源和人力资源。

有形资源是指可见的，一般来说是能够量化的资产，它在武术学校价值构成中占有重要的基础地位。作为武术学校有形资源的财务资源、组织资源、实物资源和技术资源是构成学校的基础。例如，训练场馆、教学楼、食堂、服装厂、宾馆等在财务数据上体现的都是有形资源。无形资源是植根武术学校历史中，长期积淀下来的资产。学校在成长历程中形成的这种独特的文化资产，在竞争中非常不容易被对手模仿和掌握。价值观念、文化知识、管理能力、组织关系、品牌声誉、团队合作、创新能力、人际交往等都是武术学校的无形资产。少林功夫是享誉世界的品牌，"天下功夫出少林，少林功夫甲天下"。少林寺品牌因少林功夫而名扬海内外，人们知道少林寺很多情况都是因为少林功夫。如果能够利用好就近的无形资源，并建立健全自身的无形资产，我国民办武术学校的发展将是不可限量的。人力资源是武术学校核心竞争力的重要组成。武术学校的发展离不开人的发展，武术学校资源中最有价值的——教师（教练）是学校生存发展最基本的动力。民办武术学校通过外部应聘和内部提升来招纳获取人力（教师、教练、管理者）资源，而且要对所聘用的人员进行各个层次必要的培训和发展，通过对人力资源的培养、与人力资源共享知识，武术学校的发展才能获得发展和壮大。此外，武术学校在维护人力资源方面，主要采取物质和非物质奖励以及激励措施等机制，以此来培养、强化和提高教职工对于学校的认可度及忠诚度。

2. 行业资源的争夺

按照国际标准行业分类（ISIC），民办武术学校所处的教育行业（85）主要由学前教育和初等教育（8510）、普通中等教育（8521）、技术和职业中等教育（8522）、高等教育（8530）、体育和文娱教育（8541）、文化教育（8542）、未

---

① 饶志明. 东南亚华人企业集团战略态势分析 [J]. 华侨大学学报（哲学社会科学版），2003（1）：33-40.

② 罗辉道，项保华. 行业结构、战略资源与企业业绩的关系 [J]. 山西财经大学学报，2004（1）：43-45.

分类的其他教育（8549）和教育辅助活动（8550）构成。按照我国国民经济行业分类（GB/T 4754—2011）标准，教育（82）行业包括了82大类，民办武术学校更接近于体校及体育培训（8292）类。① 韦伯认为，财富、名望和权利都是资源，而资源的稀缺性是组织冲突的重要根源。资源需求的无限性与资源的有限性之间的矛盾，使得各个组织和部门之间都无法摆脱零和博弈的陷阱。②（零和博弈是博弈论的一个概念，属非合作博弈，指参与博弈的双方，在严格竞争下，一方的收益必然意味着另一方的损失，博弈各方的收益和损失相加的总和永远为"零"。双方不存在合作的可能。零和博弈的结果是一方吃掉另一方，一方的所得正是另一方的所失，整个社会的利益并不会因此而增加一分。③）由此，行业以及各武术学校之间难免会因为资源的争夺而发生冲突。

（1）生源之争

生源是武术学校的生命线，是办学经费最主要的来源。某种程度上，生源的多少是决定武术学校生存与发展的最主要因素。生源质量在很大程度上影响甚至决定着教学的效果与质量，高素质的生源对于武术学校提高教学质量有积极影响，有助于武术学校树立良好的品牌和社会形象。但是，在生源不断减少的大背景下，为了拥有足够的生源以维持生存，所有武术学校无一例外采取了"来者不拒"的"宽进"措施，更有甚者利用虚假宣传、坑蒙诱骗等非法手段掠夺生源。

（2）师资竞争

师资是武术学校教育教学工作的主导。武术学校属于基础教育阶段的一种社会力量办学机构，也是我国社会武术的必不可少的组成部分。作为一种普及武术教育的专业学校，其教师水平和教练员素质的高低直接影响着在校学生的总体素质，是决定学生能否成才的关键。

据不完全统计④，仅河南省登封市就有46所武术学校，共计8万余人，而专职武术教练员只有1000多人。河南省武术管理中心副主任陈××介绍："这些武术教师大部分是武术学校自己培养的运动员退役后直接转为武术教师，虽然他们具有一定的武术竞技水平，但他们的文化素质较低，基本上是高中以下文

---

① 国家统计局官网. 国民经济行业分类（GB/T 4754—2011）标准［EB/OL］.（2017-02-12）. http：//www.stats.gov.cn/tjsj/tjbz/hyflbz.
② 刘越. 社会建构论视阈下组织冲突的管理研究［D］. 哈尔滨：哈尔滨工程大学，2011.
③ 陈建先. 从零和博弈到变和博弈的裂变：政府经济行为的均衡解［J］. 行政论坛，2011（4）：47-51.
④ 河南省武术运动管理中心内部资料.

化程度，而且所学的知识也不够系统。"师资力量薄弱已成为限制我国武术学校发展的主要瓶颈，师资缺口大，整体水平也不高，所以优质师资的争夺问题尤为严峻。

（3）就业竞争

就业涉及每个学生的切身利益，能为学生提供更多就业机会和渠道，是武术学校得以发展的核心问题，也是能争取更多生源的关键。有调查表明，① 民办武术学校学生就业意向的首选是考大学继续深造，其次是进入公安、武警系统和省市专业队。

由于近年来国家体育总局加强了对运动员等级认定的管理，各地高校也加强了对体育单招、体育加分的监管，而升学考试也只有取得省级（由省体育局主办）武术锦标赛的前三名，才具备申请国家二级武士（等同于国家二级运动员）的资格，具备了国家二级武士的证书，才能够参加全国各个高校组织的民族传统体育专业的单独招生考试。这就在无形中加剧了各个武术学校之间的竞争，各个武术学校也在努力建立高速有效的就业信息网络，培养选拔责任心强有魄力的就业指导队伍，主动与相关单位联系，建立亲密的战略合作伙伴关系，积极抢占就业市场并发掘潜在就业市场，优化就业市场环境，强化就业指导，鼓励学生自主创业，全方位开拓就业途径，提高学生就业率。

（4）政府、社会关系资源的争夺

政策扶持、土地征用、税收优惠、财政经费划拨都属于政府资源。由于这些资源具有典型的区域性，故而同一地区的武术学校将会围绕这些资源进行竞争。但从全国来看，政府能够给武术学校提供的资源非常少，没有专项经费支持，也没有其他形式的经费减免政策。社会关系资源的竞争包括方方面面，有直接和武术学校产生联系的厂商、企业、团体，甚至还有国外的武术器材供货商，表演团体等。

此外，"替代品"对民办武术学校资源的争夺与威胁也愈加严重。替代品是指那些与本行业产品具有相同或相似功能的产品。几乎所有行业都面临替代品的威胁，有些替代是经济因素引发的，从替代品的作用来看，有的只起短暂的补充作用，有的可能是永久性的，并由此导致某个行业的衰退甚至消亡。经济全球化的旋风带来了西方强势文化对我国传统民族文化的强烈冲击，这种冲击席卷到了各个领域，尤其是对我国青少年一代的文化教育。近年来，以跆拳道为代表的域外格斗项目霸占了原本属于武术教育的大好河山，尤其是我国所特

---

① 马学智. 中国民办武术学校可持续发展研究［D］. 北京：北京体育大学，2010.

有的传统武术，面临国内竞技武术一枝独秀和境外武技洪水猛兽般的双重挤压，在进退维谷的夹缝中艰难生存。作为传统武术的主要传承教育场所——武术学校，也同样面临课程设置的尴尬境地，通过实地调查得知，不少武术学校都开设有跆拳道、泰拳、拳击等境外武技的课程，武术的原生态生存空间正逐渐遭受排挤，传统中华武术正在被商业化境外武技替代。另外，我国各级各类学历教育中对武术学校形成主要威胁的包括普通中小学、职业初高中、技工学校、各类中专学校、各类体育运动学校。近年来，随着国家对民办教育的大力支持，民办普通中小学、民办中等职业教育和其他民办教育培训机构大量涌现。而随着市场经济的进一步发展，对职业技能型人才需求日益增多，国家大力鼓励与发展职业教育，国务院也下发了《国务院关于大力发展职业教育的决定》来对职业教育进行政策指导，各种职业中专、技校等更是层出不穷。从付出与回报上来看，其他职业类培训时间短、花费低、见效快，因此给武术学校学生就业带来强烈冲击，在社会上的就业优势逐渐萎缩，使得武术学校毕业学生的就业难度越来越大。①

（三）组织文化的建设

无论是从宏观还是微观角度来讲，文化因素对组织行为都具有重要的影响和意义。社会诸组织必然会受到诸文化的影响，并主击那形成或固化成自身的文化，即组织文化。② 组织文化广义上被认为是组织在建设和发展中形成的物质文明和精神文明的总和。而狭义的组织文化是指组织为解决生存和发展的问题而树立形成的，被组织成员认为有效而共享，并共同遵循的基本信念和认知。组织文化建设是民办武术学校获取文化力量的管理方法，也是最高形式的管理。民办武术学校的组织文化是制度性约定的系统做事原则，以及基于整体利益目标的价值立场，是武术学校核心竞争力的来源。武术学校的组织文化是学校主动建构起来的文化，包括价值观、学校环境、英雄人物、文化仪式和文化网络。

对于武术学校而言，价值观是学校教职员工对某个事件或某种行为的好与坏、善与恶、正确与错误、是否值得仿效的一致认识。可以说，价值观是武校组织文化的核心，统一的价值观使学校组织内所有成员在判断自己行为时具有统一的标准，并以此来选择自己的行为。企业环境是指武术学校的办学性质、办学经营方向、外部环境、武校的社会形象、与外界的联系等方面，环境因素往往决定了武校的行为。英雄人物是武校文化的核心人物或学校文化的人格化，

---

① 张海鹏. 河南省民办武术学校现状调查研究［D］. 重庆：重庆师范大学，2015.
② 彭汉香. 论组织·文化·管理［M］. 上海：上海财经大学出版社，2014：3.

如武校的创办人或是学校培养的武术冠军等，其作用在于作为一种活的样板，给武校师生提供可以仿效的榜样，对学校组织文化的形成和强化也起着极为重要的作用。仪式是一种活动，把武术学校中某些生活戏剧化、固定化、程式化，以宣传学校的价值观念，强化学校文化。抽象的价值观通过仪式的体现变化为有形、可见的东西，学校的升旗仪式、表彰大会、奖励活动以及各种文娱活动等都是典型的武校组织文化仪式。文化网络指非正式信息传递的主要渠道，它不用来传递官方信息，而是用来传递文化信息。由文化网络传递出的信息往往能反映事物发生的真正原因及其背景。非正式渠道一旦被人们所重视，就能为武术学校事业的成功担负起重要的功能。最典型的文化网络就是学校内部编辑出版、用于学校内部信息、武校生活情境和情感沟通的内部报纸、杂志等刊物。①

武术学校组织文化的外在标志主要包括实体性的文化设施，表现为校园自然环境和人文景观。校园中的比赛场地、校园建筑、雕塑、纪念碑亭、训练器材、校徽、校旗、校歌、校服等，以物化的表层文化形式直接体现了武术学校的校容、校貌，蕴含着丰富的文化内涵，反映了学校的价值观念、审美情趣和道德风尚。而由教职员工认可的并愿意自觉遵守的制度和准则才可以构成武术学校组织文化，主要包括学校制度文化和学校行为文化两种。深层文化主要指武校精神层面的文化，是学校组织文化的价值观念体系，既包含了武术学校组织层面的教育理念，又涵盖了学校教职工共同的意识活动，如价值观、学校精神、职业道德等。深层文化可以内化为每一个武术学校成员的思想观念和行为准则。②

此外，组织文化对于民办武术学校制定和选择发展目标具有导向作用。迈克尔·波特曾强调过，任何企业若想在竞争中取得优势，就应有正确的战略定位，一个好的战略定位有很多前提条件，其中第一前提便是"要有一个独特的价值观"。因为武术学校的外部环境和内部资源大同小异，只有价值观（组织文化）是学校的个性所在。③ 当武术学校具有很强的文化特色时，会通过学校的办学理念、核心价值观等表现出一所武术学校的特殊性，这样有利于为武校的成功奠定文化基础。武术学校只有具备个性鲜明的核心价值观，才能制定出与

---

① 张军．企业文化的要素及特点 ［J］．河北工业科技，2001（1）：45-47.

② 李芹．学校组织文化内涵、结构与功能探讨 ［J］．广东工业大学学报（社会科学版），2008（2）：42-45.

③ 罗长海，林坚．企业文化要义 ［M］．北京：清华大学出版社，2003.

众不同的发展规划，才能够形成一定的竞争能力和竞争优势。[①] 民办武术学校固定形成的组织文化能够统一教工的意识和目标，使大家为共同的发展目标实施而共同付诸努力。一方面，武术学校的组织文化具有刚性和连续性，一旦形成便很难变革。因此，组织文化对武术学校管理制度的制定和实施具有引导和制约的作用。另一方面，学校的发展目标也要求组织文化与之相适应，互相协调一致。如果一所武术学校根据外部环境和内部条件的变化制定了新的发展规划，并要求新的组织文化与现有管理体制相匹配，这就要求武术学校在制定发展规划时要强调管理制度同组织文化的匹配，在实施发展战略时要重点强调组织文化同战略的匹配，并且建立起有利于匹配的长效机制。正如全球管理学大师帕斯卡尔和阿索斯所言："组织文化影响着企业战略的制定，也在很大程度上影响着企业战略的实施。"

二、民办武术学校管理冲突的过程性因素

（一）组织的生命周期

20 世纪 70 年代，哈佛大学的 L. E. Greiner 教授在《组织成长中的演变和变革》一文中首次提出了企业生命周期的概念，并把企业的生命周期划分为五个阶段。随后，奈因和梅隆（1983）在《组织的生命周期和效益标准》一文中，把企业的生命周期简化为四个阶段，这一种分类更具普遍意义。[②] 国内关于企业成长的过程，周三多、邹统钎（2002）的研究认为，企业成长历程总结为专业化、多元化和归核化三个阶段。刘苹、陈维政（2003）认为企业的生命周期可以分为创业期、成长期、成熟期和衰退或再创造期。这种企业生命周期阶段划分方法已被国内外学界所普遍认同。根据相关理论，研究制定了民办武术学校生命周期图（如图 3.2 所示）。

---

① 王虎成. 文化管理与战略管理互补研究［D］. 上海：华中师范大学，2013.
② 李艳玲. 以生命周期理论视企业不同发展阶段的产品策略［J］. 中国市场，2011（10）：60-61.

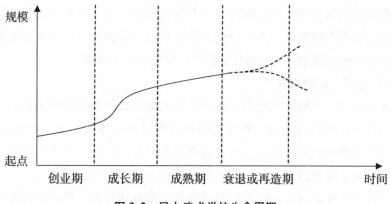

图 3.2 民办武术学校生命周期

根据民办武术学校生命周期图，处于创业初期的武术学校，其内部的各种机制和制度尚未建立和健全，相应的市场份额较小，呈现出运营不稳定、负担过重、没有利润或者亏损的状态。武术学校在该阶段往往会因处于资金不足、生源不稳定等尴尬处境中而面临夭折的风险。因此，武术学校在创业期面临的主要问题是迅速拓展教育培训市场和提供教育产品服务的创新问题。当武术学校所能提供的教育产品逐步打开市场局面，其业务会快速发展，武术学校进入成长期。为了能够扩大办学规模，武术学校一般不再满足单一教育产品的发展，发展重点将转向产品服务多元化开发，学校形态走向正规化，其机构相对完善，学校规章制度不断建立健全，相应的学校文化逐步形成。成长期的武术学校面临大量新的工作、新的问题，所以这个阶段武术学校会尽量寻找能够保障其持续、稳定、健康、有序发展的制度和机制。处于成熟期的武术学校要想扩大市场份额比较困难，稍不努力则面临市场份额下滑丧失，甚至是走下坡路。教职工进入循规蹈矩的思维和按部就班的节奏，学校内部组织和流程的僵化问题也日趋严重，学校的制度和组织结构能够充分发挥作用。当武术学校的生命周期处于衰落阶段，预示着真正的危机到来了，如果其不进行重整和再造，很可能被市场淘汰出局。一些武术学校在衰退期会表现出资金链断裂、学生家长诉求被忽视、师资不稳定等危险信号，武术学校要想在这种境地中起死回生，就必须进行转型升级，通过重塑战略愿景，再造工作流程，重新进行发展规划，组织工作架构，不断创新业务，掌握市场焦点，注入新技能，在投资组合、资源分配、运营战略等方面重新进行战略选择。正像英国著名社会理论家和社会学家安东尼·古登斯教授所指出的那样，"人类的社会活动与自然界里某些自我再生的物种一样，都具有循环往复的特性，也就是说，它们虽然不是由社会行动者一手塑成，但却持续不断地由他们一再创造出来。社会行动者正是通过这种反复创造社会实践的途径，来表现作为行动者自身的同时，行动者还借助这些活动，在活动的过程中再生产出使它们得以发生的前提条件"①。

（二）组织发展模式转变

经济规模在一定程度上制约着我国民办武术学校的整体竞争力提高，扩大规模，培育一些可以与国内、外成熟的教育集团相抗衡的大型、特大型武校，是我国武术学校今后发展的一项重要战略转型目标。然而，经济规模与学校的竞争力之间并非简单的正相关关系，规模大的武术学校未必竞争力强，单纯追求规模、盲目扩张会直接削弱武校的竞争力。2006 年以前，仅少林寺所处的河南省登封地区就有武术学校 80 多家，如果想在登封武校行业站稳脚跟就必须上规模、搞硬件。② 如今，十年过去了，一些盲目追求规模效应和形象包装，忽视对核心竞争力或办学质量锤炼的武术学校在历史的车轮下被碾灭。在调研中，几乎所有的武校校长都认为，保持适当与自身软硬件相适应的办学规模，才能取得较好的规模效益，才能实现民办武术学校的持续健康发展。我国民办武术学校在经历了"家庭作坊式""以学养学式"等主要依靠学费作为办学资金来源的初级发展时期后，逐渐探索出了以产养学式的发展模式，摆脱了办校资金来源的单一性，通过大力兴办武术及其他相关产业来完成学校资金的注入，形成一个动态的资金循环，互相补给，为武术学校的正常运营提供了强有力的资金保证，促进了学校的整体发展。学校把产业作为事业的补充和发展壮大的支撑，通过积极调整产业结构，升级产业格局，开辟了更为广阔的发展空间，带动整个武术学校行业进入到良性循环。

目前，我国民办武术学校的办学发展模式主要包括：以学养学式、以产养学式和教育集团式。民办武术学校教育集团式办学模式，在管理上赋予了校长充分的学校管理自主权，学校采取聘用优秀教师和教练，对教职员工进行定期考核等措施来提高教学训练业务水平。良好的人事机制和薪酬待遇能够使武术教育集团广纳人才并稳定师资，实现长期稳定发展。以河南省登封市少林中学为例，它下属于少林塔沟教育集团，于 2004 年创办，是以实施普通高中教育为主的民办高级中学。学校在十年间呈现出发展快、规模大、办学特点凸显的特征，先后从省内各地的重点高中聘请特级、高级教师 42 人、专家学者 4 人，实

---

① 安东尼·吉登斯. 社会的构成［M］. 李康，等译. 上海：上海三联书店，1998：60。
② 河南省武术运动管理中心内部资料。

行专家治校，名师执教，从而保证了较高的升学率。①

武术教育集团的发展定位更加明确，市场竞争力更强，而且连锁办学，规模运作，也提高了抗击市场风险的能力。武术教育集团化的发展有利于完善教育体系，在提高人才培养质量的同时，也能促进各层级教育的协调发展，进一步推动教育体系和教育事业的协调发展。目前，我国大型的民办武术教育集团已经形成了从幼儿园、小学、初中、高中、中职、高职到本科的完整教学体系，甚至还拓展了国际教学。完整的教育教学体系不但稳定了生源，使学生有良好的武术专业学习背景，而且在一定程度上还能促进教育体系的平衡发展。各级教育衔接的探索，不但能提高教育集团的凝聚力，还能增强教育资源的合理配置，促进教育的协调发展，为良好结构的教育体系建设做出贡献。当然，并非每一所民办武术学校都要走集团式办学模式的路子，但集团化办学模式发展应该成为民办武术学校转型升级的主要方向，因为产业集聚条件下的集团式办学模式才能实现我国民办武术学校的健康可持续发展。

（三）组织权利冲突

关于"权利"，美国社会学家丹尼斯·休姆·朗（Dennis Hume Wrong）认为，"权利本质上就是一个有争议的概念"。② 虽然关于主流的权力理论范式至今未出现，但不可否认的是，权力斗争是组织冲突的普遍来源。③ 权力实际上规定了组织成员（个人或群体）多大程度上占有稀缺资源或者让稀缺资源为自己服务，围绕资源安排所形成的心理契约、势力范围、影响力、指挥链习惯与传统等往往成为冲突的诱因。④ 因此，一方权力被另一方削减或者权力失衡会导致较弱一方对较强一方加以抵制，甚至把冲突看作提高权力的一种途径。虽然权力的运用方式是多种多样的，有强硬的和温和的、实质性的和象征性的、参与式的和专制式的等，但管理好这些冲突是不可能的，这样就导致了更多的官僚主义、本位主义以及破坏性的权力斗争。

政府科层权威下的组织范式，不可避免将自身的思维方式、工作风格、外部期望等个性特征带到与民办武术学校的互动关系中来。正如马奇西蒙所描述的那样，大多数组织都被视为等级制组织。⑤ 政府部门在科层化和行政化的强势

---

① 少林塔沟教育集团 ［EB/OL］. （2015-12-16）. http：//www. shaolintagou. com.

② 丹尼斯·朗. 权力论 ［M］. 陆震纶，等译. 北京：中国社会科学出版社，2001：2.

③ BLALOCK H M Jr. Power and conflict：toward a general theory ［M］. Newbury Park：Sage，1989.

④ 王琦，杜永怡，席酉民. 组织冲突研究回顾与展望 ［J］. 预测，2004（3）：74-80，26.

⑤ 詹姆斯 G. 马奇，赫伯特·A. 西蒙. 组织 ［M］. 邵冲，译. 北京：机械工业出版社，2013.

霸权下，将民办武术学校视为等级制组织"盒子套盒子"特性的从属单位，以便于其指挥和协调对民办武术学校管理的正式权力运用。但对自筹教育经费、自备教育资源、自理学校事务的民办武术学校而言，其办学的自主权力不由任何外部组织肆意干涉。不同于科层权威行政的外在强制规限性，民办武术学校的办学自主性是以学校占有的专业技能、知识、经历的专门训练和实践及其信奉的管理理念、认同的专业价值和规范为支撑的，反映在民办武术学校的管理和教育中，其权威确立就是客体（顾客和社会）出于信任主体（学校）具有卓越的才能或专门知识，认为主体能够更好地为客体进行服务，维护并满足客体利益和需求，而自愿服从的一种权力形式。专业性根源于专业技术知识，而科层制根源于科层官员要求顺从的合法性要求。由此看来，外部行政权力与民办武术学校自主权之间的冲突不仅表明工作上的冲突，而且也表明两者有着理论和经验基础的差距。

　　福柯认为："哪里有权力，哪里就会有反抗。"① 民办武术学校内、外部的差异形成了不同的权力集团。不同的权力集团为维护自身的利益，在资源分配中争夺优势，存在着权力的冲突和反抗是不可避免的事实。但是，权力冲突本身也并不只是单纯压抑性的，也可以表现为生产性的实践，如果冲突处理得当，还有助于提高组织的生存与创新能力。② 韦伯也认为，适度冲突有助于组织维持高绩效，因为一个压制冲突的组织是打击成员自我调节和成长的组织。传统的压制思想和管理，已不适应现代组织个体和群体自由发展。③ 正像民办武术学校的发展历程所表现的那样，每一次的组织变革都是组织内、外部冲突的爆发，而每一次的变革也都换来了民办武术学校以更加旺盛的生命力阔步走向灿烂辉煌的明天。

第四节　民办还是公益：民办武术学校的组织边界冲突

一、僵化困局：公办教育主旋律下的民办武术学校

（一）政府对教育的"包办"

教育管理是政府公共管理的主要组成部分，教育管理的目的即是政府及其

---

① 艾莉森·利·布朗.福柯［M］.北京：中华书局，2014.
② 周玲.大学组织冲突研究［D］.上海：华东师范大学，2006.
③ 韦伯.经济与社会［M］.北京：北京出版社，2008.

活动所应争取实现的共同目的①，是由于中国教育组织对市场机制的长期排斥造成的。一般认为，教育和社会的关系存在两个媒介：政府和市场。但在中国长期的计划经济体制下，形成了以政府为主导的公共教育管理体制，政府不仅是教育制度的唯一供给者，而且控制着教育组织的运行。在这种体制下，学校与社会的关系是隔断的，政府完全控制着教育发展的资源，学校完全按政府的指令行事，表现在学校组织内部，自上而下的行政控制方式维持学校内部秩序和政府计划的执行。从理论上说，政府集中控制的管理体制是以政府能够全面提供教育办学所需经费和信息为基础的，而实际上这只是一种理想性的假设，尤其在市场机制已经成为社会资源的普遍分配方式的情况下，学校和社会之间其实存在着不可缺少的市场媒介。把竞争和市场机制引入教育领域，就意味着在过去通常由政府出面做的事情在许多情况下由教育组织自己来做，给予学校自主办学的主体地位。现代教育面对社会、学生等日益多样化的教育与服务需求以及学校发展的不确定信息，教育及其基层组织相对于政府和学校内部的科层化管理更能机动灵活地采取措施，提高学校的专业水平和教育质量。因为教育科层体制并不服从市场法则，主要指向不是变迁，而是延续其存在。它的形式从历史上看主要不是为未来而行动，而是管理现有的事物。可见，中国教育长期以来在计划体制下运作、排斥市场和竞争机制是学校组织内部科层体制衍续的主要病理之源。

　　我国著名教育家朱永新（2012）曾指出："整个中国教育最关键的难点是公平问题，20世纪80年代我们走的是一条效率优先、兼顾公平的道路，所有的教育政策、资源配置都是往好的学校里配，都是锦上添花的工程，都是做面子工程，而忽略了给最需要的贫困地区和教育领域配置资源，造成了学校和学校之间的差距越来越大。"南京大学社会学教授张玉林也认为："中国的教育资源主要是由政府在分配的，这种分配有着严重的不平等倾向！虽然其表面的或内里的理由都存在，但缺少公平、平等的最高价值目标或理念难以否定。这是中国教育最为失败的地方！教育者和受教育者都难以从教育中感受到平等的关怀。"②庞大的公办教育系统集中了优质教育资源，而当今中国还缺少兴办捐助性、慈善性的教育事业的社会机构和社会基础。与国外成熟的私立学校相比，中国的民办教育先天不足且后天营养不良，因此存在巨大的发展差距。当今世

① 黄崴. 教育管理学［M］. 北京：中国人民大学出版社，2008：182.

② 魏爱云，程方平，张玉林，等. 专家激辩我国教育资源问题［J］. 人民论坛，2005（12）：13-17.

界，没有一个政府可以包办一切，再大的政府也只能是有限政府。中国社会科学院研究员雷颐（2012）认为，国家可以有自己的教育体系，但是国家没有权利不允许他人办教育，教育应该引向自由竞争市场。政府有义务提供最好的教育，提供市场监督，在教育领域的施政应该公平优先，兼顾效率。目前，我国大部分的民办武术学校发展可以说是在公办教育体制的边缘，是一种依附型的发展，在公办教育体制的主旋律笼罩下按照公办学校的模式发展，没有能够承担起民办教育对社会应该承担起的民众期待的发展态势。

（二）民办学校的历史轨迹

中国是世界上唯一使用"民办学校"概念的国家，在许多情况下，"民办教育"又与"民办学校"的概念交叉使用。不同历史阶段民办学校有着不同含义，如 20 世纪 40 年代它与公立学校、私立学校并列，20 世纪 50 年代至 70 年代专指城乡集体经济组织举办的学校，20 世纪 80 年代则指私立学校以及国有企业事业组织、政府机关、军队举办的"面向社会"的学校，及至 20 世纪 90 年代后期民办学校被确定为企业事业组织、社会团体及其他社会组织和公民个人利用非国家财政性教育经费面向社会举办学校及其他教育机构的活动。① 中国民办学校由古代私学演变而来，其起源最早可以追溯到 2500 年前，在由奴隶社会向封建社会转变的过程中产生了私学，此乃应被视为中国民办学校的肇始。自春秋以来，儒家学派创始人孔子兴办世界一流中华私学，私人讲学之风在中国历代社会时盛时衰、几经演变，终于以私学的形式跻身于我国学校教育制度之中。②

我国改革开放以后，民办学校开始复苏，渐渐焕发出了勃勃生机。究其原因，一是因为教育体制改革——党的十四大报告积极鼓励社会捐资助学、集资办学、多渠道办学，而《中国教育改革和发展纲要》提出改变政府包揽办学的格局，采取"积极鼓励、大力支持，正确领导、加强管理"的十六字方针，认识到教育乃治国安邦之本，允许办私学利国利民；二是因为兴办私学适应社会经济发展——十一届三中全会以来，党鼓励发家致富、实行经济体制改革，在市场经济作用下先富起来的一部分人，其中有些人热心于教育事业而投资兴办学校，加之我国存在的入学难和"高考"问题，单靠国家有困难，只能通过社会捐助、个人集资办学便可以得到适当解决。诚如所知，民办学校作为适应市场经济运行机制需要而出现的必然产物，在过去国家所有制和集体所有制两种形式并存的情况下不可能出现多种办学体制，而现阶段在以公有制为主体、以

---

① 王希华．在历史回顾中看现代私学［J］．大连教育学院学报，1995（Z1）：131-135.
② 孙培青．中国教育管理史［M］．北京：人民教育出版社，1997.

个体经济、私营经济、外资经济为补充的所有制结构下，必然会出现以公办学校为主体、以公有民办学校、民办公助学校、公办民助学校和私立学校等为补充的多种办学格局。①

　　毫无疑问，民办学校研究是在教育学原理指导下的一种微观研究，但是事实业已证明，普通公办教育的一般规律是无法涵盖、取代民办教育特殊规律的，按照普通公办学校的运行机制和办学模式，是无法办好民办学校的，必须另辟蹊径，大力进行实践创新。虽然民办教育在发展过程中受到普通公办教育的深刻影响，但是民办教育自身的创新性成果，必定会对普通公办教育产生冲击，形成竞争，同时也提供新的借鉴，二者有各自的独立性，在相互学习、借鉴、竞争中，共同生存，共同发展。因此，民办学校是一种创新性的教育形式，民办学校理论研究也应该是一种创新性的研究。②

（三）共同的教育目标

　　民办学校是我国社会力量办学的统称，系指企业事业组织、社会团体及其他社会组织和公民个人利用非国家财政性教育经费，面向社会举办学校及其他教育机构的活动，是相对国办教育而言，民办教育的机构即为民办学校。目前，世界上绝大多数国家都将这类教育称为"私立教育"，将这类教育的机构称为"私立学校"。关于我国的民办学校的名称有很多争议，说要与世界接轨。但国内许多学者认为③④⑤⑥⑦，目前使用"民办学校"更符合我国国情的实际。我国的民办学校与欧美的私立学校并不完全一致，它并非属于私人或私人团体所有。正如《社会力量办学条例》⑧第36条所规定的："教育机构在存续期间，可以依法管理和使用其财产，但是不得转让或者用于担保。""任何组织和个人不得侵占教育机构财产。"因此，我国目前采用"民办教育""民办学校"是有一定道理的。民办学校作为一种提供准公共产品和私人产品的教育组织，同样

---

① 叶沈良. 中国民办学校发展轨迹 [J]. 江苏教育学院学报（社会科学版），2003（3）：40-43.

② 黄藤. 关于我国民办教育基本理论的思考 [J]. 教育研究，2004（4）：44-47.

③ 胡卫. 中国民办教育发展现状及策略框架 [J]. 教育研究，1999（5）：68-74.

④ 程方平，刘民. 国外民办（私立）学校的特点及管理问题 [J]. 教育研究，1999（5）：75-80.

⑤ 范国睿. 民办教育发展的保障与促进：解读《中华人民共和国民办教育促进法》[J]. 教育发展研究，2003（7）：1-5.

⑥ 文东茅. 论民办学校的产权与控制权 [J]. 清华大学教育研究，2003（2）：29-34.

⑦ 贾西津. 对民办教育营利性与非营利性的思考 [J]. 教育研究，2003（3）：47-53.

⑧ 中华人民共和国国务院. 社会力量办学条例 [Z]. 1997-10-01.

也是一种非营利组织。但是，与一般的学校组织如公立学校相比，它提供的教育服务更多的是，政府办不好或不好办的教育类型。

在教育的终极目标上，民办学校与公办学校并无本质差别，或者说完全趋同，而"机制灵活"是它永远优于公办学校的特点。然而，在实现这个终极目标的过程中，由于投资、营办的主体不同，二者就产生了差异，自主性、灵活性和个性化，是民办武术学校路径选择的特征所在和本质所在。[①] 从总的教育目的来看，它集中反映了一定的社会对于所要培育的人的总的要求，其中包括了各级各类学校所应当遵循的共同目标，所反映的是对人的一般要求，不受教育对象的具体特点和身心发展规律的影响。[②] 在总的教育目的指导下，在具体规定各级各类学校的培养目标时，就必须从各级各类学校的任务出发，其中也包括了不同的教育对象的特点，如对高等教育、职业教育、基础教育的培养目标的规定，就包括了对学校年龄特征和知识水平等多方面的考虑。

康德说过："教育的目的是使人成为人。"学校是培养人的机构与场所，学校教育则承担着实现人的身心和谐发展，使人成为真正意义上的"人"的价值使命。民办武术学校的办学目标和自身价值就在于为社会培养合格的人才，一方面促进学生身心发展，推动个人自身价值的实现；另一方面培养武术专门人才，满足社会的需要。武术学校在学生来源上，秉承"一切为了孩子，为了一切孩子"的办学理念，不论学生的出身和基础，吸纳接受农村学生和各阶层学生，其中不乏差学生、乱学生、问题学生。在培养环节，由于武术学校的教学条件、师资力量、办学理念、学术氛围等在总体上都不如公办学校，使得武术学校的最终产品——"学生"的水平不如公办学校。同时，由于武术学校的学生文化基础薄弱，而且又都集中在武术学校，必然导致武术学校的整体教育基础较差。在就业环节，毕业生就业主要依靠市场调节，毕业生的就业能力主要看其在学校是否得到切实的锻炼，也就是看每个学生的综合素质。当然，由于目前武术的就业面并不是特别广泛，必然使得武术学校毕业生在就业过程中难度更大。毕业生的就业状况对学校声誉有着重要影响，社会声誉差，就必然使学校在竞争中缺乏竞争能力，不能获得较为优质的生源，使得武术学校陷入了自我价值得不到体现的恶性循环。此外，民办武术学校出现的40多年里，可以说为促进教育均衡公平，实现每个孩子都享有受教育的权利，维护社会安定发展也做出了不可磨灭的功绩。

---

① 陈桂生. 中国民办教育问题 [M]. 北京：教育科学出版社，2001.
② 黄济. 教育哲学通论 [M]. 太原：山西教育出版社，2011.

调研中，一位家长如实说，他的孩子在老家时不好好上学，经常跟社会上的无业小青年瞎跑乱混，老在社会上惹事，小小年纪就学会了抽烟喝酒，让家长束手无策、头疼不已，万般无奈之下，将孩子用绳子绑了起来送到临县的武术学校，交完学费就毅然决然地离开了。一个月后，当家长来看望孩子，发现孩子已经学会了自己洗衣服、叠被子，有了一定的自理能力，逐渐地孩子变好了，家长对该武术学校千恩万谢。

类似这样的例子，在全国民办武术学校的办校史上数不胜数。因为武术教学有着一些独特的育人功能，也以此取得了家长、学生的信任，赢得了社会的尊重，实现了自身的独特价值。

（四）日益突出的非公平矛盾

民办教育的崛起为我国教育的普及和发展做出了积极贡献。与公办教育相比，虽然民办教育在整个教育中所占比例很小，但它的崛起却使我国的办学模式发生了根本性的变化，初步形成了一个以公办教育为主体，公办、民办教育共同发展的多种学校产权并存的办学体制。① 从我国政府行政机构的外部运作来看，不管在观念层面，还是在政策法规的贯彻落实上都还没有真正地将民办学校和公办学校一视同仁，国家大力提高公办教育质量，公办教育的经费和政策投入力度也在逐步加大。随着国家逐步实行中等职业教育免费制度，对职业教育升学、就业等方面的各种政策支持，职业教育充满了吸引力，而且国家正逐步引导面向农村加快发展职业教育，这对主要依靠农村作为生源的武术学校构成了一定威胁。研究在这里探讨的教育公平，是指民办教育、公办教育在办学体制上的公平，主要指政府在公办教育的主旋律下对民办教育的政策、投资负担、劳动待遇等方面平等的权利和利益。从民办武术学校现在的歧视性发展现状来看，主要的非公平矛盾和冲突体现在：教师的权力、学生的权力和学校自主办学的权力。

振兴民族的希望在教育，振兴教育的希望在教师，建立一支具有良好业务素质、结构合理、相对稳定的教师队伍，是教育改革和发展的根本大计。加强教师队伍建设，提高教师素质和师资水平是促进民办武术学校发展的重要途径。② 民办学校具有教师管理的权利，民办学校教师的档案管理、业务管理、职称评定、进修培训应当与公办学校教师一样享有权利，这也是《中华人民共和

---

① 肖利宏. 论我国民办教育、公办教育发展的非公平 [J]. 教育与经济，2000（4）：21-24.

② 吴开华. 民办学校教师权益保障的地方政策创新及反思 [J]. 教育发展研究，2009（Z2）：35-39.

国教师法》赋予教师的基本权利。①

但实际情况是，民办武术学校教师的职称评定、培训进修尚难以纳入地方教师管理体制，这在一定程度上影响了民办武术学校教师队伍的稳定及其结构优化。

公办学校教师工资都是国家财政支出，且有固定编制，稳定的工作、稳定的收入，加上奖金和假期，算是比较安稳体面的职业。但民办武术学校一般受限于经费，请不起名师、能师，无法给予相对稳定和合理的报酬；武术学校大多数又设在农村，工作环境艰苦，文化生活相对落后，不能满足高水平教师物质文化生活的需求；加上师资管理上没有有效的激励机制和竞争机制，难以调动教职工的积极性，许多教职工无法安心地扎根武术学校教书育人。种种因素致使民办武术学校仍存在教师流动性大，引进优秀文化课教师困难等问题。意识到这种状况后，一些武术学校已经开出优厚条件招揽优秀、高端师资，但成效甚微。民办武术学校的教练和教师除了工资以外，基本没有其他的福利待遇。此外，我国《全民健身条例》和《经营高危性体育项目许可管理办法》规定了武术为高危行业，所以武术教练员是属于从事高危活动的从业者，一般武术学校不会为武术教练承担高额的意外险保费，加上薪酬待遇也比较低，所以整体师资呈现出不稳定状态。

当前民办教育政策歧视更多是由于政策在制定和层层贯彻落实的过程中所暴露出来的政策冲突、政策模糊、政策盲点等政策漏洞所引发的结果。②《国家中长期教育改革和发展规划纲要》提出，民办教育是教育事业发展的重要增长点和促进教育改革的重要力量。要清理并纠正对民办学校的各类歧视政策，制定完善促进民办教育发展的优惠政策。《中华人民共和国民办教育促进法》中也指出，民办学校和公办学校享受相同的待遇。但现实中，无论是在硬、软件设施的建设上，还是法规政策的支持上，民办性质的武术学校一直没有得到政府像对公办学校一样的投入和政策的落实，这直接影响着民办武术学校能否长远的可持续健康发展。民办武术学校的办学资金来源主要依靠办学者个人投资，凭借学生学费滚动发展，社会捐赠及其他方式办学的方式较少。导致民办武术学校资金运行困难的主要原因包括：前期基建投入大，自身资金无法满足建设需要；生源减少影响学费收入；追求学校升格压力增大，硬件建设投入不断升

① 郭元祥. 民办学校发展中的冲突与调适：全国民办学校研究专业委员会年会综述 [J]. 教育研究与实验, 1996 (4): 26-29.

② 胡伶. 民办教育政策歧视现象分析 [J]. 现代教育管理, 2013 (12): 62-67.

级；金融信贷政策偏严，学校难以通过正常渠道筹资；学费增长有限而办学成本激增，部分武校运行困难。民办学校是非政府投资办的教育，私人投资商是其受益者，政府理所当然地没有分担民办教育投资的责任和义务。不仅如此，按此逻辑还把民办教育活动视为私人投资经营活动来看待，在国民经济核算体系中将民办学校等同于民办企业，地方政府和教育主管部门往往从投资方面、财产归属上去判断武术学校的办学性质，并不认可它是社会主义教育事业的组成部分。政策法规因素对武术学校的生存和发展至关重要，尽管有关的法规政策建设已日趋完善，但现实中还是会出现许多有法不依、执法不严的情况，往往是原则性强，而实际可操作性较差。调研中，许多武术学校的负责人感慨道，武术学校发展最大的困难是国家对民办教育扶持的力度还不够大。在其他省市调研时，有些地方的国土局、银行等不给予武校征地、贷款等方面的平等待遇；一些地区无视《中华人民共和国民办教育促进法》的贯彻落实，认为民办学校不是国家投资，同时又是高收费，不该对其优惠免税并按公益事业对待，使本应该享受到优惠的武术学校，反而被要求征收各种巨额的税费，使本来就资金不足的武术学校根本无从生存。

二、民办武术学校的定位分歧

（一）尴尬的身份定位

从整体看，教育活动可以看作一个决策过程，而管理只是这一过程的一部分。根据英国社会学家帕森斯的分析，教育运行过程可以分为技术的、管理的和机构的三个层次。通过决定目的和手段、权限和程序，法律与这三个层次构成了一种有分有合的关系。如果充分发挥法律的功能，它就能对教育管理做出重大贡献，反之，则会造成伤害。随着我国日益增多的民办教育立法文件的出台，法律冲突问题也越来越多地显露出来。法律冲突破坏了法制的统一性和权威性，甚至可能成为地方和部门利益的保护伞，从而极大地损害法律的尊严，削弱法律的实效。我国民法通则将法人分为机关法人、事业单位法人、社会团体法人和企业法人四大类。[①] 2001 年，民政部和教育部制定了《教育类民办非企业单位登记办法（试行）》，将民办学校定性为民办非企业单位法人。《中华人民共和国民办教育促进法》第三条规定："民办教育事业属于公益性事业，是社会主义教育事业的组成部分。"但是，我国民办学校并没有和公办学校一样被

---

① 吴开华，张铁明.我国民办教育法律冲突及其根源［J］.河北师范大学学报（教育科学版），2008（3）：66-70.

视作事业单位对待，在法人登记时被界定为"民办非企业法人单位"。民办非企业法人单位是指企业事业单位、社会团体和其他社会力量以及公民个人，利用非国有资产举办的从事非营利性社会服务活动的社会组织。① 如各类文艺团体、科研院所、体育场馆、职业培训中心、福利院、人才交流中心等。由于民办教育自身和相关法律、政策不完善，现实中民办教育发展也面临着许多困难和问题。随着我国民办非企业单位的发展，民办武术学校这一类既不同于企业法人，又不同于事业单位法人的组织就面临着无法可依的尴尬境地。浙江大学吴华教授认为（2008），将民办学校定义为民办非企业单位，给我国民办学校的发展带来了认知混乱。正如吴华教授所指出的那样，把民办武术学校归为民办非企业单位，这种归类势必会误导人们把民办武术学校当成企业，如果产生了这种错误认知，必然会导致民办武术学校管理上的一系列问题和冲突。

作为民办非企业单位的民办武术学校也因此面临"身份"确认的困难。实际上，在我国，民办学校和公办学校的活动目的和性质是相同的，两者的区别仅在于举办主体和经费来源不同。《中华人民共和国民办教育促进法》对"民办学校、民办教育机构"做了非常明确的规定，即国家机构以外的社会组织和个人利用非国家财政性经费，面向社会公开招收学生的机构就是民办学校、民办教育机构（《中华人民共和国民办教育促进法》第2条）。其中，非国家机构这个条件很好辨认，但在利用非国家财政性经费的判断上就存在很大分歧。② 实际上，《中华人民共和国民办教育促进法》在对举办者资金来源进行界定时，指的是在学校建校时不得由政府财政性经费来建立学校，而学校在具体运营过程中是不受此限制的。所以说，对民办武术学校经费来源的界定要以建校投资时的性质为依据，而不是考虑建校之后具体运行过程中接收到的财政性经费。《中华人民共和国民办教育促进法》第5条明确指出："民办学校与公办学校具有同等的法律地位。"如果从这一意义上讲，民办武术学校实际上就是"民办事业单位"，在现行法律框架下将民办武术学校确认为"事业单位法人"性质是合适的。只有民办武术学校法人"身份"问题解决了，之前所探讨的民办学校教师、学生权利和管理等问题，才能找到同一出发点。

根据《民办非企业单位登记管理暂行条例》《教育类民办非企业单位登记办法》的规定，绝大多数民办武术学校在民政部门被登记为民办非企业单位法人，

---

① 胡伶. 民办教育政策歧视现象分析［J］. 现代教育管理，2013（12）：62-67.
② 本刊编辑部. 认识分歧与制度冲突：制约我国民办教育发展的重要因素：吴华教授访谈录［J］. 教育发展研究，2008（2）：1-6.

难以落实与事业性质的公办学校同等的法律地位。作为民办非企业单位的武术学校在执行《民间非营利组织会计制度》和《关于非营利组织免税资格认定管理有关问题的通知》时，因难以跨越文件对非营利组织的认定，无法落实有关政策。一方面政府仍然习惯以管理公办学校的方式来管理武术学校，直接干预武术学校微观管理，致使民办武术学校在招生、专业设置、收费等方面受到较多限制；另一方面民办武术学校内部董事会决策过程中权力过于集中，家族化色彩浓厚，内部法人治理结构不够健全。在公法地位方面，民办武术学校属于法律法规授权的教育行政主体；在私法地位方面，民办武术学校应为社团法人、事业法人、准公益法人。在现行法律规定出资人直接参与学校经营的情况下，允许民办武术学校出资人分配学校经营利润，当属切合国情之明智选择，也是民办教育促进法的真实意图。至于如何限制出资人追求利润动机对办学目的的影响，有学者也建议应当在发展转型中逐渐通过完善民办学校法人治理结构，建立包括决策、执行与监督三种权力的组织机构的方式加以解决。[1]

（二）社会化与个性化的分歧

社会发展与个体发展的矛盾是教育管理研究的永恒课题。社会和个体按照不同的内容和规律发展着：社会的发展包括经济、政治、文化等多方面的发展，按照社会自身的发展规律在进行着，而个体的发展则是包括了生理、心理和思想等多方面的内容，也是按照个体自身的发展规律在进行着。但二者又不是绝对无关的，社会的发展离不开个体的参与和推动，而个体的发展又是在社会发展过程中进行和发展着，受着社会的制约，二者的有机结合，应当理解为人类合理的社会实践。[2] 社会化通常指个体在社会影响下，通过社会知识的学习和社会经验的获得，形成一定社会所认可的心理—行为模式，成为合格社会成员的过程。个人通过社会化而得以适应社会，获得发展的基点；社会则通过社会化而培养它的继承者，使得人类文化可以延续并在此基础上发展。个性化指个体在特定社会条件的影响下，在实现社会化的同时形成个人心理—行为模式倾向独特性的过程。社会化与个性化是相对的，前者是个体的社会共同性、适应性，后者则是个体自身的独特性、个别性。[3] 个性是个体在一定的社会关系系统中形成的生理特征、心理特征和社会特征以独特的方式有机结合而使个体具有的独特社会性，它不仅包括那些被人们认为是有价值的优秀品质，而且也包括那些

① 曾志平．论民办学校的法律地位与法人治理结构的完善 ［J］. 教育学术月刊，2008（6）：66-70.

② 黄济．教育哲学通论 ［M］. 太原：山西教育出版社，2011：403.

③ 何旭明．从社会化与个性化的关系看创新教育 ［J］. 教育与现代化，2000（4）：65-69.

被人们认为是缺点的品质。个性教育是在正确教育思想的指导下，以受教育者的现实个性为出发点，通过个性化与社会化、自我教育与他教育的统一过程，培养、强化受教育者的良好个性品质，预防、改造受教育者的不良个性品质的教育活动。①

自古以来，教育应该社会化还是个性化就一直存在着巨大的分歧或"孰轻孰重"的不同观点。政府和社会毋庸置疑期待学校提供社会化程度高的教育，毕竟社会化承担着人类社会文明延续和文化传承的重任。但致力于超越现实、改变世界的教育家更为强调的是个性发展。古希腊时期，苏格拉底在长期的教学实践中形成了以问答、诘难、诱导为特征的谈话式教育方法（后人称为"苏格拉底教学法"），通过不断的追问与辩难，促使学生的认知不断深化；文艺复兴时期，人文主义思想强调个性解放、体现个人价值、突出个人性格、挖掘个人潜能、依靠个人奋斗实现个人理想。18世纪，启蒙思想家卢梭所提出的自然主义教育就是高度尊重儿童的天性，倡导按照儿童的身心发展规律进行教育教学，这种思想也直接影响了之后的裴斯泰洛齐、赫尔巴特、杜威等一大批教育家的教育思想，儿童正式成为教育的中心。② 我国民办武术学校作为一类特色学校，其对学生进行的特色教育就是个性化的过程，其核心就是发展学生与众不同的个性。当然，个性化的教育还得有一个总体的目标，那就是一方面尽可能挖掘每一个学生的潜能，另一方面还要承担起促进学生社会化的重任。随着民办教育从"补充型教育"向"选择型教育"的定位转变，民办武术学校只有提升自身的市场生存能力，才能走向可持续发展。"武术热"的逐渐冷却，使武术学校恢复其教育的本真身份，以需求导向来引领学校发展，不断提高教育质量。杨绛先生认为"好的教育"就是启发学生的学习兴趣和自觉性，培养学生的上进心，给学生影响他一生的素质，或者说是终身受益的素质。民办武术学校必须将提供这种"好的教育"作为核心能力和主要产品，不断提升学校的教育质量。

《国家中长期教育改革和发展规划纲要》提出"各学校要办出特色"，主要是针对当时中国学校实际上形成的千校一面、没有特色的问题。为了解决这一问题，主要思路是改革原有的办学体制，落实学校在发展中的主体地位。这一思路相应的也成为各级教育主管部门制定相关措施的指导思想，而学校要办出

---

① 刘文霞. 个性教育论［D］. 南京：南京师范大学，1997.
② 张斌贤. 外国教育史［M］. 北京：教育科学出版社，2012.

特色，成为"特色学校"，则是一个受制于多种现实条件的实践问题。① 无论现实多么需要特色，学校和政府的举措多么有力，如果学校没有真正感受到改革发展的必要和可能，即使条件具备也未必就会发展成为特色学校。学校教育发展的实践性要求学校扎实地开展一种有意义的教育教学生活，在不断解决自身问题并拓展和提高文化影响力的过程中，让特色自然呈现。民办武术学校首先实现了办学体制的创新，其次开创了集团化多样性的办学新格局，努力推进了教育均衡化的发展，也是对教育公平的一种有益尝试。武术学校在集团化发展进行中，将优秀的办学传统、校园文化精神、教育思想理念、师资优势、课程教学、社会影响力等教育资源配置到不同区域、不同学校和不同学生，逐步实现了公共教育资源效益的最大化，提升了办学质量和办学效益。世界性的特色教育的发展主要是基于"多元文化教育"，"多元主义"文化价值观逐步地成为一种时代精神。当"多元主义"成为一种基本的教育价值观的时候，就自然要求承认并尊重教育的差异性与个性，同时自然要求用多元价值标准评价教育，当教育的差异性与个性得到尊重并得以提升的时候，当然就形成了特色教育。② 武术学校的特色化教育发展之路上，在保持自身独特的武术特色教学及相应运作形式同时，更加敢于正视各种各样的学生的个性，致力于培养出来的学生有一技傍身且具有独立思考和解决问题的能力，能够对社会有所担当，更加适应国家、社会的需求。就学校的特色化发展而言，特色的呈现如同人的个性形成，需要根据自身的条件和具体问题，在追寻教育真意的过程中，提升教育性内涵、积淀文化。民办武术学校的特色化发展，是在自主发展的基础上对学生进行个性化教育，通过不断对自身经验进行反省，明确自身的问题，并开阔思路、获得启迪，超越自身，形成特色，获得社会认同。

三、合理回报：关于民办武术学校的可营利性

（一）一种悖论：公益性事业不能营利

1995 年，八届人大三次会议通过的《中华人民共和国教育法》是我国最早规定不得以营利为目的举办教育机构的法律形式。《中华人民共和国教育法》第八条规定："教育活动必须符合国家和社会公共利益。"为了确保教育的公益性，该法第二十五条规定："国家鼓励企业事业组织、社会团体、其他社会组织及公

---

① 李醒东. 从"办出特色"到"特色学校"：问题及视角 [J]. 教育科学研究，2009（5）：14-17，50.

② 张华. "特色教育"本质论 [J]. 教育理论与实践，1998（3）：16-18.

民个人依法举办学校及其他教育机构。任何组织和个人不得以营利为目的举办学校及其他教育机构。"1997 年 10 月 1 日开始施行的《社会力量办学条例》第六条规定："社会力量举办教育机构，不得以营利为目的。"该条例废止后，2002 年颁布的《中华人民共和国民办教育促进法》第三条指出："民办教育事业属于公益性事业，是社会主义教育事业的组成部分"；第五十一条规定："民办学校在扣除办学成本、预留发展基金以及按照国家有关规定提取其他的必需的费用后，出资人可以从办学结余中取得合理回报。"一些人从教育公益性角度认为："民办学校不是企业，是教育机构，其本质特征是公益性，因此其办学不能够营利。"这种悖论造成了民办教育合理回报与教育非营利性的激烈冲突。

市场经济条件下，民办武术学校在"公益"与"收益"之间，一直上演着激烈的认知碰撞和行为冲突。一方面，缺乏"社会主义公益"的办学行为越来越受到广泛的质疑，丧失了应有的社会信誉；另一方面，缺乏"经济效益"的办学方式也同样面临着市场化的冲击，难求一种真正的社会品牌。以致在"公益"与"效益"之间，生成了民办武术学校改革发展的行为方式困厄。①② 不同于西方发达国家，我国 99% 的民办教育都是投资办学，民办教育与资本市场及公益性的是是非非，一直困扰着民办教育的投资者，也困扰着民办教育的发展。③

随着人们生活水平的提高，开办武术学校首先要求在相关硬件建设上加大投入力度，比如要为学生提供良好的食宿条件和教学训练所需的场地器材。从师资方面讲，文化课教师和教练员的待遇也在提高，如教练员的工资，由原来的平均 300~500 元提高到现在的平均 3000~4000 元。这些投入力度的加大，仅从学生学费上增加，这是不现实的，也会影响到武术学校的生源。与公办学校不同，民办武术学校的运行经费主要来自学生缴纳的学费，为了进一步改善办学条件，提高教育质量，增强办学实力，武术学校必须加强经营管理，尽可能减少支出、降低耗损、节约成本，以提高办学效益，增加办学结余，实现滚动发展。可以说，民办武术学校的营利是其维持办学、实现公益目的的手段。

（二）举办者的价值追求

有调查称，一些民办武术学校以获取经济利益为办学目的，致使这些武术

---

① 别敦荣. 论民办教育发展的第三条道路［J］. 华中师范大学学报（人文社会科学版），2012（3）：137-142.

② 石猛. 论民办高校投资办学的非营利性［J］. 中国成人教育，2014（6）：9-13.

③ 别敦荣. 论民办教育发展的第三条道路［J］. 华中师范大学学报（人文社会科学版），2012（3）：137-142.

学校忽视对人才的培养，不能正确处理好经济效益与社会效益之间的关系，只注重眼前利益，不注重武术学校人、财、物等方面发展需求的投入，这些无疑束缚了武术学校的长远发展，使这些武术学校的发展陷入恶性循环。① 民办武术学校的发展必须协调好经济效益与社会效益两者之间的矛盾。学校只有创造出一定的经济效益，才能有资本去加大投资建设力度，创造出更大的社会效益，同时也只有创造出一定的社会效益，才能实现其价值，使民办武术学校在市场经济自由竞争下具有更大的竞争力和生命力。由于法律上并没有对"不得以营利为目的"做出明确界定，没有对什么样的行为是以营利为目的的行为或是不是以营利为目的的行为做出区分，导致人们对这条原则规定缺乏统一的认识，产生了差异化的理解，致使教育行政部门对办学行为是否违法不好判定，办学者又心存许多疑虑，束缚了他们的手脚，影响了民办教育的健康发展。② 不可否认，民办学校的举办者存在投资、获利的意图，资本具有天然的逐利性，投资办学的发展模式将社会资本带入了教育领域，必然就会引发投资者对学校产权、投资回报甚至盈利的关注与诉求，但民办学校的举办者同时还存在着投资以外的价值追求，不能轻易把投资牟利作为民办学校举办者的唯一意图。《中华人民共和国教育法》第二十五条指出：任何个人和组织都不得以营利为目的。对这个问题，吴华教授指出："我们要在观念上进行区分，要认识到'有营利目的'与'以营利为目的'是不同的。现在的观念是只要民办学校向投资人分配收益就叫'以营利为目的'。事实上，很多投资办教育的人除了赚钱，还有发挥余热、报效桑梓的抱负。特别是一些早期投资民办学校的人，他们是到后来才关注到大规模投资办学的经济利益，可以说，民办教育仍然存在着投资以外的价值追求，民办教育投资者仍然认为教育是一项崇高的事业，只有极少数人只考虑赚钱。"③

根据文献研究发现，国外武技和中国武术在教育传承上的显著差异是传承者的价值追求，如跆拳道、柔道、空手道、剑道、合气道、泰拳等大都以道馆、俱乐部的组织经营模式进行商业发展，强调结合现代市场营销的理念和经营布局，把产品输出和经济回报作为立身之本，而中国武术更以武术学校的教育办学形式传播技艺、传承文化。因为中国武术学校的始创者更为看重的是中华

---

① 王岗，张玲玲. 武术产业化的问题与反思［J］. 山东体育学院学报，2013（1）：40-45.

② 吴跃文. 对"不得以营利为目的举办教育机构"的理解［J］. 杭州师范学院学报，2001（3）：111-114.

③ 本刊编辑部. 认识分歧与制度冲突：制约我国民办教育发展的重要因素：吴华教授访谈录［J］. 教育发展研究，2008（2）：1-6.

传统武术文化的衣钵传承、发扬光大，把经营管理视为文化传承之下的次级权重。他们对武术事业的执着热爱和文化传承的深厚情结，在对其访谈和交往中，能够深深感受到。习近平总书记曾高度评价："武术练出了中国的传统文化。"武术是一本中国文化百科全书，每一页都印载着中华民族广博深厚的文化，延续着中华儿女的思维方式。武术所给予学生的不仅仅是掌握一门技艺，还是无尽的人生财富，它所锻造出来的坚毅勇敢、永不言败的精神是常人所不能理解的。回顾历史，每当国难当头时，无不是习武之人纵马乾坤、奋勇杀敌、保家卫国。武术学校为武术文化的延续发展提供了传承场域，它作为中国武术文化传承延续的依托，它的兴衰发展也直接关系到中华武术的存亡。

此外，从社会公益来看，民办武术学校作为一种"社会法人"存在形式，与政府主管部门、教育主管部门、体育主管部门、行业协会、公安、其他同类院校构成利益攸关者共同体。它也应为利益攸关者提供发展性支持，为经济与社会发展履行"社会公民"责任。[①] 例如，河南登封少林寺武僧文武学校，校长释永帝自 1994 年创校以来，先后收养过 200 多个流浪街头的孤儿，并且不接受任何社会团体的捐助，也没向政府要过一分钱，许多孩子已经把武校当成了自己的家。2012 年，该武术学校又面向全国招收 1000 名 6 岁至 14 岁留守儿童，供其学习至中专毕业，并尊重学生意愿为其推荐工作，学生在校学习期间，学杂费用等则由校方负责，希望唤起社会对留守儿童的关爱。从社会公益上来看，民办武术学校所做出的社会贡献远远比我们想象的多。

（三）公益性与营利性的非矛盾性

不论是公办学校还是民办学校，其所提供的教育服务都具有公益性。由于民办教育具有公益性，其逻辑推论是民办教育也应当像公办学校一样获得政府的许可和支持。从公益性的角度看，保护和扩大社会公共利益是政府最重要的职责之一，公益性程度是政府财政支持与否的重要依据，公益性程度越高，政府支持的力度应该越大。从这种意义上说，具有公益性的营利性教育机构不仅应该得到政府的许可，而且对于部分具有高度公益性的营利性教育机构，政府甚至还应该给予政策和经费上的支持。[②] 教育界的常青树潘懋元教授认为：学校

---

① 赵明安. 高等职业院校战略目标结构体系的设计与改进 [J]. 武汉船舶职业技术学院学报，2012（1）：1-5.

② 文东茅. 论民办教育公益性与可营利性的非矛盾性 [J]. 北京大学教育评论，2004（1）：43-48.

的公益性与营利性并不是非此即彼的对立物，其问题在于要把两者关系处理得宜。① 公益性与营利性都是用来界定学校属性的概念，但它们所描述的对象却是不同的。公益性是针对学校办学目的而言的，营利性是针对学校办学结果而言的。② 此外，"盈利"和"营利"是两个既有区别又有联系的概念。"盈利"反映的是一种收支之间的状态，收入大于支出就出现盈利；"营利"则是对经济行为的一种描述，"谋求利润"被称为"营利"。③ 民办武术学校作为一个自负盈亏的经济组织，它必须考虑获得经济效益。武术学校的盈利目标达成取决于学校的资源配置效率及利用效率，包括场馆资源、师资资源、资金资源。盈利目标的实现是对学校经营成果的检验，也是对学校的教育回报和日后发展的资金来源。

从世界范围内看，一些国家把私立学校分为营利学校和非营利学校两种，并从法律上予以明确的区分，采取不同的管理办法。如美国的私立学校中有一些是盈利的，其所占私校总数的比例，不同层次的学校中比例有所不同。政府通过制定优惠措施、减免税收和资金资助等多种方式对非营利性私立学校予以资助，而营利性学校不但享受不到非营利学校的优惠政策和资助，而且还要按规定交纳税收等。④ 2015 年 1 月，国务院常务会议讨论通过《教育法律修改一揽子修正案（草案）》。半年后，《教育法律修改一揽子修正案（草案）》首次列入全国人大常委会会议议程，正式进入立法程序。浙江大学吴华教授认为，教育法的修订对设立营利性民办学校的法律障碍已经排除，无论是否实施"分类管理"还是按什么标准实施"分类管理"，营利性民办学校的出现已经不可逆转。⑤

民办武术学校的发展必须走出教育的公益性与可营利性相互矛盾冲突的认识误区。这不仅可以使民办武术学校能够名正言顺、合理合法的盈利，而且也将极大地拓宽教育经营、教育融资、办学激励等方面制度创新的空间。民办武术学校可以通过开展特色教育、创建品牌教育和特色专业等途径来实现转型发展。当一所武术学校能够为学生提供与众不同的独特教育服务时，其竞争力必

① 潘懋元. 我国高校产权制度改革的若干问题：兼论公、民办高校产权问题 [J]. 教育发展研究，2005（14）：17-22.

② 别敦荣. 论民办教育发展的第三条道路 [J]. 华中师范大学学报（人文社会科学版），2012（3）：137-142.

③ 范敏，李岩. 民办教育的盈利性研究 [J]. 中国科教创新导刊，2012（17）：2-3.

④ 吴跃文. 论营利与教育的本质性冲突和现实性调和 [J]. 教育发展研究，2001（6）：44-46.

⑤ 陈磊. 民办教育法律政策亟待完善 [N]. 法制日报，2016-04-28（5）.

然超过其他武术学校或教育机构。

例如，河南省少林寺武术学校（小龙武院），以影视表演为其发展转型主导，学校设置的影视特技班主要学习影视拍摄专业知识、武打特技等，由影视明星释小龙亲自授课，并且可实践参加影视拍摄。虽然发展转型实施会在一定程度上提高武术学校办学成本，因为品牌教育项目建立、特色专业的开发和培育必然会使武术学校的成本开支有所增加，但特色的教育提供利用家长、学生对学校声誉、教育特色的信任，和培育成才的教育渴望，由此会对较高的特色教育学费敏感性下降，使得民办武术学校的核心竞争力提高，特色教育服务所带来的高收费也可以进一步提高武术学校的办学效益，实现可持续健康发展。

第四章

政府对民办武术学校外部规制的界点

政府得以存在的一个基本原因是在于解决或消弭社会中的各种冲突，以维护正义、秩序和稳定。无论是在何种社会，社会的冲突都不可避免，而且不管这些冲突的原因如何，政府都应致力于冲突的解决。政府为民办武术学校的市场体系的支持运转提供了所必需的制度、规则和安排。在与民办武术学校的互动调适中，政府不仅要走出一条规划、制度、政策、实施、督导和问责多位一体推进的教育统筹发展道路，还要避免政府主导型模式所产生的政府支配和干预力度过大、权力集中程度过高、强制性过强等现象，克服教育自身发展的动力不足，自上而下与自下而上相结合，强化教师和学生的主体地位，激发教育的内驱力和创造力。

第一节　政府管什么：外部监管失灵

公共选择学派主要代表人物美国著名经济学家詹姆斯·麦吉尔·布坎南和戈登·塔洛克首先提出了政府失灵理论，认为政府失灵就是指政府难以按照社会福利最大化原则行事。也就是说，政府并不能利用国家强制力主动纠正市场失灵或市场缺陷，也不能实现社会资源最优配置，不仅不能纠正市场失灵或市场缺陷，反而会扭曲资源配置。[①] 美国国家公共行政研究院院士戴维·L. 韦默与加拿大蒙·弗雷泽大学商学院教授艾丹·R. 维宁在合著的《政策分析——理论与实践》中提出：在市场经济条件下，政府由于自身的局限性和外部约束因素的乏力，在行政管理过程中所出现的负面效应被认为是其失灵表现。[②] 结合上

---

① 戈登·塔洛克. 政府失灵：公共选择的初探 [M]. 徐仁辉，等译. 重庆：重庆出版社，2005.

② 戴维·L. 韦默，艾丹·R. 维宁. 政策分析——理论与实践 [M]. 戴星翼，董骁，张宏艳，译. 上海：上海译文出版社，2003.

述理论的提出和实地调研观察的结果，研究认为我国政府对民办武术学校的监管失灵主要表现在：功利主义的管理理念、控制主义的管理目的、行政主义的管理方式和形式主义的管理手段。

一、功利主义导致的职能错位

（一）职能错位的混乱现象

首先是职能主体错位。即本应由民办武术学校推动运行的职能却由地方政府代行其事，本应交由市场进行基础性资源配置的权力却揽于政府手中。如在湖南某地，教育主管部门为了应付上级对学校升学率达标的任务，就要求当地武术学校必须坚持以文为主的办学思路，提高高考升学率，不然将会影响学校办学资质的核准。这种利用行政权力左右民办武术学校的办学理念，造成了学校发展思路的困厄，若被强逼"转型"，其立校之本——武术特色将逐渐消逝。

其次是职能规范错位，即权力规范与非权力规范人为混淆，或是将权力规范化做非权力规范，或是将非权力规范当作权力规范。某武术学校副校长："我们县国土局、银行不给武校征地、贷款等方面的平等待遇，他们说民办学校不是国家投资，所以不能按公益事业对待……营业税、各项管理费、教育附加费、企业和个人的所得税、土地使用税……各种各样的税费一大堆，我都跟你说不全，现在办武校真的挺难的……"

从访谈资料来看，本应该享受到政策优惠的民办武术学校，反而被征收各种巨额的税费，这使得本来就资金不足的民办武术学校根本无从生存。

我国民办武术学校的外部监管主体涉及体育主管部门、教育主管部门、公安部门、财政部门、安全生产监管、价格主管部门、卫生部门、质检、食品药品监管部门等行政部门。各种错综复杂的行政机构在同一狭窄市场空间里同步执法，容易导致各自为政、自成体系、互不协调、互不配合甚至相互推诿等问题的产生。

（二）问题产生的原因分析

从管理实践上分析，政府对民办武术学校监管上的职能错位，其背后的成因是功利主义下的经济动机和行政考核。政府运行需要雄厚的经济支持，由于政府财权与事权常常表现出不对等的状态，而且政府机构工作人员也都是理性的"经济人"，他们为了实现自身利益的最大化，往往偏向于有经济实力且愿意给予政府经济支持的部门，乐于涉足可以带来丰厚利益的领域。在中央集中制度安排下，地方政府的目标是追求"晋升业绩最大化"。① 行政考核上，统计数字、书面报告以及领导的肯定作为考核、奖惩、提拔干部的主要功绩依据。受利益机制的驱动，为了能够通过考核、获得升迁，一些政府机构工作人员将"备考"精力放在上级官员感兴趣或者是容易出成绩、有效益的职能履行上，投上级所好，为上级"服务"，而对公共服务的提供、实际工作成果的检验以及民众的评价则不予理会。由于管理角色不清、监管理念错位、职能权责不明，致使在民办武术学校管理工作中出现机制僵硬、管理不顺，政府职能的越位干涉导致多头审批、多头管理或只批不管、只收费不管理的混乱局面。政府监管上的职能错位不仅不利于市场主体合理的规制预期，而且还不适当地提高了市场交易的成本。

二、控制主义导致的职能越位

（一）职能越位的负面效果

一是"官本位"思想下的权力滥用。李克强总理曾对政府的"控制主义"提出过严厉批评："我们有些时候，地方自己创造了很好的经验，值得推广。结果只要一总结经验，政府就要拿过来，要推广就要先审批！一些政府工作人员总是习惯于什么都要管起来，这种方式必须要改！"② 我国政府部门的一些管理者仍然习惯用传统行政思维去管理市场，行政审批的不合理和过多过滥，就是政府取代市场的典型表现。

过多过滥的行政审批不仅妨碍了市场机制作用的有效发挥，而且在一定程度上成为行政职权寻租和腐败滋生的土壤。一些管理者目空一切、霸气十足，手里有点权力就忘乎所以，听不得不同意见，排斥持不同观点的人，对中央的教育方针政策和上级指示，合意的就执行，不合意的就不执行，有令不行，有禁不止。这些政府高高在上的统治者权威，给公众留下了"门难进、脸难看、话难听、事难办"的衙门形象。

二是职能范围越位。虽然近年来逐渐清晰了民办武术学校审批职责，但在管理上，不同的地区所直接管理的单位又各不相同。有些地方体育局和教育局两个单位同时管，但管理职责和管理分工又不明确，致使在管理上存在职能越

---

① 何艳玲，汪广龙，陈时国. 中国城市政府支出政治分析［J］. 中国社会科学，2014
（7）：87-106，206.

② 澎湃新闻网. 李克强全盘解读新型城镇化：政府官员总是习惯什么都要管起来［EB/
OL］.（2017-02-16）. http：//www. thepaper. cn/newsDetail_ forward_ 1267869.

位的现象。

由于缺乏相应的管理标准和监督评价体系，导致武术学校管理工作中出现职权交叉、管理滞后，有利大家争，无利大家推等不作为、乱作为的管理弊端。

（二）问题产生的原因分析

中国传统的人治思想，浓重的官本位意识，导致了政府对民办武术学校管理上的"控制主义"。政府过分强调自己的功用，对市场活动指手画脚，限制了市场作用的发挥，甚至以行政力量代替市场机制。受传统计划经济的影响，我国实行了多年的高度集中的计划经济体制，中央政府拥有绝对的权力，政府职能无限膨胀。社会转型时期，政府职能内涵及其结构理应转换和重组，而内含着"政府万能"和"无限责任"的传统统治理念仍根深蒂固。政府仍被视为是国家和社会公共事务的唯一管理主体和权力中心。政府运用国家赋予的强制性力量来汲取和整合一切资源，包揽一切国家和社会公共事务；政府通过政治性权威和指令性政策，自上而下地单向运行政府权力，负责一切公共物品和公共服务的生产和提供。在民办教育领域，以命令和服从关系为主要特征的教育行政理念影响深远，教育行政部门总是试图通过无所不包的行政命令来实现对民办高等教育的全面控制。由此，政府职能的全面扩张，即政府角色的"越位"难以避免。①

此外，缺乏严明的法律和强有力的监督约束机制是政府"控制主义"蔓延的另一成因。正如孟德斯鸠所指出的那样："一切有权力的人都容易滥用权力，这是万古不移的一条经验，有权利的人们使用权力一直到遇到有界限的地方才休止。"我国目前还没有专门的法律对政府的职能范围和履行过程及方式做具体的限定，现有的监督约束机制也极不健全，行政监督的渠道不畅；监管主体缺乏应有的地位和独立性，无法规范和约束政府工作人员的行为，而且许多监督形式软弱无力；监督信息不对称，缺乏开放性和透明度，立法机关和公民很难有效地对政府机构和官员进行监督。② 法国著名的启蒙思想家孟德斯鸠明确提出，将国家权力分为立法、行政、司法三部分，相互牵制平衡，以此更好地保障公民的生命、财产和自由。政府集权往往导致权力滥用，要防止滥用权力必须以权力制约权力，行政权是一种国家赋予的支配他人的力量，如果对行政机关及其工作人员的活动不加以严明地监控，权力极易被滥用，造成对管理客体

---

① 张庆. 论民办高等教育中政府职能的"越位"与"缺位" [J]. 湖南涉外经济学院学报，2013（2）：7–11.

② 秦芩，申来津. 政府法治化与政府职能"错位""越位""缺位"现象的治理 [J]. 行政与法，2006（3）：53–55.

的侵犯。

三、行政主义导致的能力不足

（一）能力不足的实践表征

结构-功能主义的创立者阿尔蒙德曾提出，政府能力是指政府能否成功地适应环境挑战的程度。[1] 在传统行政管理的惯性思维下，政府往往强制性采用行政方式来管理教育教学这种专业性的工作，常常导致行政强制与专业自主之间的冲突，虽然能够使教育教学活动有序进行，但过于依赖行政权威，容易导致政府管理实践中的"行政主义"。

从民办武术学校的管理实践来看，政府虽履行了行政职能，但局限于行政框架之内，致使服务能力有限，对行政工具的使用和把握单一且缺乏专业性，如对准入规制、价格规制和质量规制之间的关系缺乏协调措施，激励相容度不够。如一些地方制定出的规制政策原则性规定多，针对性弱，更多体现了对上级政策法规的复制，不能满足社会对民办武术学校的管理需求，利益相关者的权益无法得到保证。

仅仅依靠行政力量管理民办学校会造成武术学校在办学上因循守旧且呆板僵硬，而且容易出现行政权力干预专业权力的现象。当政府行政权力超出了一定的边界成为民办教育领域的支配力量时，就会造成行政化的问题。

（二）问题产生的原因分析

在传统行政管理思想的影响下，"科层取向"一直是民办武术学校管理中的强势模式。基于"专门化""等级制""技术化""非人格化"等基本思想的"科层制"，在为现代社会的组织管理提供有效工具的同时，在现实的民办武术学校管理实践中逐渐陷入了"管理主义"的泥沼，如规矩越多越好、要求越高越好、考核指标越量化越好等。由此造成管理思想僵化、制度和考核指标非人性化、管理过程机械化操作等弊端。政府组织被更多地视为设定职能、授予权力和正式结构的结合体，而不是一个服务体，在管理上，也是讲求计划和控制功能视组织成员和民众为管制的对象和客体，而忽视了为民众的服务功能。[2]

政府社会管理能力不足的深层机理是政府管理体制的历史沿革。新中国成

---

① 阿尔蒙德. 比较政治学：体系、过程和政策［M］//伊·普里戈金，伊·斯唐热. 当代学术思潮译丛. 上海：上海译文出版社，1987.

② 中南财经政法大学中国地方政府改革发展研究报告［M］. 北京：中国财政经济出版社，2002.

立后，我国形成了非常具有特色的三位一体的社会整合模式：经济上高度集中、政治上高度集权、意识形态上高度严密管制。在传统行政理念中，政府扮演了生产者、监督者、控制者的全能角色，既是掌舵者，又是划桨者，政府作为社会唯一的权力中心，所有的社会资源由其垄断支配，它可以对所有的社会领域的事务进行管制或强制干预。① 在政治博弈中，政府考虑的是如何平衡利益冲突，而非实现社会的共同利益。② 其结果是，政策总是有利于政治影响力较大的一方，而不利于政治影响力较小的另一方，导致政府政策或者对少数人极其有利而轻微地损害大多数人的利益，或者对大多数人带来少许好处而严重损害少数人的利益。

四、形式主义导致的职能缺位

（一）职能缺位的突出隐患

古典经济学的奠基人亚当·斯密指出，市场机制是一只"看不见的手"，可以实现资源的最优配置。③ 但在实践中，市场机制并不总是万能的，它也存在自身无法或暂时难以克服的缺陷，这就要求政府在市场失灵的情况下进行适时干预。政府职能"缺位"主要指政府该管的没管或没管到位。

规划管理上的缺位。目前，国家层面缺乏对民办学校的战略规划，究竟民办学校与公办学校的结构比例应该如何控制？怎样进行战略布局？实现协同发展，促进我国整体教育发展进程，都没有具体的指导。

另外，缺乏战略眼光，在无形中对发展中存在的危机不敏感，不能控制办学可能存在的风险。调查中发现，部分地市政府近些年虽然提出过民办武术学校发展的构想，但并未形成具体的规划，也没有具体明确的发展目标，对于如何进行战略定位、实施发展构想、改进武术学校整体发展状况，没有清晰的思路和设定。政府在民办武术学校管理是缺乏规划，但"喊口号""定计划"等"形式主义"的"假大空"现象则层出不穷。河南省登封市在 2006 年出台过《登封市武术产业发展规划》，④ 其中对新武校审批标准提高了准入门槛，而根据该规划，战略目标是到 2015 年在校武术学员达到 10 万人，形成十大武术产业集团，并逐步形成跨国集团，开发国际武术表演市场，使少林武术文化覆盖全

---

① 张正岩. 中国县级政府公共服务能力研究［D］. 长春：吉林大学，2011.
② 林成. 从市场失灵到政府失灵：外部性理论及其政策的演进［D］. 沈阳：辽宁大学，2007.
③ 尚新力. 论亚当·斯密［M］. 北京：中央编译出版社，2012.
④ 登封市人民政府. 登封市武术产业发展规划［R］. 2006.

球。十多年过去了，该规划实施如何？有没有达到规划预期？

政府维护公平竞争的职能缺位。部分民办武术学校虚假广告、抢夺生源、恶性竞争等行为破坏了"统一、公开、公正"的市场竞争原则与环境，既是对教育经营权的一种蔑视和掠夺，又是对建议市场作为资源配置基础要素的排斥和压抑，不利于真正武术学校市场主体的培育。

此外，地方政府在"政策解读"和"政绩"上的"偏好"，导致了对民办武术学校财政资助上的缺位和人为的竞争环境不平等。国家实行两免一补政策，全国普及义务教育受到人民的欢迎，但对我国民办教育的发展影响较大，在对民办武术学校的调查中发现，政府应给予的补贴也根本没有得到落实。随着近年来国家对职业教育的大力投入，并不断完善职业教育的支持政策，逐步实行中等职业教育的免费制度和家庭经济困难学生资助政策。这些政策的倾斜下，职业教育的大发展会冲击原本选择武术学校的一部分生源，而且具备职业教育的民办武术学校还要按照国家的优惠政策进行资助，但却得不到应有的法定补助。这些现象不但不能帮助地方政府有效地保护和促进地方武术教育、文化、经济的发展，反而破坏了市场的竞争秩序，阻碍了地区的经济文化繁荣。

（二）问题产生的原因分析

首先，任何管理的政策、制度规范都存在着形式合理性和实质合理性的问题。形式合理性并不能带来所谓的实质合理性，即使理论上是最完美的制度，也可能在实践运作中挫伤为其带来意义的目的与价值。如果仅仅拘泥于形式上的完善和精确，没有对形式合理性所表现出来的规范和技术做出批判性的思考和价值的审视的话，一味追求形式上的东西，那么就会产生形式主义的问题。①由于各地各级政府对民办武术学校的价值期待不同，对其发展的关注、重视程度也不同。在民办武术学校发展好的地方，如河南登封、河北沧州、福建泉州、山东菏泽等地，政府将武术学校作为地方经济增长点，对武术学校的发展和建设也表现出比较高的热情。但由于整体上政府对民办武术学校的发展缺乏宏观、全局、长远的统筹规划，我国民办武术学校市场才出现分布日渐混乱，专业结构、地区布局、办学层次等方面均严重失衡。从政府所制定的相关规划与现实执行对比来看，基本上都是"雷声大雨点小""虎头蛇尾"。大多数的发展规划没有真正成为决策依据，其战略性的发展规划缺少年度性或阶段性执行计划，缺少规划和计划执行情况评估、反馈、监督，缺少依据评估监督对规划和计划提供建设性补充缺少相应配套的法规、机制保障等，使政府规划、宏观调控流

---

① 杜芳芳. 从行政控制到专业引领［D］. 上海：华东师范大学，2011.

于形式主义。

其次，对政府职能部门的外部监督除了国家司法机关的监督外，还应该包括社会团体监督、人民群众的监督和社会舆论的监督等。目前，我国政府外部监督机制不健全，这就为掌权者行政不作为、有法不依、执法不严，或随心所欲干涉市场甚至人为造租、寻租创造了条件。政府与民办武术学校之间缺乏互动的合作平台基础和渠道机制，致使管理的难度相对较大。健全的中介组织是构建良好的公共治理制度的不可或缺的重要环节，是避免"政府失灵"和"市场失灵"的重要方面。① 目前，我国各地已形成网络状的"武术协会"社会组织，但是，它们大多挂靠在体育行政机关之下，其应有的咨询、协调、评估、监督、考核等服务功能作用未能充分发挥出来。

第二节　再规制：卓越政府规制之道

一、规制改革：政府的思路与工具创新

（一）公益性：政府对民办武术学校规制的基本目标

规制是指依据一定的规则对构成特定社会的个人和构成特定经济的经济主体的活动进行限制或鼓励的行为。② 政府规制缘起于纠正自然垄断、负外部性、委托-代理关系的信息不对称以及部分内部性问题等市场失灵现象。政府规制的主体是政府行政机关，这些行政机关通过立法或其他形式被授权，通常被称为"规制者"；政府规制的手段是各种规则，明确规定了限制被规制者的某些决策，如何限制以及被规制者违反规则将受到的各种制裁。③ 政府规制是政府的一种治理工具，以弥补市场缺陷，矫正市场失灵为目的，但不完全市场和不充分信息的问题无论在公共部门还是在私人部门都是普遍存在的。政府规制（government regulation）的内涵在意义上差不多等同于国家干预，政府规制制度的产生有深刻的经济、政治和社会根源。美国被公认为是最早产生政府管制制度的国家，

---

① 李钊. 论民办高校办学风险防范中的政府责任 [J]. 中南大学学报（社会科学版），2009（3）：419-424.

② 苏力. 规制与发展：第三部门的法律环境 [M]. 杭州：浙江人民出版社，1999：214.

③ 王俊豪. 政府管制经济学导论：基本理论及其在政府管制实践中的应用 [M]. 北京：商务印书馆，2003：2.

也是政府管制最为成熟的国家。① 美国西北大学凯洛格管理学院终身教授史普博（Daniel Spulber）在其著作《管理与市场》中提到，政府规制是行政机构制定并执行的直接干预市场机制或间接改变企业和消费者供需决策的一般规则或特殊行为。② 根据规制目标的区分，政府规制理论经过了公共利益规制理论、利益集团规制理论以及动态博弈的均衡规制理论几个发展阶段。在这些理论的支持下，发达国家关于公共事业运营实践，大致经历了私有运营—收归国有规制—市场化放松规制—竞争与规制并存的公私合营的演进路径。③ 我国学术界将政府规制与政府管制和政府监管的含义统一看待，可将其理解为政府运用公共权力，通过制定一定的规则，对个人和组织的行为进行限制与调控，可将其视为政府向社会提供的一种特殊公共产品。④ 教育作为政府提供的公共产品之一，如果没有政府的有效教育供给，许多个人所拥有的自然禀赋和才能也许都无法得到有效的开发和利用，无法成为个人谋求全面发展的幸福手段，社会的持续发展也将因缺乏基础而无法实现。

教育作为一种公益性事业，不能简单地等同于一般的商品，单一的市场渠道不能平衡社会对教育的供求关系。为了保证教育的公益性，政府必须对民办教育市场的介入做出必要的限制，必须对办学者的行为进行必要的规范，确保民办学校公益性的发挥。⑤ 基于此，政府对民办武术学校进行规制的基本目标就是要确保其公益性的发挥和实现。《中华人民共和国教育法》第八条规定："教育活动必须符合国家和社会公共利益。"为了确保教育的公益性，该法第二十五条规定："国家鼓励企业事业组织、社会团体、其他社会组织及公民个人依法举办学校及其他教育机构。"《中华人民共和国民办教育促进法》第三条规定："民办教育事业属于公益性事业，是社会主义教育事业的组成部分。"但是，我国民办学校并没有和公办学校一样被视作事业单位对待，在法人登记时被界定为"民办非企业法人单位"。民办学校和公办学校的基础性是相同的，都有不同程度的公益属性，他们的不同点在于市场性的差异。完全公共属性的公办学校本身不具有市场性，其办学行为、产品不能进入市场，只是在某些办学环节中

① 茅铭晨. 政府管制理论研究综述 [J]. 管理世界，2007（2）：137-150.
② 丹尼尔·F. 史普博. 管制与市场 [M]. 上海：上海人民出版社，1999：3.
③ 魏成龙，张丽娜，史红民，等. 政府规制创新 [M]. 北京：经济管理出版社，2016：20.
④ 胡光明. 高等教育中外合作办学中的政府规制失灵问题 [J]. 现代教育管理，2011（5）：40-43.
⑤ 劳凯声. 教育市场的可能性及其限度 [J]. 北京师范大学学报（社会科学版），2005（1）：15-22.

与市场有关联，而民办学校的市场性则非常鲜明，相当程度的办学要素需要从市场获得，因此民办学校的市场性必须得到保证，但这并不意味着营利性的民办武术学校教育质量一定无保障。市场的一般规律是高质量才有高盈利，学校有创新、有价值才能得到更多的顾客。因此，即便是营利性的民办武术学校，也并不意味着它的教育质量低劣。不论是公办学校还是民办学校，其所提供的教育服务都具有公益性。由于民办教育具有公益性，其逻辑推论是民办教育也应当像公办学校一样获得政府的许可和支持。从公益性的角度看，保护和扩大社会公共利益是政府最重要的职责之一，公益性程度是政府财政支持与否的重要依据，公益性程度越高，政府支持的力度也应该越大。因此，政府应当进一步激发民办武术学校的教育活力，满足人民群众多层次、多样化的教育需求，形成以政府办学为主体、全社会积极参与、公办教育和民办教育共同发展的格局。

（二）智慧型规制：政府治理工具的创新

政府规制是法律授权的政府规制机构，依照一定的法规对被规制者（主要是企业）所采取的一系列行政管理与监督行为，它是政府向社会提供的一种特殊公共产品。① 传统的公共利益规制理论以市场失灵和福利经济学为基础，认为由于外部性、垄断等市场失灵现象影响了资源配置效率，降低了社会福利，因此有必要由政府对此进行干预。② 政府作为公共利益的代表，会从公共利益出发对市场进行规制，如限制垄断高价、税收庇护、确定环境质量标准及服务条件等，就是为了防止企业利用市场优势地位制定垄断高价，损害社会福利，同时改善市场环境，保障市场竞争，以缓解市场失灵和提高社会福利水平。③ 但暴露出的缺乏竞争、效率低下、成本较高、服务质量较低等问题，使得人们开始对政府规制的效果产生怀疑。

威尔逊的"价值中立"、韦伯的"理性官僚制"以及泰勒的科学管理理论把效率作为终极性价值来敬仰，认为效率是最大的善。新公共行政学派批判传统公共行政效率至上的工具理性，反对政治-行政二分法，质疑非人格化的理性官僚制的合理性和合法性，倡导社会公平的价值诉求，但这并不意味着他们是完全排斥效率观的。他们并不是否定效率本身，相反，他们提出的回应性政府

---

① 王学军，胡小武. 论规制失灵及政府规制能力的提升 [J]. 公共管理学报，2005（2）：46-54，94.

② 保罗·萨缪尔森，威廉·诺德豪斯. 微观经济学：第19版 [M]. 北京：人民邮电出版社，2004：28-31.

③ 汤自军. 市场失灵与政府失灵：论规制理论的发展 [J]. 学理论，2011（25）：59-60.

的构建、社会价值公平的分配、对弱势群体利益的关注、集合机会公平和结果公平的社会公平制度的建立都离不开政府部门高效的运作和管理，而社会公平的体现之政府组织内部管理的公平也在一定程度上反映了政府部门重视内部管理的效率。① 英国学者克里斯托弗·胡德在《监管政府：节俭、优质与廉政体制设置》一书中，从监管角度讨论欧洲公共管理中政府行为的问责和制约机制，发现政府站在引导社会发展的过程中，采用的监管总是难以脱离"解除规制"与"增加监管"的镜像式发展悖论。② 我国学者在政府规制改革方面的基本共识是：我国从计划经济体制下转化过来的政府规制观念、体制、结构等存在诸多问题，改革迫在眉睫，但我国政府规制改革的基本模式应区别对待，采取放松与强化并重的策略。改革的基本方向是合理、高效、法定、公正、独立。③ 张康之与张乾友在《公共行政学》一书中提出，中国政府在引导社会发展的过程中，总是采用的一种监管手段叫作"智慧型监管"，这与西方国家的监管不论是在目标上还是在手段上都有很大的不同。④ 这也给民办武术学校的政府再规制提供了经验借鉴，政府应将自身置于社会之中去进行规制，这样才能设身处地地从规制方出发，实现规制与被规制的互动，在信息交流和互动中提升管理水平和规制质量，从而使规制成为引导民办武术学校发展而不仅仅是控制的治理工具。

二、依法行政：政府职能的有效转变

（一）政府规制的法治化

政府的一切活动都必须依法进行，政府的职权也必须依靠法律来加以保证，通过法律保障政府行为的合法化和规范化，把政府行为纳入法制化的轨道。同样，政府对民办学校的规制也应当依法进行，以寻求政府规制的法治化。⑤

政府是一个组织体系，通常也被称为"行政组织"。行政组织的一切设置都需要依法进行，这就是结构法治的内涵，实际上是指行政组织中的机构设立和撤销以及编制的状况都需要依法进行，需要在合乎法律的意义上获得合法性。

---

① 张再生. 公共管理前沿：理论与实践探索［M］. 天津：天津大学出版社，2015：81.
② 克里斯托弗·胡德，科林·斯科特，奥利弗·詹姆斯，等. 监管政府：节俭、优质与廉政体制设置［M］. 陈伟，译. 北京：生活·读书·新知三联书店，2009.
③ 张丽娜. 我国政府规制理论研究综述［J］. 中国行政管理，2006（12）：87-90.
④ 张康之，张乾友. 公共行政学［M］. 北京：中国人民大学出版社，2016：107.
⑤ 吴开华. 我国民办学校政府规制：实践与展望［J］. 广西师范大学学报（哲学社会科学版），2007（3）：10-15.

具体地说，就是要求政府的公共行政体系建设以及全部职能活动都必须在法律的框架下展开。行政组织一经设立便享有法律所赋予的职权，拥有相应的权力以及权威资源，借助于权力以及权威去对市场活动和广泛的社会生活进行干预与管理。行政权与生俱来的扩展性和行政人员作为人的自利性都会威胁权力行使的边界，因而必须以法的强制力来保证职权的设定与履行，保证权力的边界不被僭越。政府规制主体对行政事务的管辖权力及管辖权限都必须有法律法规的明确授予和明确界定，无论是超越职责还是超越权限，都构成越权违法。在职权法定的基础上，职权的法制化还要进一步要求清晰界定权力的边界，厘清政府与市场、政府与社会、政府与公民间的关系，明确各自的职能，各尽其责。只有明确了政府规制的职责边界，才能避免政府缺位、越位、错位现象的发生，才能真正推动政府的有效职能转变。

（二）法无授权不可为

从教育立法发展的历史可以看出，教育法制是现代国家教育发展的一个重要特征。在许多发达国家，当教育问题关系到国家的根本利益时，它们都无一例外地诉求法律，法律就成了政府保证、巩固、促进和发展教育的一项基本措施。① 依法行政不仅意味着公共行政主体要依据法律、法规开展公共治理活动，而且要求各个行政主体依据法的精神开展社会治理。② 作为一种行政管理模式，接受法律的规范和约束一直都被认为是依法行政的精髓，行政机关及行政工作人员要严格遵守法律，自觉运用法治思维和法治方式推动行政工作，"法定职责必须为，法无授权不可为"。

行政组织是一个集职位、岗位为一体的集合体，行政职权的行使和行政职能的实现，都需要通过行政人员来进行。行政人员既反映了政府的行为又代表了政府的形象，行政人员为实现具体的行政目标而开展的行政管理活动的行政行为不仅是政府政策的直接体现，还是公众对政府最直观的感受。政府与社会、市场的接触中，所存在的主要是行政人员的行政行为，行政行为能否不受行政人员个人差异的影响而产生不同的效果，就需要受到法律的规范和控制。依法行政是规范政府行为和行政人员行政行为的前提和基础，行政机关和受雇于政府的行政人员在管理国家和社会公共事务的过程中所行使的权力必须要有法律依据，其行为必须受到法律的约束，受到法律法规所规定的相关主体的监督。

---

① 教育部人事司. 高等教育法规概论 [M]. 北京：北京师范大学出版社，2010：19.
② 张康之，张乾友. 公共行政学 [M]. 北京：中国人民大学出版社，2016：146.

（三）法治政府建设

《资治通鉴·唐纪八》中记载有"戴胄犯颜执法"的典故，至今，"法者，国家所以布大信于天下"的至理名言仍然穿越历史沧桑，闪耀着智慧的光芒。法治的目标是捍卫正义、实现正义，它也是实现正义和至善的唯一道路。就法理而言，英国法学家韦德提出依法行政，控制政府的自由裁量权，政府和公民的争议由独立于政府的法院解决，法律必须平等地对待政府和公民是法治政府的四项基础性原则。美国法学家富勒提出的法律的基本要求、依法的政府、不许有任意权力、法律面前人人平等、公正地施行法律、司法公义人人可及、程序公义是法治政府的七条基础标准。① 政府在社会性规制方面存在的严重监管不足甚至是监管缺失等问题，主要原因都是因为社会性的法律、法规比较零散，缺乏有效的法律执行和监管机制。② 法治的目的就在于把公共权力装进笼子，接受有效监督，从而保障公民的基本权利和自由。正是基于这种判断，习近平总书记多次强调，依靠法治建设、依法治国、建设法治政府，把"权力关进笼子"。根据法治原则，法治政府的具体行政行为、抽象行政行为都应坚持为人民服务，最大限度地维护人民利益。③

法治政府建设的核心首先是建设有限政府，正如约翰·洛克在《政府论》中提到的，公共权力的滥用是法治政府建设的最大威胁，法治政府建设必须限制行政权力，规范约束权力使行。④ 其次是建设责任政府。行政执法必须受监督，违法必须受处罚，侵权必须追责。最后要建设服务政府。政府的天然职责是为社会提供公共服务，建设服务型政府是服务社会职能的根本要求。⑤ 为此，政府应从"守夜人"角色转变为提供服务的"服务员"角色。法治政府是现代政府发展的综合性和基础性目标，是民主与法治的集中体现。⑥ 建设法治政府的核心就在于将政府打造成为符合现代世界行政潮流发展的民主型政府、有限型政府、善治型政府、责任型政府和平权型政府。⑦ 诚如英国著名行政法学家威

① 郑方辉，尚虎平. 中国法治政府建设进程中的政府绩效评价 [J]. 中国社会科学，2016（1）：117-139，206.

② 何立胜，杨志强. 转型期的社会性规制变革研究 [M]. 北京：中国法制出版社，2015：12.

③ 马怀德. 法治政府特征及建设途径 [J]. 国家行政学院学报，2008（2）：36-39.

④ 约翰·洛克. 政府论 [M]. 刘丹，赵文道，译. 长沙：湖南文艺出版社，2011：166.

⑤ 温家宝. 政府工作报告 [M]. 北京：人民出版社，2005.

⑥ 袁曙宏. 关于构建我国法治政府指标体系的设想 [J]. 国家行政学院学报，2006（4）：12-14，62.

⑦ 杨海坤. 我国法治政府建设的历程、反思与展望 [J]. 法治研究，2015（6）：90-103.

廉·韦德所说，法治政府意味着：一方面，政府行使权力的所有行为，即所有影响他人法律权利、义务和自由的行为都必须说明它的严格的法律依据；另一方面，政府必须根据公认、限制自由裁量权的一整套规则和原则办事。① 要真正落实行政体制改革，实现简政放权，唯有通过法治的手段推进法治政府的建设才是最优选项。

建设法治政府和服务型政府，要切实转变政府的职能，提高政府的公信力和执行力。政府在民办武术学校监管上，要创造公平和可预见的法治环境，完善行政执法、行业自律、舆论监督、群众参与相结合的市场监管体系，建立健全社会信用体系，落实信用监督和失信惩戒制度，整顿和规范教育市场的经济秩序，形成政府、民办武术学校与社会共同建设三者的统一、开发、竞争、有序的现代民办武术学校市场体系。过去政府对市场的监管，一部分要转移到社会对市场的监管。一些发达国家都是这样，社会组织高度发达，具有承接政府权力转移的基本功能，并能通过行业自律实现自我监管，通过项目管理和服务合同出租实现承接政府的部分社会管理及公共服务职能。对于民办武术学校的社会管理，我们也可以借鉴这一点，通过进一步完善社会管理政策和法律法规，依法管理和规范社会组织、社会事务，妥善处理矛盾冲突，维护社会秩序和社会稳定，促进社会公正。从人治到法治，民办武术学校的管理必须改变人格权威、行政权威高于法律权威的局面，在继续建立稳定的科层制程序体系和规则体系下，更要加大法律的执行力度，为我国民办武术学校的自主发展提供稳定、持续的法治支持。

第三节　政府的回应：民办武术学校管理冲突的应对

一、政策与法律：回应民办武术学校的身份及权益

（一）政策法律建设的滞后性

民办武术学校历经三十多年的发展，已逐渐形成规模，但与此规模不相称的是相关法律法规难以适应民办武术学校教育实践的发展需求。法律对于民办武术学校的影响无疑具有强制性，法律对武术学校具有保障和制约两方面的效力：一方面，法律能够保护依法办学的武术学校的合法地位、经营权利、合法

---

① 威廉·韦德. 行政法［M］. 北京：中国大百科全书出版社，1997：25.

收益、正当竞争等，法律制度是国家对其行业经济活动予以承认和保护的一种保障方式，同时能够促使武术学校将其经济活动纳入正轨；另一方面，执法机构有权依法对经济行为主体的违法行为追究经济责任、法律责任和行政责任，因而法律在对武术学校的经营和存在予以保护的同时，又能够对违法活动起到防止和威慑的作用。随着民办教育促进法及其实施条例的出台，民办武术学校教育得到了法律的支持，但在实践中，民办武术学校却从整体上没有充分体会到这一法律政策的优越性。比如，依据相关法律条文，社会及其管理部门多关注武术教育机构是否"营利"，却一直未对何为营利有明确的解释以及承担义务教育和职业教育的武术学校得不到应有的法定补助等。

法律法规是民办武术学校管理的法律依据，立法和执法是政府对其监管规制的基础和保障，其中，优先立法是市场经济的根本要求，严格执法是法律制度的重要内容。从西方国家私立学校改革的实践来看，都是在预先制定的法律框架内进行的，以法律形式明确规定规制机构组成、规制内容和方式等；① 从我国民办学校的管理规制实践来看，可以作为民办武术学校管理的法律还处于缺失状态，由于我国民办武术学校办学机制的特殊性，政府对民办武术学校的管理更多的是依据各级政府武术管理部门制定的各种政策法规和条例，如《河南省武术学校、习武场所管理办法》《湖北省武术活动管理暂行规定》《安徽省社会武术管理办法》等，一些地方政府或武术管理部门还出台了相应的行政命令、行政措施等，即使有一些法律条款适用于民办武术学校的管理规制，也往往是一些原则性的立法，可操作性不强。政策法律建设的滞后，使民办武术学校的管理陷入无规可循、无法可依的尴尬境地，政府管理行为的法治化、制度化程度也很低，从而增强了民办武术学校政府管理规制的随意性或使民办武术学校处于政府脱管的无约束状态。

（二）冲突与调试：实行分类管理

北京师范大学劳凯声教授认为："教育是一种典型的公共物品，并且是由国家包办和提供的教育产品，其具有可分性和竞争性的特点。由于教育能给学习者带来巨大且明显的回报，原先由政府包办并根据社会的需要来发展的教育，正在出现某种私人消费的倾向。不同的人对教育的不同需求开始成为教育发展中的一个不可忽视的因素，中国教育开始兼有公共消费和私人消费的双重消费特征。同时，教育作为一种公益性事业，不能简单地等同于一般的商品，单一

---

① 魏成龙，张丽娜，史红民，等. 政府规制创新［M］. 北京：经济管理出版社，2015：475.

的市场渠道不能平衡社会对教育的供求关系。为了保证教育的公益性，政府必须对民办教育市场的介入做出必要的限制，必须对办学者的行为进行必要的规范，确保民办学校公益性的发挥。"① 在大多数国家，一般存在公立学校、非营利性私立学校和营利性私立学校并存的现象。私立学校按照营利和非营利划分为两类，不同性质的学校其宗旨、管理模式、收入分配、活动领域等有所不同。不同国家私立学校的构成比例、法律地位、税收政策等各有特色，但多元化的办学模式、规范的法律制度体系，以及对非营利学校的明确界定和税收优惠，是普遍存在的。② 对民办学校按照非营利性和营利性进行分类管理，政府要加强引导，一是处理好投资回报问题，探索切实可行、分类管理的投资回报制度，不能简单以企业运作的方式来经营管理学校；二是鼓励社会组织、企业和个人捐资办学，探索出既对捐资人有吸引力又切实可行的奖励制度，形成长效机制，以增加民间对教育事业的可持续、多元化投入③，以此来激发社会力量兴办教育的积极性。

20 世纪 80 年代初期，政府为增加公共服务供给，放开政策允许民间资本举办公共事业，从而涌现了大量民办学校、民办医院、民办研究所等新型组织。为明确对这类组织的管理责任，1998 年国务院颁布了《民办非企业单位登记管理暂行条例》，据此民办学校一般登记为"民办非企业单位"。但这无论从 1986年制定、一定程度上承担了民法总则功能的《中华人民共和国民法通则》规定的四类法人（机关、事业单位、社会团体和企业）看，还是从 2021 年审议的新《中华人民共和国民法典》草案将法人归为非营利性法人、营利性法人两种类型的动议看，民办非企业单位都无法归入任何一个法人类型。2002 年颁布的《中华人民共和国民办教育促进法》规定民办学校应当具有法人条件，但仍未能明确民办学校的法人属性，但同时又规定了可以取得合理回报。

由于合理回报的规定与非营利性组织法律制度不衔接，一方面使民办学校长期处于法人属性不清的尴尬境地，另一方面导致没有与之相对应的财政、税收、人事、社会保障、土地、金融等方面完整配套的政策，难以享有与公办学校（事业单位）同等的法律地位及相关待遇。

根据《国家中长期教育改革和规划纲要（2010—2020 年）》提出的探索民办学校分类管理试点的要求，一些地方政府和民办学校进行了积极的探索尝试。

---

① 劳凯声. 教育市场的可能性及其限度 [J]. 北京师范大学学报（社会科学版），2005（1）：15-22.
② 贾西津. 对民办教育营利性与非营利性的思考 [J]. 教育研究，2003（3）：47-53.
③ 沈剑光. 民办教育发展的战略转型与政策应对 [J]. 教育研究，2009（8）：83-87.

修订后的《中华人民共和国民办教育促进法》确立了营利性与非营利性民办学校两种法人类型，明确了民办教育和公办教育共同发展格局的法源基础，在法律层面充分体现了完善民办教育治理体系的根本要求。①

2015 年 1 月 7 日，国务院常务会议讨论通过部分教育法律修正草案，明确了对民办学校实行分类管理，允许兴办营利性民办学校，并决定提请全国人大常委会审议。2016 年 2 月，教育部发布了《2016 年工作要点》，再次提及，将在 2016 年继续促进民办教育分类改革，研究制定民办学校分类登记实施细则、营利性民办学校监督管理实施细则等，有序实施民办学校分类管理。在全新的政策法律环境下，政府要进一步完善制度保障，落实相关政策法规，用章程来实际规范约束政府的管理行为和民办武术学校的办学运营，保证民办武术学校的可持续健康发展。民办学校和公办学校的基础性是相同的，都有不同程度的公益属性，他们的不同点在于市场性的差异。完全公共属性的公办学校本身不具有市场性，其办学行为、产品不能进入市场，只是在某些办学环节中与市场有关联，而民办学校的市场性则非常鲜明，相当程度的办学要素需要从市场获得，因此民办学校的市场性必须得到保证。营利性的武术学校并不意味着其教学质量一定低。市场的一般规律是，高质量才有高盈利，学校有创新、有价值才能得到更多的顾客。因此，即便是营利性的民办武术学校，也并不意味着它的教学质量低劣。

政府需要对民办武术学校的发展有更宽泛的界定，建立更具包容性的政策，不再是对准入的过度限制，而应更多强调对投资者选择的激励性规制与政策引导。对民办学校进行分类管理，从法律上破解了困扰民办教育发展的学校法人属性不清、财产归属不明、支持措施难以落实等瓶颈问题，进一步扩展了民办武术学校发展的空间。

（三）内生性要求：创造条件而不是强制实施

教育改革必须要有体制性的破局，从国内大型民办武术学校成功办学的经验来看，它们之所以能够在激烈的教育竞争中立于不败之地，与校领导放开手脚，坚持正确的办学思路一以贯之有主要联系。正如著名教育学家朱永新教授所言："教育改革往往不是从上而下的强制实施，而是自下而上的水到渠成。"民办教育的改革需要作为主体的民办学校领导、教师、学生和家长充分参与和有效参与。同时，政府只有为民办武术学校的发展创造更好的生存条件，才能不断满足民办武术学校发展的真实需求，更好地让这些学校适应地区的经济条

---

① 钟秉林. 民办学校分类管理正当其时 [N]. 光明日报，2016-11-15（14）.

件和结构，才能取得民办武术学校管理矛盾的突破和进展。当然，这种内生性的要求并不等同于完全没有政府干预下的自由发展。当前我国经济社会正处于转型期，教育培训市场机制不完善，民办教育制度改革仍需要政府充分发挥重要作用，因为政府拥有使用强制性手段的权力，可以在较短时间内解决制度供给不足的问题，而且政府凭借主导和强制性地位所付出的成本显然要比竞争性组织所付出的成本低得多。因此，政府减少干预与放松管制应是逐步推进的，应当根据民办教育市场的运行规律和内在逻辑分阶段和有计划地进行。

政府在对民办教育实行分类管理的基础上，需进一步完善对民办学校的扶持政策，这是新修订《中华人民共和国民办教育促进法》的显著特征，法案对非营利性和营利性民办学校在财政、税收优惠、土地、收费等方面的扶持政策，民办学校教职工的工资、福利待遇和其他合法权益的保障等方面，做出了明确的法律界定。政府构建和维护民办教育市场机制运行的制度环境，使外部化问题最大限度地内部化，有利于创造民办武术学校创新发展的市场环境，推动我国民办武术学校由外生性成长模式向内生性成长模式转变。

二、"武"为特色：回应民办武术学校的办学思路

（一）内外兼修提升"复合"竞争能力

从复合式提供来看，民办武术学校要最大化满足家长、学生对延伸式、复合式教育的需求，在武术特色教学设置中涵盖更多专业。目前我国民办武术学校武术教学主要设有套路、散打、拳击、跆拳道、武术表演、影视表演、太极、养生、泰拳、综合格斗等专业，河南省的塔沟武校和武僧团训练基地还将传统武术和少林足球作为其特色专业。国内几所大型民办武术学校已形成了从学前教育、初等教育、中等教育和高等教育的完整教学体系。从复合式竞争来看，民办武术学校要采用组合式的竞争手段，并将这些手段有效地整合在办学价值创造中，实现更高的教育性价比。[1] 在复合能力提升上，民办武术学校要能够协同整合来自其内部和外部现有有形或无形资源，内外相合提升持续竞争力。[2]

国内发展较好的民办武术学校之所以能够取得成功，产生良好的品牌效应，其中念好"武"字诀是重中之重。以河南省塔沟武校为例，学校将武术比赛竞

---

[1] 陆亚东，孙金云. 复合基础观的动因及其对竞争优势的影响研究 [J]. 管理世界，2014（7）：93-106，188.

[2] 陆亚东，孙金云，武亚军. "合"理论：基于东方文化背景的战略理论新范式 [J]. 外国经济与管理，2015（6）：3-25，38.

技的成绩上升到关乎学校生存的高度，这与其他地方武术学校铺天盖地的广告宣传相比截然不同。在塔沟武校，以竞赛成绩树立学校品牌，以点带面，促进学校发展。塔沟武校在办校之初的招生活动一直秉承的宗旨就是：一不做广告，二不设招生摊点。他们就是依靠过硬的教学质量，严格训练学生，并创造多种机会让学生参加各类各级比赛。学生频频在国际、国内重大武术比赛中获奖，为学校赢得荣誉和声望，同时也得到了媒体的争相报道，提高了知名度。

这些举措使得塔沟武校早早走上了一条代表武术竞技、表演的商业化之路，这也是国内武术教育市场长期以来发展的一个主流导向①，即通过教学质量来促进学生武术技能水平提升，进而获得各级各类比赛奖项，被媒体广泛宣传，知名度提升，以此吸引更多的学生前来武校学习。尤其是近年来，随着国家"全民健身"战略建设的不断深入，武术竞赛杠杆的作用被充分挖掘，通过不断创新赛制、丰富赛事。各省、市坚持"以武会友，共同进步"为宗旨，充分发挥区域传统武术文化优势，也相继设立了"锦标赛""精英赛""武协杯""单项赛""邀请赛""区域赛"等比赛形式，并积极协同国家体育总局武术运动管理中心承担国内外重大赛事。武术比赛的规格不断提高，影响更为深远，也为民办武术学校的发展创造了更为广阔的空间。

（二）强强联手形成"联合"聚势协同

近年来随着民间资本对办学投入的大幅度增加，民办武术学校的教学训练场地设备条件有了很大改善，一些武术学校的办学硬件条件已经超过了公办学校，甚至是武术专业队，在河南省，省散打队已经落户到武术学校进行训练。办学硬件、软件设施水平的提升，逐渐形成了民办武术学校"内强质量，外强形象"的强势聚力。

例如，在河南省塔沟武校，多年来学校利用"特种兵征兵基地"的优势，为解放军南海舰队、海军陆战队、无人机部队、解放军特种兵部队等输送了5万余名优秀学员，其中2名毕业生已经成为师级干部，5名任职正团级干部，毕业生王体振在中国人民解放军某空降特种兵部队任副团长。学校向河南、天津、湖北、浙江、新疆、贵州等地的武警以及公安特警支队输送了大量人才，2014年至2015年，仅贵州省公安局就在塔沟武校招录特警队员107人，学员郭行行直接被任命为贵州省黔南州特警支队中队长。同时，学校每年还向河南、上海、四川、云南、新疆、北京等省市级专业队输送数百名优秀学员，部分学员已成

---

① 夏宏，李冰．少林塔沟：一所武校和一个家族的纠结 [J]．创业家，2010（8）：116-121.

为省级专业队的教练员，如毕业生靳帅武现任新疆（自治区）散打队教练、毕业生张树根任湖北省散打队主教练、毕业生毛广杰任云南省散打队主教练、毕业生王祥权任四川省散打队主教练、毕业生孙勋昌任深圳市散打队主教练、毕业生黄鹏任北京武警跆拳道女队主教练等。塔沟武校的建设和发展也得到了中央和地方各级领导的亲切关怀和大力支持。党和国家重要领导人分别到学校视察指导工作。国家汉办（中华人民共和国国家汉语国际推广领导小组办公室）视察后将塔沟武校确定为与北京大学等知名高校并列的十所国家汉语国际推广基地之一，首批拨款 1000 万元用于加强形象软、硬件建设。目前，学校已被确定为中国武术推广基地、中国武术段位制培训考试基地、河南省散打训练基地、解放军散打训练基地、河南省重竞技运动训练基地、河南省拳击跆拳道训练基地、河南省青少年少林足球训练基地、特种兵征兵基地、河南大学体育学院生源基地、河南大学体育硕士专业学位研究生教育实践基地、成都体院武术系教育实习实训基地、全国奥林匹克示范学校。在毕业生就业问题上，塔沟武校先后与万科集团、中兴通讯股份有限公司、安博教育集团、首旅建国饭店管理公司、嵩山少林旅游集团、河南星星装饰公司、迪欧餐饮管理有限公司、解放军原总政治部西直门宾馆等近百家企事业单位开展合作，共建校外实习基地、专业建设委员会和产学合作委员会，形成了校企合作、工学结合的长效机制，为毕业生就业提供了广阔的选择空间。

在河南省登封市的另一所武术学校——少林寺武僧团培训基地（少林寺武僧团教育集团），从 2010 年开始组建青少年足球学校，还聘请了喀麦隆的外籍教练，"少林功夫"和"足球"正式结合，如今这所足球学校也已步入正轨，并得到了中国足协和河南省足协的大力支持。2015 年，塔沟武校也通过与河南省体育局"少林足球"项目的合作实践，经过审批后建立了河南省青少年少林足球训练基地，学校还专门制定了"三、五、八"战略目标（三年大普及，五年出成绩，八年树品牌），希冀为河南足球培养出一批生力军，振兴中国足球。

武术与足球的"强强联合"，促进了禅武并修的少林武术与现代体育的融合发展，少林功夫中的腿法对提高学生的脚法、抗撞击能力和身体协调性有很大帮助，如果能够将这些技能融到足球训练之中，定可以开辟一片"传统武术"和"中国足球"双赢发展的新天地，也是对民办武术学校创新教育路径的有益探索。尤其是党的十八大以来，以习近平同志为核心的党中央把振兴足球作为发展体育运动、建设体育强国的首要任务提上日程，"功夫足球"这块现代化结合的金字招牌将为民办武术学校的长远发展带来不可估量的品牌效应。

（三）形神一体实现"结合"权变智慧

民办武术学校的管理效率和品质为学校顺利完成各项教学训练任务提供了机制保障。目前，在管理形式上，国内大多数民办武术学校都采取家族式管理，在管理架构上通过设立校委会，以校长一职为主导，由创办者担任校长或董事长，其下的副校长、副董事长、办公室主任等重要管理职权岗位由其亲属担任。一些学者认为①②，家族式的管理模式容易造成家族对学校管理权利的垄断，使那些非家族人员基本不能参与到武校的各项重大事件的管理中去，造成了一定程度上的管理信息传达不畅，一些实际问题不能得到迅速而有效的解决，长此以往，必定影响学校的健康持续发展。

河南省登封市的民办武术学校也是采取家族式管理，它们之所以能够长盛不衰，还形成了武术教育集团化发展的态势，最重要的原因就是他们不断提高领导层的学习能力，提高办学的管理水平，并制定了切实、完善的规章制度，并能依照制度严格执行。对于具有东方文化背景的民办武术学校而言，从校领导到基层管理者多具备习武经历，武术最为强调的就是"内外相合""形神一体"，尤以少林拳最为注重"内三合"和"外三合"，在身体"合"的体悟下，这种悟道的修为势必影响其办学思维和管理实践，甚至影响其生活的方方面面，"合"的思想已成为登封武校领导者办学实践中"体用合一"的管理能力。

组织结构最主要功能就是为贯彻学校整体发展提供一个科学、合理、协调的管理机制，保障学校的正常运行。武术学校的组织结构应通过转型升级进一步增强管理的系统性，以此规避管理职责分配中形式的重叠或空缺，故而战略实施中要注意在梳理现行管理体制的基础上，进行职能部门优化改革，根据工作属性的相似性和联系性重新理顺各组织机构的职责，提高组织运营水平，强化管理的效率和效益。作为武校最高决策层的管理领导，他们负责武校发展整体战略的制定和实施过程的宏观调控和管理，而这些校长或高层领导者大都是武术专业运动员、教练员出身，武术运动员的特质是"刚勇果敢"，但是对于组织管理来说，必须具备刚柔并济的领导理念和团队协作的凝聚力，所以必须扭转运动员争强好胜、英雄主义的观念，在武校管理实践中形成团队合作的共识。

（四）天人合一铸就"相合"平衡统一

在"家"文化背景下的民办武术学校领导者，通过不断的修炼，培养自己

① 储小平. 家族企业研究：一个具有现代意义的话题［J］. 中国社会科学，2000（5）：51-58.

② 卢福财，刘满芝. 海外华人企业家族式经营管理的特点与启示［J］. 首都经济贸易大学学报，2002（2）：25-28.

在"天人合一"的视野中"执两用中"的技能，不仅符合天、地、人、物、我协调发展的理论，有助于保护人类生存的生态环境，还能够在物质空前丰富而人文精神沉沦的当下，为人类带来精神层面的慰藉和终极关怀。① 由此而建立的武术学校，无疑是具有全球视野和持久生命力的。在河南省塔沟武校，三十多年的办学历史形成了"认真学，刻苦练，勿执门派，悉归一宗、以继承发扬中华武术瑰宝为己任、益志强身，习气砺志，百尺竿头精进，报效祖国，匡扶正义""文武并重，德技双馨，传少林真功，育全新人才""崇德尚武、砺志重文"的学校文化，塔沟武校多年来的办学宗旨一直遵循"文武并重，德技双馨，传少林真功，育全新人才。"这些都已经融到学校的发展使命中，这既是塔沟人核心价值、终极追求的体现，又是塔沟武校区别其他院校的独特学校文化。

民办武术学校建立战略支持型学校文化，可以形成教职员工的精神风貌、性格和动力，可以积极影响学校的能量、工作习惯、运营活动、各部门的合作程度以及对待教育对象的方式。良好的支持型学校文化也有助于营造轻松、独立的民主氛围。在民办武术学校管理过程中，主管部门和武校各级领导要"任贤不任亲、举贤不避亲"，认真听取、采纳基层领导和教职员工的合理化建议。在发展转型过程中，领导班子难免有意见分歧，要通过民主协商解决学校管理实施过程中出现的问题，疏通隔阂、增进团结，保证决策的民主化和规范化。努力形成各级领导和武校全体教职员工自我管理、自我控制、独立自主完成工作任务的战略运行机制，共同推进学校的全面发展。民办武术学校的负责人要高度重视，努力形成履行社会责任的校园文化。

民办武术学校以武术为根、文化为魂、育人为本，在向学生传授现代化知识理论和高技术应用技能的同时，可以适当穿插开展武术和传统文化课程，让学生感受传统文化的魅力，接受传统文化的熏陶，陶冶情操、习气励志。民办武术学校要围绕"文化传承"主题，把加快建设校园武术文化基础项目作为校园文化工程建设的重点，实施校园环境美化、绿化、学校标志形象塑造、武术文化物质建设，创造优美舒适、底蕴深厚的校园文化环境。

在实地调研中也看到，福建省泉州市剑影武术学校设立有校园文化走廊，除了展示学校荣誉、培育人才的成绩外，还结合社会主义核心价值观展示出优秀学员、道德模范、民族英雄的光荣事迹，进行社会主义正能量的弘扬。福清市西山武校通过定期举办文化节、读书日、文化讲座等活动，营造浓厚的校园

---

① 陆亚东，孙金云，武亚军．"合"理论：基于东方文化背景的战略理论新范式［J］．外国经济与管理，2015（6）：3-25，38.

文化氛围，让学生参与学生管理制度的制定，参与社团、活动的组织与管理，使学生积极学习进步、遵守校规，提高生活自理能力，形成良好的学生文化环境。在泉州南少林武术学校，学校通过强化教职工的日常行为管理，为学生树立优良的行为榜样，形成良好的校园行为规范和精神风貌。一些武术学校还让教师参与到学校的决策和管理中，让教师感受到学校作为家的温暖，营造民主、平等、和谐的校园管理文化氛围。民办武术学校的教师管理中，要注重师德建设，将思想政治工作摆在教育教学工作的首位，注重加强教师的职业道德、奉献精神、事业心、责任感，使教师树立正确的人生观、价值观和教育观，杜绝打骂、体罚学生等不良现象的发生，树立教师的良好形象。不以行政命令压制教师的个性，让教师的精神和人格得到自主权，鼓励教师建立自己的教育思想和训练理念，支持教师进行教学改革实验和训练方法创新，形成自己的教学风格，使教师的职业意识、角色认同、教育理念、教学风格、价值取向与学校的主体文化协调一致，温馨典雅、务实奋进的精神成为民办武术学校校园文化的主流。在创建精神文化校园建设中，民办武术学校要始终坚持依法治校、以德立校，践行"一切为了学生"的教育理念，实现学校的物质文化、精神文化与学校行为文化之间的相合统一，保证校园文化发展的一致性。

三、引导转型升级：回应民办武术学校的发展之困

（一）明确发展定位，做好规划设计

发展定位是对民办武术学校生存和发展最基本问题的回答。发展定位决定了民办武术学校的发展方向、资源分配、经营优势的获取和保持，以及最终整个民办武校发展目标的实现。国内一些武术学校的经营失败、倒闭关门就是由于发展方向不明确，有限的资源不能集聚于特定的目标顾客和产品方面，从而导致学校耗费了资源，贻误了有利的发展机遇。发展定位的不明确或经常变化，还容易导致教职工疲于奔命，没有成就感，最终影响工作的积极性和主动性。此外，武术学校发展定位方向的不清晰，还容易引致学生和家长对学校的专业性和发展的持续性的怀疑，影响教育消费者对武术学校的支持度和后续生源。[1]发展定位还决定了民办武术学校的资源分配，任何学校的资源都是有限的，民办武术学校也不例外。在办学经营过程中，武术学校必须将有限的资源聚焦于能产生最大回报的事情上。武术学校的资源主要包括资金、教学训练场地、宿舍、政府及社会关系及人力资源等。目标顾客定位决定了武术学校应在宣传、

---

① 李庆华. 企业战略定位：一个理论分析构架［J］. 科研管理，2004（1）：7-13.

营销、销售和服务方面投入的资源。产品定位决定了武术学校应在教学训练质量方面投入的资源。办学模式定位则决定了武术学校在各个内部流程环节与管理机制方面应投入的资源。发展定位是民办武术学校一系列办学管理决策的基础，目标顾客定位是武术学校营销决策和销售渠道决策的基础，办学模式定位决定了武术学校的人力资源决策、业务流程决策和组织结构决策等。① 因此，做好发展定位是政府引导我国民办武术学校转型升级的前提和基础。正确的发展定位将保证武术学校获得和保持办学优势，以尽可能低的成本实现学校的发展目标，而错误的定位则很容易使学校做出一系列低效甚至是自相矛盾的经营决策，浪费宝贵的资源，影响学校办学绩效，甚至危及武校的生存。

任何武校都有必要根据办学环境特征和自身实力条件，在正确的发展方向理论和方法的指引下，做好学校的发展定位工作，为获取和保持经营优势，最终实现武术学校发展的目标迈好第一步。发展定位导向是武术学校的指导原则和价值取向。武术学校的发展定位是在综合分析各种条件、因素、趋势的基础上，通过创造性的预测和谋划，确定学校努力的总体方向和要实现的远景目标，以确保自己在竞争中处于优势地位。

（二）健全保障体系，优化人力资源

现代武术学校的边界日益扩张，民办武术学校在集团化、集群化发展的带动下，要将优秀的办学传统、校园文化精神、教育思想理念、师资优势、课程教学、社会影响力等教育资源配置到不同区域甚至不同国家。政府对民办武术学校转型升级的引导要从国际化的角度进行战略谋划，但战略谋划和实施必须以自身的现实情况为基础，从区域战略转型做起。首先，要重视学校的教学质量和学生出路。因为家长和学生在选择武术学校时最为注重孩子成才的问题。一些卓有成效的武术学校致力于提高教育质量，同时广开门路、为学生提供更好的升学、就业出路。其次，重视业务流程管理和整合业务功能。民办武术学校要从各自为政的家庭作坊式管理模式转向现代专业化基本业务流程，以现代化、多样性引领办学新格局，促进教育资源的整合和业务功能的增强，推进教育均衡化的发展，一些大型的武术学校要转型建设成为涵盖义务教育、中等职业教育、高等教育在内的新型武术教育集团。最后，要重视关系建设和竞争导向。民办武术学校应该主动出击，采取家长式的教育管理培养家长和学生的忠诚度，从交易过程转向关系建设。一些武校已建立起了比较完善的家校联系机制，有条件的武校还会邀请家长参与到学生管理中，使武校和家长、学生建立

---

① 成海清. 基于顾客价值导向的战略定位研究［D］. 天津：天津大学，2006.

了和谐融洽的关系。

高水准的办学运营必然需要高标准的后勤保障，政府在引导、监督民办武术学校办学管理上，要强化民办武术学校的后勤服务意识，为学校的教学、训练、生活提供优质高效的服务。在硬件设施监管上，要跟踪落实学校工程建设、校园绿化和硬件配套的立项审批、设计预算、招标建设等工作，要完成现有教学楼、学生宿舍、教工宿舍的修缮加固工程，逐步配齐教学训练设备，完善训练场馆和生活设施的建设。在软件体制构建上，要制定管理层机制，明确内部管理体制和职责，加强学校安全保卫工作，建设平安文明校园。

随着民办武术学校办学规模的不断扩大，从数量角度来看，在校生人数持续增长，尤其是境外学生数量的不断突破，必然也要求民办武术学校建立与之相匹配的教师教学、学校管理以及后勤保障的配套和支持。与此同时，学校也面临着控制人力成本、提高人力资源利用效率、提升办学效益的生存压力、在数量与效益、生存与发展的抉择中把握人力资源发展的总体方向。从质量角度看，必须重视学校人力资源的发展质量，拥有一支训练有素、专业过硬、师德高尚的师资队伍是提高学校教育质量和办学水平的关键。从结构角度来看，组织规模的扩大也影响着组织中各个相关职能模块功能和结构转变。在集团化发展的思路下，民办武术学校教育人才、管理人才以及后勤保障人才之间在结构比例关系上同样需要顺应调整，因此在制定人力资源规划时，需重视对不同人才在学校内部所占的比重及其相应关系的考虑，要兼顾各职能部门自身的发展现状和实际需求，在人力资源的专业结构、年龄结构、学历结构上实现匹配。从人力资源专业的结构角度来看，由于各武术学校的办学层次不同，鉴于各职能部门所面对的学生群体在学龄上的差异，学校在制订人力资源规划时要与各部门的现实需要相适应。

（三）多元化产业创新协同发展

随着近年来"体育强国""全民健身"战略建设工作的不断深入推进，武术文化产业中的中介机构、信息咨询、广告传媒、投融资平台和公共服务平台建设得以加强，武术产业发展链条逐步拓宽，各省市的武术文化产业园区建设也日趋完善。其中，河南省登封市在武术教育、武术产业、武术旅游、武术演艺等方面都走在全国前列，"少林武术"已成为河南省重点打造的职业教育知名品牌，功夫文化、修学旅游与武术产业基地等品牌建设也在积极推进中。在20世纪90年代末的统计数据中，全国各类武术馆校达10000余家，这一数字比全国所有其他业余体校的总数还要多几倍。民办武术学校遍布全国各地，但影响较大的武术学校集中分布在河南、山东和湖南三省。当时的保守估算，民办武术学校在校学生达到近百万，产业总量突破 1200 亿元。① 虽然中国是武术的发源地，国内的生产经营武术用品的企业也非常多，包括登封很多武术学校都有自己的校办武术用品产业，但多是粗放型生产经营，在产品开发和营销市场，我们国内的品牌和产品表现出知名度低、技术含量低。例如，日本的武术用品主要由世界知名体育运动品牌"艾斯克斯"负责研发生产，仅一双普通款太极拳训练鞋，零售价就高达 1500 元，而国内市场生产的太极拳训练鞋大多在 100元左右。《国务院关于加快发展体育产业促进体育消费的若干意见》（国发〔014〕46 号），将"全民健身"上升为国家战略，并提出了进一步加快发展体育产业，促进体育消费的具体指导意见。

武术本体产业是以武术文化资源为开发基础直接进行生产经营的活动，主要包括武术培训、竞赛、表演等。在武术培训方面，随着全民健身的持续升温，人们亟须科学的体育健身指导，这也对武术提出了新的要求，建立科学、规范、标准、有效的武术运动技术体系，满足人们强身健体的愿望，以实现对武术文化的生产性保护，创造经济价值。竞赛和表演是宣传推广武术的主要手段，国际武术比赛、武术节等大型赛事的举办不仅赢得了世人的眼球，还创造了巨大的经济价值。武术产业集群是武术产业发展的必然趋势，武术产业核心竞争力的提升离不开完善而高效的文化产业集群。

民办武术学校在产业化协同发展方面，应主要从以下几方面进行转型布局：一是大力发展民办武术学校校办产业，提高自主研发能力和产品质量。除了传统的服装、器材、音像、书籍等武术用品外，武术学校还要积极兴办其他校办产业，与信息产业、数字媒体、动漫产业、创意产业等融合合作，开发出基于互联网、知识技能手机的新教育产品。不仅致力于把校办产业规模做大，还要提高自主研发和创新能力，努力提高武术产品技术、质量、档次，形成武术学校自己的品牌，提升学校武术品牌推广与传播的国内外影响力，将学校的武术教育优势转换成产业集聚的经济优势与产业优势。

河南省登封市鹅坡教育集团，是由少林鹅坡武术专修院发展起来的，其下辖有酒店、连锁超市、餐饮、武术表演等单位，其中鹅坡禅武大酒店是鹅坡教育集团按四星级标准投资兴建，集武术文化展览、住宿、餐饮、演艺、娱乐、购物、会议接待于一体，总面积近三万平方米。② 美真宜商贸有限公司主要从事

---

① 中国武术馆校总览编委会. 中国武术馆校总览［M］. 北京：北京体育大学出版社，2006：18.

② 少林鹅坡教育集团［EB/OL］.（2016-11-16）. http：//www. shaolinepo. com.

农副产品、百货等商品的批发与零售业务的连锁经营机构，固定资产 5000 万元，年销售额突破 6000 万元。这些下属子公司已具备反哺少林鹅坡武术专修院的能力。河南省登封的武术学校依托少林寺景区，围绕建设少林武术城、少林影视城、少林禅街、少林功夫展示中心等发展战略规划进行协同发展，使登封武术学校成为国际性的武术文化研究传播基地。由鹅坡武术教育集团投资 5000 余万元建成的"少林武术文化博览中心"，是一家集少林武术科研、展览、训练、表演等为一体的综合性场所，不仅是"少林武术城"的标志性建筑，还是全国二十大体育景观之一。① 此项建设就是登封武校在传承少林文化的基础上实现创新发展的新举措。

二是推进武术职业联赛进程，加强武术俱乐部发展。市场经济发展下，武术竞赛市场、武术表演市场、武术劳务市场、武术文化市场、武术商品市场等不断扩大，人们对武术消费意识及消费能力不断提高，武术俱乐部作为一种新的组织形式，是实现武术产业化和武术社会化的有效方法，是武术发展的大势所趋。② 民办武术学校在中国武术界举足轻重，应该积极推进武术职业联赛进程、开创连锁武馆、组建各种形式类型的武术俱乐部，促进武术竞技产业化发展和大众化发展。目前，国内一些武校的青少年体育俱乐部正在积极地发挥市场化作用。近些年来，我国国内武术搏击赛事发展迅速，武术搏击产业如雨后春笋般蓬勃发展，以《武林风》《昆仑决》为代表的武术搏击赛事更是让中国进入了武术发展的全新时代。

在国家大力倡导发展体育产业的大背景下，推进武术职业联赛发展，有利于大众传播，不管是业余武术俱乐部还是职业武术俱乐部，武术赛事的策划与运作都是必要的。既要有拳种内部竞技，又要在不同拳种之间较技，还要促进和不同国家搏击术的较量，如此方能促进武术技艺水平的不断改进与提高，促成传统武术的繁荣，开拓我国民办武术学校发展的广阔天地。此外，武馆和俱乐部是向社会群众传播武术文化、开展武术教育培训的主要形式，在全民健身的国家战略下，武术俱乐部、武馆发展将是我国武术学校转型升级的主要举措和重要途径。

---

① 登封谋划"世界功夫之都"欲组建十大武术集团 [EB/OL]. （2011-11-25）[2015-12-16]. http://news.sohu.com/20111125/n326824357.shtml.
② 林枝波. 武术教育集团发展的调查研究 [D]. 北京：北京体育大学，2011.

第五章

自主办学理念下的二元权力调适

民办武术学校管理也是一个充满着权力博弈、利益争夺和机制转换等资本运作的世俗战场。民办武术学校管理的焦点表现为专业权威下的自主自治和科层权威下的行政权力之争。随着社会权力结构逐渐向现代分权型的结构过渡，行政主导的科层组织与专业权威统领的专业技术结构必定要从分立走向并重、平衡阶段，并最终形成民办武术学校自治所赖以实现的专业组织结构。在这一背景之下，要使民办武术学校走出科层化困境并与自主办学理念的追求相协调，就必须在对民办教育进行深入认识的同时，对行政管理的科层体制做出适当的变革，以适应民办学校的组织特性，从而调动民办武术学校的办学自主性和积极性。

第一节 江湖秩序，谁主沉浮：民办武术学校竞争冲突

一、江湖乱象：恶性竞争引发的激烈冲突

（一）生存困境与竞争格局

"天下风云出我辈，一入江湖岁月催。皇图霸业谈笑中，不胜人生一场醉。提剑跨骑挥鬼雨，白骨如山鸟惊飞。尘事如潮人如水，只叹江湖几人回。"黄霑的一首《人生·江湖》恰似抒写了中国武术学校风起云涌的江湖豪迈。20世纪80年代，电影《少林寺》的上映掀起了全民习武的热潮，民办武术学校应运而生、急速增长，并呈现出浓厚的地域武术特色。以河南省为例，众所周知，"天下武功出少林"，少林武术源于嵩山少林寺，少林拳系涵盖了北方的大部分拳种，并对其他诸大拳系产生了重要影响。而在仅一河之隔的黄河之北"世界第一健身运动品牌"——太极拳的发源地河南省温县陈家沟，据统计，全国挖掘整理的129个武术拳种中，河南就有40余种。在全国的88个"武术之乡"中，河南就占据了8个，登封和温县还在2011年被评为"最受全球网民关注的中国武术之乡"。"世界

武术看中国，中国武术看河南。"换句话说，河南武术发展的好坏，对中国武术，乃至整个中华优秀传统文化的发展都会造成很大的影响。① 河南省武术学校的数量和习武人数位居全国之首（鼎盛时期曾达到 600 多所，仅登封市就达到了百所之上），并拥有全球最大规模的武术学校——少林塔沟教育集团。② 无论是在武术技艺和武术文化的传承教育方面，还是在办学规模、院校管理等方面，都可以从侧面代表和反映着中国武术教育的发展进程。

登封市武术管理中心主任王松伟说："电影《少林寺》在全国热映时，可谓是万人空巷。少林武术的走红，慕名而来的武术爱好者从全国各地如潮水般涌入登封，当时登封武管中心的走廊、楼梯上都有人打地铺。那个时候，没有什么正规的武术学校，大都是师父带徒弟，一个师父能带十几个徒弟就很了不起了，连个校舍也没有。一直到 20 世纪 80 年代末，登封大大小小的武术学校超过了 100 多所，学员也有万余人。从登封到少林寺，堪称'三步一馆，五步一校'。后来乱办武校的现象非常严重，政府便开始进行办学资质审批，并通过示范课、目标考核等方式引导武校发展……"针对民办武术学校急速增长下存在的管理冲突和办学乱象，2000 年，公安部、教育部和国家体育总局联合发布《关于加强各类武术学校及习武场所管理的通知》，集中整治民办武术学校办学行为。

随着武术热潮的日益冷却，文化教育受重视程度日益提高，公立学校对武校的冲击很大。急速的社会发展转型期，人们的生活方式发生了巨大转变，外来体育项目的强势入侵，打破了中华民族原有的文化生态平衡。据国家体育总局资料显示③，20 世纪 80 年代初期，武术是民众健身运动锻炼的首选体育项目，而到了 20 世纪 90 年代中后期，跑步、健美操、游泳、球类等以西方体育为主的锻炼方式开始逐步受到民众的追捧。时至今日，人们更加推崇的是休闲体育运动和能够把玩所谓他国文化品位的舶来体育项目，瑜伽占据了白领阶层，高尔夫成为中国权贵精英的宠儿，跆拳道毫无保留地赢取了中国青少年的心，我们仅能见到的就是公园里还有在打太极拳的老年人。加之现在社会上大多是独生子女，孩子越来越少，也越来越娇气，很多家长舍不得把孩子送到武校。生源的急速下降，使民办武术学校的运营举步维艰，武术学校发展的空间格局发生了巨变，由遍地开花逐渐转向突出地域文化特色。华夏大地的版图上闪耀着光辉灿烂的文化，包括各地域孕育的风格各异的武术文化，南拳北腿、东枪

---

① 中国武术百科全书编撰委员会. 中国武术百科全书［M］. 北京：中国大百科全书出版社，1998.

② 河南省武术运动管理中心内部资料。

③ 国家体育总局官网［EB/OL］.（2016-03-16）http：//www.sport.gov.cn.

西棍、北弓南弩讲究是地域武术文化的真实历史写照。① 中原大地文化丰厚的少林与太极，巴山蜀水"五花八叶"的峨眉风格，岭南拳派朴实无华的实战技击……各地武校办学者也根据鲜明的地域文化展开了新一轮武术教育空间争夺。

在我国武术学校 30 多年的发展历程中，整体规模数量较大，但教育教学水平不高，而且武术学校较为集中在同一地区，学校专业设置又大都相同或相近，造成了教育资源严重浪费，对外竞争力不强。根据哈佛商学院迈克尔·波特提出的"行业五种竞争力模型"（如图 5.1 所示）我国民办武术学校存在的各种竞争力量主要包括各武术学校之间的竞争、潜在进入者威胁（有意向发展武术特色教育的我国大型教育集团或学校）、替代品威胁（主要包括普通中小学、体校、职业教育以及武术培训市场和境外武技项目等因素）、供应方压力（主要包括教练、教师等因素）、需求方压力（包括学生、家长、用人单位、社会、政府等因素）等五大力量，各方力量的角逐形成了我国民办武术学校新的竞争格局。对民办武术学校来说，其竞争目标应是在教育培训行业中能够找到一个位置，在这个位置上，学校要能够较好地防御五种基本竞争力量，抑或是武术学校能够对这些基本竞争力量施加影响，使它们有利于自身发展。因此，武术学校在办学经营时，应透过现象抓住本质，分析每种竞争力量的来源。对竞争压力基本来源的分析，将有助于弄清楚学校存在的优势和劣势，有助于寻求在该行业领域中的有利地位，有助于弄清楚外部环境发生变化时会产生巨额开支的领域，以及对机会或威胁可能具有重大意义的行业动向方面的问题。

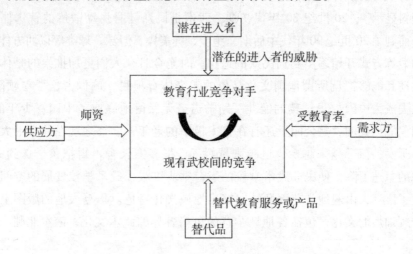

图 5.1　民办武术学校行业竞争力模型

---

① 郭志禹. 中国地域武术文化 ［M］. 北京：学苑出版社，2013：16.

（二）恶性竞争与不正当竞争

恶性竞争是指集群企业通过价格降低甚至低于成本价格销售的方式来获取市场份额的行为，恶性竞争会消除集群企业的内在激励，造成对集群整体状况的破坏。① 恶性竞争给行业发展带来的严重后果是显而易见的，恶性竞争会削弱企业的发展实力，会降低整个行业产品的质量和服务水平。削弱了企业技术开发和产品创新的能力，增强了对价格战的依赖性，不利于实现行业的规模经济效益，影响到整个行业的运行，造成了企业和社会资源的巨大浪费。② 而不正当竞争是法律规范上的划分，我国也颁布了《中华人民共和国反不正当竞争法》，规定经营者以及其他有关市场参与者采取违反公平、诚实信用等公认的商业道德的手段去争取交易机会或者破坏他人的竞争优势，损害消费者和其他经营者的合法权益，扰乱社会经济秩序的行为被视为不正当竞争。法律规范界定的不正当竞争行为无疑是一种恶性竞争，但是在民办武术学校的管理实践中，并不是所有的恶性竞争都违背了法规的限定，一些竞争行为并不超越法规，但是可能违背了社会伦理和行业规则与传统，并对社会或其他竞争者造成了恶劣的影响和侵犯。加之立法模式上采取合并式、管辖范围过窄、实行以行政控制为主的执法模式，执法存在着较多的自由裁量权，政府机构的监管职能存在着较多的可操作空间等③④，民办武术学校不得不面对时有发生的恶性竞争行为。

受中国传统武术界唯我独尊、各自为政的门派陋习影响，民办武术学校之间很少相互交流与合作。除了在价格（主要是学生的学费）上存在不正当竞争外，其他"阴招""暗箭"也层出不穷。公道已不在人心，是非更在乎"实力"。与公办学校"挖教师""抢夺优秀生源"等无序竞争现象相比⑤，武术学校间的生源之争显得更加露骨、激烈。行业竞争，本来无可厚非，发展到恶性，刀兵相见，甚至是价格残杀，必然会削弱学校的发展实力。恶性竞争与不正当竞争严重损害了民办武术学校的整体形象和社会公信力，其结果是给整个行业的发展带来消极影响。如果背信弃义，采取一些不正当的竞争经营方式，虽然有可能在短时间内获得利益，但随着学校不断壮大，有损声誉的行为终将阻碍

---

① 姚伟坤，周梅华. 从集群恶性竞争到集群品牌竞争 [J]. 华东经济管理，2009（8）：74-77.
② 徐红梅. 我国市场恶性竞争产生的原因及影响分析 [J]. 理论导刊，2004（9）：42-43.
③ 陈福初. 论我国《反不正当竞争法》的缺陷及其完善 [J]. 经济经纬，2007（3）：158-160.
④ 张祥建，郭岚. 政治关联的机理、渠道与策略：基于中国民营企业的研究 [J]. 财贸经济，2010（9）：99-104.
⑤ 顾明远. 学校亟须抑制抢生源的恶性竞争 [N]. 中国教育报，2017-01-05.

民办武术学校未来的长远发展。

二、武术学校的生存法则：胜者为王败者寇

（一）物竞天择，适者生存

《天演论》第一篇《察变》曰："物竞，天择""此万物莫不然，而于有生之类为尤著。物竞者，物争自存也，以一物以与物物争，或存或亡，而其效则归于天择。""天择者，存其最宜者也。"① 达尔文在《物种起源》中提出了"物竞天择，适者生存"的核心思想，英国人托马斯·亨利·赫胥黎作为达尔文进化论最杰出的代表，在其著作《进化论与伦理学》中将这种思想从生物学引申到社会学。我国近代著名的翻译家严复的《天演论》译自《进化论与伦理学》，正式提出了"物竞天择，适者生存"的词句。人类社会的"物竞"，可以说"尤著"于自然界。人与人，商品与商品，技术与技术，团体与团体，政党与政党，思想理论与思想理论，制度与制度，体制与体制，政策与政策，方法与方法，竞争何其激烈。任何人、任何团体、任何政党、任何政府，都要受到"天择"；任何模式、任何体制、任何制度，都要受到"天择"；任何理论、任何思想、任何方针政策，都要受到"天择"。成为"天择"的"最宜者"，才能生存，而不会被淘汰。② 这是自然界的公理，也是人类社会发展的规律。

随着武术热潮的日益冷却，民办武术学校的生源在不断萎缩，大量武校销声匿迹。

湖南新化东方文武学院院长晏西征回顾道："我是从 1980 年开始筹办武术学校的，1982 年学校开始正式招生。可以说学校跟随着中国武术发展的步履前进，见证了中国武术的飞速发展。那时候《少林寺》对武术发展起到了很好的作用，我开办武馆之初非常困难，也打不起广告，但《少林寺》起到了很好的宣传作用，来习武的人络绎不绝，生源不断，很多人还是从黑龙江、海南、福建等遥远的地方来到我们小小的新化县，来到我们的武校学武。学校发展到顶峰时期，不用做任何宣传和广告就可以保证在校生两三千人。但现在不行了，文化教育受重视程度日益增高，家长都想让孩子上个大学，公办文化学校对咱们武术学校的冲击很大。"

释小龙武术学校校长陈同山认为："现在办武术学校，首先得扩大办学规模，学校的硬件设施要好，这是办学实力的外在表现。如果上不了规模，硬件

① 赫胥黎. 天演论 [M]. 严复，译. 北京：科学出版社，1971：6.
② 周一平. "物竞天择，适者生存"今解 [J]. 探索与争鸣，2003（8）：29.

设施不好，就没有竞争力。少林寺以前有 100 多家武术学校，现在还剩 40 多家，一些小的武术馆校通过竞争被淘汰了。其他地方也一样，那些办学规模小、教学条件和教学质量都不行的学校，早晚是要被淘汰的。"

《中国消费者报》曾报道，在重庆，已有 22 年历史的江龙武术学校在没有任何征兆的情况下，突然通知学生家长学校不办了，致使 200 多名学生顿时陷入失学困境。江龙武校曾经有过辉煌的历史：1991 年，该校由重庆市武术协会副主席代发泽投资上千万元创办，是以武术教学为特色的重庆规模最大的寄宿制民办学校之一。学校作为知名民办学校，曾经也是风光无限，鼎盛时期，学校学生达到上千人，不少家长要通过"走关系"才能把孩子送进学校，而近几年却一落千丈，由于生源不足，被迫停办关门。[①] 在全国，类似的武术学校情况不在少数，由于竞争激烈，生源不足，办学开支增大，部分武术学校举步维艰，难以摆脱经营困境，一些武术学校连年亏损，入不敷出的情况确实存在。武术学校生存危机，甚至是关门停办是多方面原因造成的。武术学校投入大，收效慢，倘若资金短缺，就只能低水平运营，这不仅严重阻碍武术学校办学水平的提高，还直接面临生死存亡的威胁。

正如山东莱州中华武校校长李明治所说："'武术热'时，国内武术学校有 1 万多所，我当时就感觉，不应该有如此多的武校，那只是暂时的现象，随着市场的成熟、资源的整合，优胜劣汰，我想几年以后，武校总数会逐渐减少，好的武校会更好，而许多中小型武校则会被淘汰。"

不论大武校，还是小武校，只要是正当合法经营，传承文化，教书育人，都应该有存活下去的理由。我们爱武术学校，它们披荆斩棘、一路艰辛，为社会发展做出了那么多的贡献，值得每一个受益于它的人尊敬爱戴。但不得不面对的现实就是，民办武术学校如果不能顺应时代发展需求转型变革，更好地服务社会，就意味着可能会被时代淘汰，湮没在历史的尘烟中。生源是武术学校的生命线，是办学经费最主要的来源。武校生源质量又在很大程度上影响甚至决定着武校教学的效果与质量，高素质的生源对于武术学校提高教学质量有积极影响，有助于学校树立良好的品牌和社会形象。在生源不断减少的大背景下，我国民办武术学校未来的发展面临着严峻的挑战，迫使学校领导者增强危机意识，做出战略转型决策，内强素质、外树形象，保持自身的竞争优势而不被"天择"。

---

① 刘文新 . 重庆江龙武校突然关门，两百学生顿陷失学困境［N］. 中国消费者报，2013-07-10.

（二）案例描述：一个武校的霸主地位

河南省登封市少林寺塔沟武术学校（简称"塔沟武校"）位于中岳嵩山脚下，经过40多年的发展，目前已经成为一家融少林塔沟武术学校、嵩山少林武术职业学院、少林中等专业学校、少林中学、金塔汽车驾驶学校、塔沟武校青少年体育俱乐部等六个教学单位和郑州神武少林武术用品有限公司等为一体的武术教育集团，简称少林塔沟教育集团。塔沟武校由出身于武术世家的著名拳师、中国民间文化杰出传承人、武术九段刘宝山先生于1978年创办。随着改革开放的春风吹满中华大地，1982年上映的《少林寺》一下点燃了整个武术市场，全国范围内掀起了一股"少林热""武术热"，武术学校遍地开花，仅登封市开办的武校就一度达到近百所。塔沟武校从家庭作坊式的发展模式逐渐过渡到以学养学、以产养学、转制发展、挂靠发展，最终发展成为教育集团。可以说，塔沟武校的发展历程就是近代中国武术学校发展史的缩影，塔沟武校是业界的楷模和领头羊，国内众多武校的开办，都竞相模仿塔沟武校的经验，国内外许多武术学校的校长、教练也都毕业于塔沟武校。[1]

目前，塔沟武术学校占地面积2300余亩，建筑面积73万余平方米，练功场地45万平方米，大型练功房23座，文化课教室600多个，有设施一流的多媒体教室、语音室、生理化实验室、微机室、图书馆等。武术教学设有套路、散打、拳击、跆拳道、武术表演、太极、养生、泰拳、综合格斗、影视培训、保安保镖培训等专业，有武术教学班800多个。文化教学有全日制普通中学、半日制中小学和中专、学历性大专和本科以及被国家汉办确定的汉语国际推广基地，已形成了从幼儿班、小学、初中、高中、中专到大学和国际教学的完整教学体系。现有在校师生3.9万余人。文化教学方面，学校严格按照国家教育部颁发的教学大纲开设课程，规范学习内容，长期坚持正规系统的全面教育，注重素质和专业技能教育，使学生在德、智、体、能等方面得以全面发展，连年被主管部门评为"教学一等先进单位"。2014年，学员通过中招、高招和体育单招考试，先后被全国各专科、本科院校录取，升学率达86.7%，由于成绩突出，塔沟武校被河南省教育厅评为"投资规模较大民办学校"，少林中学、少林中专、职业学院分别被郑州市教育局评为"民办教育十佳学校"。多年来，学校通过体院单招考试、省市专业队特招、公安武警特招、参军入伍、出国任教、内部安排就业、其他学校任教、外派学员就业等途径，为学生的升学就业创造了更多机会。目前，学校已被确定为河南省散打训练基地、解放军散打训练基地、

---

[1] 少林塔沟教育集团［EB/OL］.（2015-12-16）http：//www.shaolintagou.com.

河南省重竞技运动训练基地、河南省拳击跆拳道训练基地、特种兵征兵基地、河南大学体育学院生源基地、河南大学体育硕士专业学位研究生教育实践基地、成都体院武术系教育实习实训基地等。办学至今，学校为社会培养了15万余名文武兼备的复合型专业人才，学生升学和就业率达86%以上。①

办学至今，塔沟武校始终秉承以文化教学为基础，以武术教学为特色，以培育英才为根本的教学理念，坚持"文武并重，德技双馨，传少林真功，育全新人才"的办学宗旨，在武术竞技、武术表演、文化教学、人才培养等方面都取得了优异的成绩。为了更好地弘扬和传播少林武术，塔沟武校武术艺术表演团应邀到世界80多个国家和地区进行武术教学和表演，2003年至2015年连续13年参加中央电视台春节联欢晚会并5次获奖。学员还先后参加了雅典奥运会闭幕式会旗交接仪式、上海世界特殊奥林匹克运动会开幕式、北京奥运会和残奥会开闭幕式、广州亚运会开幕式、南京青奥会开闭幕式等大型活动的演出，并得到了习近平、李长春、刘延东等党和国家领导人以及导演张艺谋、陈维亚、张继钢的高度评价。迄今，塔沟武校共参加国内外重大武术比赛780多场次，共获得奖牌9872枚，其中金牌4799枚；获得奥运、世界和国际级冠军506人次，获得全国冠军769人次，在全国性大型武术赛事中获得42次团体冠军。在河南省重大赛事中连续27年获得散打比赛团体冠军，连续21年获得拳击比赛团体冠军，连续17年获得跆拳道比赛团体冠军，连续17年获得套路比赛团体冠军。学员陈卫刚、李俊丽等先后在第三届至第十一届世界武术锦标赛上获得金牌；学员张帅可在北京奥运会武术散打比赛上，夺得唯一的一枚男子散打金牌；学员刘泽东、孙勋昌、李新杰、孔洪星先后在十四届至十七届亚运会中获得金牌；学员张宇杰、李俊丽、夏瑞鑫、郭亮亮、陈彦召、李新杰先后在第十、第十一、第十二届全运会散打比赛中夺得金牌；学员张开印3次在中泰对抗赛上完胜对手；学员李亚各在南京青奥会上夺得男子散打52公斤级金牌。学校实现了在奥运会、青奥会、世锦赛、世界杯、亚运会、全运会等国内外重大武术赛事上夺取金牌大满贯的目标。② 塔沟武校的辉煌历史和卓越成绩也被誉为中国武术的"塔沟现象"。

四十载的风雨兼程，四十载的辉煌成就。正如总教练刘海科所说，塔沟武校今天的霸主地位，是靠一拳一脚"打拼"出来的。学校把比赛竞技的成绩上升到关乎学校生死存亡的高度，在世界武术比赛上摘金夺银，在武术艺术表演

①　少林塔沟教育集团学校内部文件。
②　少林塔沟教育集团 [EB/OL]. (2015-12-16). http://www.shaolintagou.com.

上技惊四座，参演各种大型活动的规模和次数位居行业之首，奠定了其无可撼动的江湖地位。学校武术艺术表演团先后到 80 多个国家进行武术教学和表演，不断提高少林武术在国内外的影响力，为弘扬和传播中华武术文化做出了不可磨灭的贡献。塔沟武校已经成为登封乃至河南武术文化的名片，有力地推动了中华武术的发展。40 多年来，塔沟武校依托少林武术的优势内外兼修，凭着团结拼搏、奋发向上、勇往直前、不达目的誓不罢休的精神创造了属于自己的武林传奇，更是书写了不朽的教育史诗。

三、难觅正义与光明：道义德行的偏离

（一）传武授艺的伦理道德

武术源于古代狩猎和战争，是搏斗技术与经验的总结。据记载，商代有"拳勇"、春秋时期有"技击"、汉代称为"武艺"等，民国时期上升到政治层面，被赋予"国术"的称号，"武术"一词在清末民初时得以广泛应用。但武术在古代并不是以体育的形态出现，远在春秋战国时便有以技击为生的游侠剑客，近代则有保镖护院的镖头教头、江湖卖艺的艺人乃至以教拳谋生的拳师，武术以一种技击术来体现其社会价值。武术经历代宗师先哲砥砺揣摩、千锤百炼，方历经沧桑、兴盛不衰，它留给后世子孙的不仅是丰富多彩、意蕴深厚的身体技艺，而且其内在的德行修养更是习武者终生追求的崇高品质和理想人格。武德是宏观上约束习武者行为方式的专门用语，有明确的指向性，一旦习武者步入"武术行当"就有责任和义务不断规范自己的言行，修炼自己的品德，并为社会创造一份相应的价值。传统武德所提倡的尊师重道、诚信谦让、守道敬业品质至今仍适用于家庭伦理、社会公德和职业道德。

"伦理"意为品性与气禀以及风俗与习惯。其一般是指一系列指导行为的观念，是从概念角度上对道德现象的哲学思考，它不仅包含着对人与人、人与社会和人与自然之间关系处理中的行为规范，而且也深刻地蕴含着依照一定原则来规范行为的深刻道理。狭义的伦理被认为是人们心中认可的社会行为规范，指人与人相处的各种道德准则。① 中国伦理思想以儒家为核心内容，孔子儒学《礼记》在血缘、宗法的人伦关系之外，又摄入某种非血缘的人伦关系和超社会的人与自然的关系，建筑了更宽广的"礼"的伦理关系范围。《礼记》拓宽了"君君、臣臣、父父、子子"的主要以血缘和宗法为基础的人伦关系范围，非血缘的"师"，超社会的"天"与"地"也进入人的伦理生活中，成为需要人对

---

① 沈善洪. 中国伦理思想史［M］. 北京：人民出版社，2005.

其承担如同对君、父一样的道德义务和责任的伦理对象，所以《礼记》说"师无当于五服，五服弗得不亲"，天、地、君、师、亲，儒家的伦理范围至此就完全确定了。① 武术界非常重视师承关系，并体现了"尊师重道"的儒家思想。强调"凡吾习武之徒，必须以贤为师，谦虚好学，尊敬师长，崇扬武德"。

"武术界虽然讲'一处投师百处学艺'，但原则上师父在世就不能再拜其他师父。一个徒弟进两个门，学同一种拳术是犯武林大忌的，但不是同一个门派的可以拜师，拜其他师父之前必须取得师父的同意。"正是在这种严格、特定的师承关系约束下，才使得武术在民间广泛传播与发展。

虽然武术界存在墨守成规、故步自封的门户之见，但凡设场授徒、开馆传艺的拳师必然遵循"五湖四海皆兄弟，天下武林是一家"的江湖道义，凡事"以和为贵"，极少出现电影电视中练武人"踢馆、踩场子"等不仁不义之场面，即便是比武切磋，也有武林规矩。习武之人虽给世人以雷厉风行、豪迈英气的印象，但武者行走江湖实则谦虚谨慎、处处礼让。

被称为"太极一人"的一代宗师陈发科，不仅武功绝伦，而且非常谦逊，谈起武艺，他总是说："我不中（不行的意思）。"与人比试，从不伤害对方。早年，全国摔跤冠军沈三曾与其较技，陈伸出双臂让沈抓住，岂料没有3秒钟，却结束了。沈三撒开手，两人相视哈哈大笑。两天后沈三登门拜谢陈发科留手之恩，沈三竖起大拇指说："陈老师是这个！不但功夫好，品德更好！你们认为那天我们没比试吗？行家一出手，便知有没有。陈老师让我抓住他的两条胳膊，我想借劲借不上，想抬腿抬不起来，我就知道陈老师的功夫比我高多了。他要摔我，一摔一准，可陈老师当众给我留了面子，背后又不宣扬，真够朋友！"事后，弟子中有人问陈："为何不摔他？"陈发科谆谆教导弟子道："己所不欲，勿施于人。一个人成名不易，应当处处保护人家的名誉。"陈发科从不主动找人比武，但有人前来切磋技艺，陈发科也从不推辞，但总是预先声明："你有什么绝技尽管使出来，我若不胜，甚至受伤，不但不怪你，还要拜你为师。至于我，保证点到为止，绝不伤你一根毫毛。"他经常教育弟子："和人推手，发劲要加在胳膊上，不可直接发在身上，免伤内脏；也不能撒手，以防对方跌倒碰伤。"

传统武德深受儒家"仁学"伦理思想的影响。仁学的基本思想是以仁慈、忠厚、善良和爱心来待人接物，处理一切人际关系。仁学构成了武德的主要内容，反映在习武人身上，凡事恭敬谦逊，不与人争，即便是切磋较技，也必"点到为止、留有余地"。金庸的《鸳鸯刀》中，多少人机关算尽，搭上性命，

---

① 崔大华. 论《礼记》的思想［J］. 中国哲学史，1996（4）：22-31.

只为争夺一对无敌于天下的宝刀，到头来秘密却只是一字箴言——"仁"。系列电影《叶问》中，叶问与人比武较技、切磋武艺，都以"点到为止"，反对致伤、致残、致死的招数。武术界历来也有口德、手德、心德、公德的德行要求，武艺切磋讲求"八打八不打"，口诀曰："一打眉头双眼，不打太阳为首；二打唇上人中，不打正中咽喉；三打穿腮耳门，不打中心两壁；四打背后骨缝，不打两肋太极；五打肋内肺腑，不打海底撩阴；六打撩阴高骨，不打两肾对心；七打鹤膝虎骨，不打尾闾风府；八打破骨千金，不打两耳扇风。"① 作为一个武道的研习者要牢固树立防御意识，更要牢记在一般冲突或切磋中，不可对"八不打"部位进行攻击，致人伤残。

陈发科的高尚武德，在武术界有口皆碑。当时民国大学请陈发科去该校教拳，陈发科一问，方知该校数月前聘了一位少林拳师，便说："要我去有个条件，不能因聘我而辞退那位拳师。"后因学校不愿请两位武术教师，他便以自己无教学经验为由，辞而未就，虽然陈发科当时的生活已经很困难了，但这恰恰反映了习武人对名利"不争、不抢、不夺"，处处为他人着想的高尚品质。平时徒弟问哪种拳好，似有贬低其他拳种之意。陈发科总是说："都好。不好早淘汰了。"② 这与电影《叶问》中的一幕不谋而合，金山找大刀阔斧，招招阴狠，最终被叶问以不起眼的鸡毛掸打败后，垂头丧气地说："北方拳，今天，输给南方拳了！"叶问却答："你错了，不是南北拳的问题，是你的问题。"这些行为无不体现出一位武术家待人诚厚、谦逊礼让的"仁爱"品格，讲规矩、留余地、重道义已然是传统武术界历代相传、亘古不变的伦理道德守约。

（二）武德失守的不良影响

中国文化传统素来视道德为根本，其他不过是道德的枝叶。明清之际最重要的武学专著《手臂录》，其中附录《峨眉枪法·戒谨篇》记载："不知者不与言，不仁者不与传。谈玄授道、贵乎择人。"③ 指出武术界选择徒弟首先是人品，其次是资质、悟性等。据北京故宫博物院明清档案资料所载，清康熙年间，曾为京营都司的武探花杨炳在汲取古代军事、兵法思想、儒家思想和"周易"法则的基础上，写出了《习武序》一文，文中记载："凡传教之师，不可重利轻艺，苟授匪人，败名丧德，明有王法，暗有鬼神，可轻泄哉！"武术界历来对择徒授艺是有严苛要求的，如少林派"十不传"具体讲道：人品不端者不传；不

①　乔凤杰. 河南旅游武术文化［M］. 北京：中国旅游出版社，2007：25.
②　北京武术协会提供资料。
③　吴殳. 手臂录·附录［M］. 卷上. 北京：北京师范大学出版社，1989.

忠不孝者不传；人无恒心者不传；文武不就者不传；借此求财者不传；俗气入骨者不传；市井刁滑者不传；骨柔质钝者不传；拳脚把式花架者不传；不知珍重者不传。

明末清初的文学家金圣叹曾说过："老不看三国，少不看水浒。"《水浒传》中的英雄好汉聚义水泊梁山，劫富济贫，替天行道，在当时背景下被看作"义举"，具有很强的凝聚力。但放在当代，就是逞英雄、耍好汉的"哥们义气"。《水浒传》里的各路英雄豪杰大多是以一副侠肝义胆的面目出现，虽然路见不平一声吼的豪爽总是让人觉得痛快大气，但水浒里面的人物太容易冲动，解决问题的方案都是以暴制暴。青少年阶段本来就容易叛逆冲动，做事不计后果，如果在这个阶段不进行正确的思想道德引导，极易造成不良后果。因此，在武术学校的教学训练当中，不仅要加强学生的科学文化知识和武术技能的传授，还要加强学生思想品德的教育。武德作为尚武的规矩，之所以能逐渐形成一种世代相传、被世人推崇和武术各门派所共有或认可的思想观念和行为规范，其最根本的原因，就是这种思想观念和行为规范代表了我国武术界共同的价值观。传统武术在习武、用武、从武的过程中遵循"点到为止""化干戈为玉帛""恃德者昌，恃力者亡"和"尚德不尚力"的道德守约。

武术学校在德育和法制教育方面还较为薄弱，有的学生会在社会上路见不平、行侠仗义，由于法治观念薄弱，加之习武时又正值青春年少、意气风发，个别学生也会寻衅滋事、仗武欺人。由于习武之人普遍义气为重，也很容易被人利用，社会上就会有人轻视地认为，练武之人都是四肢发达、头脑简单，简单粗暴、不可理喻。武术学校在早期成立的时候，重武技轻文化、重训练轻管理，多采用武术教练兼任管理者的模式，教育思想陈旧，一些武术教练对教学训练也停留在传统粗暴的打骂和体罚式教育上，"棍棒底下出高徒"成为行业内不争的事实，以致社会上甚至有武术学校教练打死学生的流言蜚语。

近年来，教练打学生事件曝光之后，武术学校频遭公众诟病。[①] 虽然多数武校采取的是现代化教育，但中国武术的师承传统以及古老的庭院式训诫仍或多或少地影响着现代武校。传统武德留给了世人用之不竭的智慧和财富，如果习武者都能自觉严格修炼自己的"德与技"，遇事严于律己，以理服人，世人必然改变其固有观念。如果民办武术学校都能将武德修养作为自觉的行动，对师生加强武德教育，其社会形象和声誉必将好转。

---

① 搜狐体育．武校"棍棒教学"触目惊心体罚是公开秘密．[EB/OL]．（2012-01-11）[2016-02-16]．http://sports.sohu.com/20120111/n331816730.shtml.

第二节 逝去的武林：传统武术延传与现代科学 教育的承接冲突

一、冲突表象：从"拜师学艺"到"全面发展"

（一）从"拜师学艺"到"以文为主"

从民办武术学校创办的历史背景来看，它是在 20 世纪 80 年代习武热潮盛行时兴起的。在那个时代，学生都是抱着习武的目的而来，拜得名师，习得武艺，傲步江湖。一提到武术，中国人或者向往中国文化的外国人都不陌生。讲到武术，足以让人热血澎湃，天马行空，人们会立马联想到少林、峨眉、武当、崆峒等武林门派，会想到诸如李小龙、李连杰、成龙这样的功夫明星，还会想到铁砂掌、无影脚、《易筋经》、《九阴真经》等绝世武功、武林秘籍……武术，带给人们太多美好神奇的幻想，哪个年轻人没有在青春年少时有过仗剑天下、驰骋武林的年少轻狂，没有做过拥有绝世武功行侠仗义、惩奸除恶的武侠梦？在民办武术学校的孕育期（隐性阶段 1949—1976 年）和创办期（萌生阶段 1977—1982 年），一直还是按照传统武术拜师学艺的教育形式，"拜师"是学习传统技艺的头等大事，中国很多传统的项目都讲究拜师学艺，如戏曲、中医、书法、国画、针灸等传统文化。武术传承更是如此，没有师父就等于"无源之水，无本之木"，严格地说没有师承、师父不算入门。要想成为师门正式弟子，须经过师父几年反复、全面地考察，考察的目的一是决定是否收徒，二是入门后如何有针对性地对徒弟进行教育，确认品行端正，符合条件得到认可后，经人介绍，本人写拜师申请，师父和师兄认可后必须举行隆重的拜师仪式，方才确认为门人，传承技艺。从学习的内容来看，主要是本门派的独特武功和训练方法；学习的形式主要是师父的言传身教、耳提面命，同门之间的技艺切磋；学习的理念以师门的门规戒律、师父教诲为信仰理念和价值追求；学习目标在于传承武艺，将本门武功发扬光大，光耀师门。

塔沟武校创办人刘宝山先生回顾了他当年创办塔沟武术学校的历史和发展过程。刘宝山老前辈出生于 1931 年，祖上就是河南省登封市少林寺塔沟村人，由于家境困难，于清顺治年间（1638—1661 年）就给少林寺当佃农，祖上多人出家少林寺为僧，禅武兼通。从那时起，刘氏子孙就到少林寺习武，有的还参与寺院的管理，与少林寺和少林武术结下了不解之缘。刘宝山自 6 岁起跟随祖父刘发泰和父亲刘景文习武，因天资聪颖，练功刻苦，年轻时就已系统地掌握少林拳械技理。刘宝山武艺高超、武德高尚，被当地群众赞为"少林侠"，慕名前往与他交流切磋武艺的人络绎不绝。据刘老前辈回忆，当年，塔沟村来了一个外地人，自己背着面粉，非要学武艺，刘宝山走到哪里他就跟到哪里，后来刘宝山就收下了这个徒弟，同年刘宝山又收了个徒弟，徒弟吃住习武都在师父家里，塔沟武校就这样办了起来，最开始的地点就在少林寺入口处的两间窑洞里。在计划经济时代，徒弟（学生）的"学费"就是帮刘宝山家里干农活，家庭作坊式的办学模式就这样产生了。塔沟武校办了4年，没有收过一分钱学费，到了1982年，徒弟收到了二十几个，家里的粮食不够吃，养活不了了，刘宝山才开始小心翼翼以每年5元、10元、15元的标准收费，为了更好地传承少林武学、培养人才，刘宝山在三间草屋里办起了武术培训班，就这样慢慢滚动发展了起来。有一次，刘老前辈还问当时的登封县县长，自己收徒弟收学费算不算违法，算不算搞资本主义。县长笑着告诉他，社会主义和政府是支持教育发展的。随着改革开放的春风吹满中华大地，1982年上映的《少林寺》一下点燃了整个武术市场，全国范围内掀起了一股"少林热""武术热"，武术学校遍地开花，塔沟武校也从家庭作坊式的发展模式逐渐过渡到以学养学、以产养学、转制发展、挂靠发展，最终发展成为教育集团。

民办武术学校创办之初就是师父带徒弟的师徒传授模式，逐渐发展成为家庭作坊式的教育模式。受教育者起初选择武术学校也多只是出于爱好、热情和一技傍身的需求。在特定的时代背景下，大大小小的武术学校为了满足这种迅速膨胀的市场需求应运而生。随着科教兴国战略的全面落实，政府加强了对民办武术学校的监管，出台了相关政策和管理办法，制定了办学标准，还对已办的武术学校等进行了检查验收，民办武术学校的发展从膨胀期（兴起阶段1982—1995年）走向了正规期（规范阶段1995—2000年）。公安部、教育部、国家体育总局在2000年7月联合下发的《关于加强各类武术学校及习武场所管理的通知》明确指出："武术学校是指经县级以上教育行政部门按照学校设置标准设立，实施武术理论教学、进行武术技能训练，具备颁发学历文凭资格的各级学校。"首次明确了武术学校与习武场所的区别。自此，民办武术学校的办学性质、模式和范围，包括其具体的教学形式、内容、理念、培养目标等都发生了巨大变化，最为显著的就是其办学主导思想和课程设置从"武艺传承"到"以文为主"而引发的一系列矛盾与冲突。

随着民办武术学校组织交往范围的不断扩大，其管理冲突的范围也随之扩大。在市场经济条件下，教育服务提供者（武术学校）必须满足受教育群体

（学生）的需求和消费者（家长）的希望。因为在知识经济时代，家长不希望孩子只是一介武夫，希望孩子有文化知识，以后能够成为有用之才。著名武术言论家、《中华武术》原主编昌沧指出，武术学校要以文为主，一是社会竞争日益激烈的需求；二是为了满足学生家长"望子成龙""望女成凤"的需求；三是武术自身发展的需要。① 作为政府，不希望武术学校轻视文化课教学和德育培养，为社会培养新一批的"文盲"，这样的教育产出在竞争激烈的社会中是找不到工作的，甚至还会给社会治安带来危害。

这些需求的转换给老一辈的武校创办者带来了不小的冲击，因为武术学校的创办者大多是民间武术家或专业武术运动员出身，对办学及文化教育事务并不熟悉，只能从外部聘请文化课老师，而这些教师大多是刚毕业的没有教学经验的年轻教师，或是来自公办教育系统的退休教师，他们学历普遍偏低，应用操作能力较低，工作量偏大，难以确保学生文化知识的学习质量。

随着社会转型发展，传统单一式的体力型劳动被复杂式的技术型劳动所取代，拥有专业学科技能和一定文化水平的人才培养标准显然是大势所趋。为了顺应社会进步和时代发展的需求，民办武术学校开始大力强化文化教育，一改以往"重武轻文"的作风，纷纷提出"以文为主，武为特色"的办学理念，以满足家长对孩子正常学习文化课的希望，从教学时间安排上，也将以往白天习武，晚上学文的"以武术教学为主体、文化课教学为辅"的教学原则转变为白天学习文化课，课间和晚上习武的以文化课教育为基础，重视武术训练。但从民办武术学校发展和管理的内在冲突实质来看，文化课师资水平偏低是其从"拜师学艺"到"以文为主"的办学导向转变中，影响长远健康发展的主要原因。

（二）从"以文为主"到"全面发展"

2006 年起，全国民办武术学校的发展呈现出没落状态，许多武术学校纷纷转型变为以文为主。栗胜夫提出，"以文为主，德育为先，以德治校"的指导思想，深层次地分析了民办武术学校衰落的原因，对文化教学的轻视，对德育教育的忽视，导致武校毕业的学生整体素质低下，给民办武校的良性发展带来消极因素，也对武术的发展产生不良影响。②

湖南省新化东方文武学院院长晏西征说，以前人们对武术学校总是存在着一些偏见，总觉得其他学校教不好的孩子才被送到武术学校来。原来的确是这

---

① 昌沧. 武校（馆）为什么要以文为主？[J]. 中华武术，2002（9）：41-42.

② 栗胜夫，姚丽华，刘卫峰. 我国武术学校发展现状与对策研究 [J]. 体育科学，2003（3）：77-83.

样的情况，不听话的孩子送到我们这里，等到我们把他们教听话了，懂规矩懂礼貌了，家长就会把他们送到其他文化学校里读书去。因为出现了很多这样的情况，所以要求我们必须在文化教育上下功夫。原来我们只重视武术成绩，在全国各种武术比赛中拿金牌拿成绩，现在更要争取升学率，我们的学生也有考上清华、北大的，这样就在武校中具有了很大的竞争力。

从现代社会发展的意义上来分析民办武术学校的教育功能，它不仅要为学生的成长提供符合现代科学技术发展要求的武术技能和科学文化知识，还要培养学生具有适应社会发展要求的能力以及道德品质。这就要求民办武术学校对受教育者实施全面发展的教育。就民办武术学校的使命而言，作为为社会培养专门武术人才的特殊文化教育机构，如何促进学生的全面健康发展是摆在民办武术学校教育工作者面前不得不思考的问题，这不仅关乎学校的发展，还影响着每一个学子的未来。

长期以来，德育、智育、体育、美育和劳动技术教育一直作为我国社会主义全面发展教育的内容。中国古代西周时期提出的"六艺"教育，即"礼、乐、射、御、书、数"也包含了德、智、体、美、劳五育的内容。《中华人民共和国义务教育法》第三条规定："义务教育必须贯彻国家的教育方针，努力提高教育质量，使儿童、少年在品德、智力、体质等方面全面发展。"我国民办武术学校在顺应社会进步和时代发展的需求下，逐渐摸索着从"以文为主"到"全面发展"的教育理念转变。在河南省登封市，坐落着全球最大的武术学校——塔沟武校（现少林塔沟教育集团），学校现有在校师生 3.9 万余人，不仅拥有设施一流的多媒体教室、语音室、生理化实验室、微机室、图书馆等，而且在文化教学方面，学校严格按照国家教育部颁发的教学大纲开设课程，规范学习内容，长期坚持正规系统的全面教育，注重素质和专业技能教育，使学生在德、智、体、能等方面得以全面发展，连年被主管部门评为"教学一等先进单位"。2015年高考，本科上线率83%，2016 年全国体育单招升学率达 94.5%。学校的武术教学设有套路、散打、拳击、跆拳道、武术表演、太极、养生、泰拳、综合格斗、影视培训、保安保镖培训等专业，有武术教学班 800 多个；文化教学有全日制普通中学、半日制中小学和中专、学历性大专和本科以及被国家汉办确定的汉语国际推广基地，已形成了从幼儿班、小学、初中、高中、中专到大学和国际教学的完整教学体系。[①] 实地调研中还观察到，有的武术学校为了提高学校的教育竞争力，满足学生对各种知识的渴求，除了武术特色之外，还开办了书

---

① 少林塔沟教育集团 [EB/OL]. (2015-12-16). http://www.shaolintagou.com.

法、钢琴、美术、英语、棋艺等多种多样的兴趣班，以满足学生全面发展的需求。

随着社会转型期"武术热"的消退和教育市场的竞争越发激烈，民办武术学校不仅面临生源选择的冲击，还面临生源质量低下的窘境。民办武术学校的生源非常复杂，很多是因为家长管不了或没有时间管而被强制送来的，学生不仅不爱文化课学习，在思想品德方面也相对较差，而且大多习武动机不明确，这都给武术学校管理带来了不少的额外负担。① 现在整个社会的家庭人口状况与20世纪80年代初相比发生了很大变化。由于我国计划生育实行了近30年，人口出生率的下降，很多家庭都是独生子女，这一时期的适龄入学青少年的绝对数量较20世纪八九十年代比有较大的减少，去民办武校学习的就更少了。② 由于推行计划生育政策，人们的观念也发生了巨大变化，现在到了独生子女家庭越来越多的时代，不像20世纪80年代初时那样，在农村2~3胎、3~4胎的家庭很多。

在与民办武术学校教练们的交谈中，他们普遍反映，虽然现在国家政策在逐步放开二孩，但往往还是两个大人、四个老人围着孩子团团转，众星捧月，许多家长易生溺爱心理，认为练武太苦，不愿让孩子走这条路。现在的孩子练武吃苦的精神不如从前，更不会像武术热潮时期习武那么积极主动了。

以上这些问题也为民办武术学校在"以文为主"向"全面发展"的转变之路上，埋下了发展和管理的冲突隐患。对于民办武术学校而言，不论是"以文为主"还是"全面发展"，以政府导向为主的对传统"重武轻文"办学思维的纠正，都已经矫枉过正。一些武术学校被政策牵着鼻子走，完全没有自己办学的独立品格和主张，背弃了传统武术文化传承的内在使命，在激流多变的市场浪潮中，一味迎合市场经济的多变需求，价值观和办学理念发生了畸形转变，钻政策的空子，什么教育形式来钱快就办什么，逐渐从武术学校流变为文武学校、武术特色学校、特色武术学校、开设有武术特色课程的学校……渐渐地，一些学校丧失了民办武术学校的立校之本——武术。民办武术学校对"全面发展"实质内涵的误读，致使一些学校把办学重点转向"应试教育"，与那些一味追求升学率的公办学校一起在偏离素质教育的迷途上愈行愈远。那些盲目开设多种兴趣班以发展全面教育的武术学校，兴趣班的师资、教育质量难以保障，

① 王军涛. 河南省武术学校生源现状调查与研究［J］. 改革与开放，2010（6）：106.
② 王智慧. 社会变迁下的民族传统体育文化记忆与传承研究：沧州武术文化的变迁与启示［J］. 中国体育科技，2015（1）：81-95，145.

武术特色教育的品质也被忽视，致使学生和家长并不买账，反而因其投入成本提高而陷入经营困境，有的学校长期办学效益低下导致关门、倒闭。

二、内在根基：传承机制与教育理念的变迁

（一）师徒制：武术传承的文化解读

在我国古代，传统武技多以小范围的地域传授为主体，由师徒之间通过口传身授、耳提面命的方式来掌握武艺之道。① 师徒制是传统武术绵延不绝的主要生命传承形式。"古之学者必有师。师者，所以传道、受业、解惑也。"（韩愈《师说》）学之所成，有赖师教。传统的师徒关系仅次于父子关系，即俗谚所谓"师徒如父子""一日为师、终身为父""生我者父母，教我者师父"。

武术传承遵循儒家"天地君亲师"的伦理序位，构建了模拟血缘关系的家庭结构和传承机制，形成了与"父"同构的师，和与"儿"同构的徒，人们习惯上称呼传统武术的师者为"师父"，受教者为"徒儿"。在这种以宗法制为特点的伦理关系中，以"父"为中心的家族血缘伦理在教育领域实现了以"师父"为中心的全方位身份拟制，并获得道德认同，因此师道尊严。关于师徒制传承中的受众，一般而言，跟师父学过武术可以称为"学生"；正式递帖拜师的称为"入门弟子"；弟子之中敏而好学，窥得堂奥，有所造诣的称为"入室弟子"；入室弟子中与师父关系密切，受到师父赏识的可以称为"得意弟子"；得意弟子中，尽得所传精髓且深受老师器重，师父一般钦定为"衣钵传人"，也有部分入室弟子能够把师父所授发扬光大，且在武林之中有一定影响，而被公认为某某师父的传人的。武术传人大多是得到同门师兄弟首肯或是得到武林同道认可的，没有自封"传人"的。在古代汉语中，"传"和"承"是分离的，并没形成一个固定词语。"传"多用于知识的传授，"承"有接续、继承之义。传承被组合运用首见于日本民俗学家柳田国男的《民间传承论》，是民俗文化的传授和继承，是一种代代相沿的动态过程。②

按照中国人习惯的人际交往方式，如果以自我为基点，那么世上的人大致可以分为两大类，一类是"自家人"，一类是"外人"。自家人的范围主要由家庭内部组成，也包括亲朋好友，自家人以外的人便是外人。这种内外相分的处世方式，投射到传统武术以"师门"为基点的传承关系网上，也就有幸列在师门之内的"入室弟子"和未能登堂入室的"一般弟子"之分，而两者又表现为

---

① 岳武. 拜师论 [J]. 中华武术，2003（12）：27-28.
② 白庚胜. 民间文化传承论 [J]. 河南大学学报（社会科学版），2007（1）：28-34.

择徒过程中的一个前后关系。① "外人"之介入一方面必须模仿血亲传承之相关仪式或祀礼（拜师），借此确立师徒之间的伦理地位；另一方面因为自然血亲义务的阙如，学生需交纳一定实物或货币（礼金、礼物）作为确认、巩固该师徒制伦理关系的对价。

传统师徒制中，师父择徒严循"重德优于重才"之信条，正如《史记·太史公自序》中所述："非信廉仁勇，不能传兵论剑"。武术传承中也有大量谚语涉及对武德的关注，如"未曾学艺先识礼，未曾习武先明德""文以评心，武以观德""缺德者，不可与之学，丧礼者，不可教之武"等。"练武习拳以德行为先"已成为武术界择徒授技的共识。长期以来，德行考量不仅是习武者功夫深浅的标准，还是武林中各门各派挑选、培养传人的基本条件。为端正武风，各拳种门派还制定了许多对现世后人影响深远的门规戒律，如少林寺传授武艺时的"十不传"、习练武艺时的"十禁""十戒"一直沿用至今，仅从内容看，这些都属于少林拳派对其弟子较为严格的清规戒律、行为规范。尽管这些戒约是为了遁迹空门的习武者而定，但对民间习武者的武德礼仪规范也有深刻影响，至今这些戒律在我国武术史上仍占有一定的地位。传统武术文化传承视道德为根本，师徒制中对师徒双方道德品格的严格要求，形成了技艺传承中内化的道德他律，最终习武以悟道，达到明心见性的道德自律。

师徒制传承缘起于我国民间武术，并逐渐发展成为一种固定的文化形态，师徒传承根植于中国特殊的历史文化环境，漫长而封闭的自然经济是武术师徒传承的沃土，严格的家族、宗教、礼仪与封建等级制度是其长久繁荣的根基，师徒传承带有浓厚的血缘倾向和地域保守性。② 拜师的弟子像家里人一样，师父有什么事你要当作自己的事对待，你的事师父也会像对待自己孩子一样关心。弟子入门后的"三节"（端午节、八月十五、春节）、"两寿"（师父、师娘的生日），都应该到师父家中看望。进了师门，师父要对弟子负责，要因材施教，要尽心传授武艺，对学生保密的，对弟子就不保密。弟子对师父也得负责，出去以后弟子的行为表现、功夫展示，社会对门徒的口碑等各个方面都代表着师门，关系着师门的荣辱，所以门下弟子要尽力为师门武术增光添彩。

可以说，中华武术得以继承与发展的根本动因是师徒制传承。"文化影响技术，技术反映文化。"武术作为中华优秀传统文化百花园里的一朵奇葩，必然与

---

① 周伟良. 师徒论：传统武术的一个文化现象诠释 [J]. 北京体育大学学报, 2004（5）：583-588.

② 蔡金明. 传统武术传播的方式与特点 [J]. 体育文化导刊, 2003（6）：35-36.

生俱来沿承了中国的文化精神和历史积淀，武术的整个渊源就是中华优秀传统文化，习练武术就是直观地体悟中国文化，所以这也是它普遍受到世界人民喜欢的根本原因。武术以师徒言传身教的方式世代传承，这种文化承载着中华民族强身健体的智慧，武术的师徒制也体现了中华民族独特的民族精神、思维方式和文化传统。

（二）学校教学：武术传承的延续与突破

1. 满足武术非物质文化遗产传承需要

《中华人民共和国非物质文化遗产法》颁布实施后，全国各地纷纷深入学习并努力贯彻落实。随着非物质文化遗产保护理念逐渐深入人心，传统武术作为中国传统体育类项目的代表也日益受到重视，得到了较好的保护和发展。在当前武术非物质文化遗产保护工作中，抢救保护"濒危"的武术传承人和拳种是迫在眉睫的重大问题。时下，一些优秀的武术传承人年事已高，若不及时将其掌握的武艺与理论通过各种方式存留下来，待到人去艺绝，就会造成不可弥补的损失。另外，对于一部分传习人数较少的武术拳派，当地政府应组织相关行政部门协同学术界、实业界和上级武术主管部门，加大对其行政、人力和财政的支持力度，防止因传承人不继而使该武术拳种失传。目前，我国武术非物质文化遗产项目的传承和保护主要有三种形式，一是拍摄以《中华武藏》为代表的数字音像；二是以武术文化创新为内容的中国武术段位制；三是在武术学校进行教授传承。① 武术教学，强调口传心授。因此，应在武术遗产项目的传承人还健在时创造条件，让他们亲自传授自己的技艺，保护文化，服务社会。自2006年国务院发布《关于公布第一批国家级非物质文化遗产名录的通知》起，已有少林武术、太极拳、八卦掌、形意拳、八极拳、查拳等35项传统武术项目入选国务院公布的四个批次国家级非物质文化遗产名录。目前，在文化和旅游部公布的四批国家级非物质文化遗产代表性名录中，传统体育、游艺与杂技门类非物质文化遗产共计82项，传统武术占据了主要位置。

传承的本质是文化的延续，是一种文化再生产，这种再生产不是个人行为，而是民族的群体行为。传承的方式可以区分为群体传承、家庭/家族或师徒传承、学校传承等。群体传承是在一个文化区（圈）或一个族群的范围内，众多的社会成员共同参与传承同一种非物质文化遗产，也称"集体记忆"，风俗礼俗、岁时节令和大型民俗活动都是依靠这种传承方式；家庭、家族或师徒传承

---

① 康涛，马麟. 我国武术非物质文化遗产传承发展的思考［J］. 中国学校体育（高等教育），2015（3）：13-17.

则是以技艺为代表，中国传统文化艺术门类多采用这种方式；而学校传承是近代以来成为民族文化传承的重要方式。①

据记载，夏代已开始有学校武术教育，《孟子·滕文公上》记载："夏曰校""殷曰序""周曰庠""庠者，养也；校者，教也；序者，射也"。"射"不但是一种武术活动，还是一种修身养性培养君子风度的方法。后来出现了以寺庙、私学、结社、军队、宗教等为基本载体的集体习武方式，这种集体习武活动从外部形态上有别于纯粹的师徒传承方式。另据北京体育研究社保存的资料《体育丛刊》（1924）记载："民国纪元，吾社（北京体育研究社）成立，京师各校渐向社中聘请教员，教授斯术（武术）。乃查照体操教练习规程，要立团体教练之法。"由此可见，实行"团体教练之法"改变了传统武术单人教授所造成的不易推广的缺陷，开辟了武术发展的一个新途径，有利于武术的传播与普及。学校课堂的集体教学方式，改变了民间武术的传习方法，促进了武术团体教练法的编制和逐步完善。随着社会和教育的发展，武术教学进入了学校，成了学校体育教育的一部分，使武术的教学和传授有了新的方式，班级制教学方式的应用，使武术的传承方式由师徒制变成了师生关系。②

2. 教育均衡化发展下对学校教育的有益补充

在教育多样化的发展趋势下，许多家长和学生已不满足现有公立学校的教育模式和方法，他们更希望通过文武双修的训练管理和教育，继承中华传统美德和学风，使学生得到全面发展。民办武术学校的出现，一方面改变了公办学校单一的办学体制，打破了学校办学主要靠政府支持的格局；另一方面民办武术学校勇于承担社会责任，吸纳接受农村学生和各阶层"差生"，秉承"一切为了孩子，为了一切孩子"的办学理念，坚持"教育无差生"的原则，不论学生的出身和基础，真正做到因材施教。美国罗斯福纪念公园墙上刻着的一段总统名言："衡量我们进步的标准，不是看我们给富人们带来了什么，而是要看给那些一无所有的穷人能否提供基本保障，当有一天我们的父母被推进医院，即使身无分文也能得到悉心医疗。我们的孩子被送进学校，不管他来自哪里都能得到一样的对待。我会说这才是我的祖国。"

教育发展的不均衡致使我国乡镇农村和偏远地区的教育资源相对匮乏，教育水平较低，教育环境和观念较为保守落后。国家体育总局曾对全国民办武术

---

① 赵世林. 论民族文化传承的本质 [J]. 北京大学学报（哲学社会科学版），2002（3）：10-16.

② 李俊卿. 师徒传承与师生教学在弘扬中华武术文化中的作用比较 [J]. 南京体育学院学报（社会科学版），2004（6）：95-97.

学校生源做过专门调查①，农村学生占到 60% 左右，调查结果还显示，我国民办武术学校在校生的年龄集中在 11~18 岁。由此便可初步推测，土生土长的中国武术在民间有极强的认同感和生命力。在辽阔的中华大地上，诞生了千姿百态、浩瀚缤纷的武术拳种，且这些拳种大都起源于村落文化中，代表了不同地域居民特有的生活方式和思维习惯。

时至今日，中国传统教育对培养文武双全的理想人才梦想仍根深蒂固。武术产生于中国乡土农村，这种活态文化需要有人传承延续，农村基础教育水平低下，民众渴望高品质的教育资源，武术学校的建立满足了人民对教育质量的需求，完美地将文化传承和特色教育融为一体。与其说乡村少了大城市的喧嚣和诱惑，倒不如诚恳点，农村的消费观念和教育理念根本不足以吸引高消费教育培训项目进驻，即使有深明大义、愿意为子女教育不惜挥金的家长，也会苦于农村没有优质师资和教育环境，这就不难解释，为什么会有那么多农村户口居民挤破头来争取大城市入户，就是对优质教育资源的争夺，尤其是基础教育资源。虽然国家对基础教育实行了"两免一补"政策，有学者称该政策冲击了民办教育包括武术学校的生源，但民众还是希望得到良好的教育环境和优质的教育资源，"望子成龙、望女成凤"的中国式家长会不惜一切为子女谋个出路。从武术学校学生年龄分布来看，11~18 岁基本处于初中、高中年龄段，这个时期的青少年儿童叛逆情绪严重，"问题少年"非常多。武术学校的生源参差不齐，甚至可以说是较差水平，但武术学校"全封闭、寄宿式、军事化"的管理办学优势，加之注重武德教育培养，就形成了武术学校特殊的优势，即武校教育不仅重视学生文化知识和武术技能的传授，而且更加注重对学生的思想品德教育，使学生能够形成正确的人生观、世界观和价值观，遵循习武人"未曾学艺先学礼，未曾习武先习德"的武德规训。民办武术学校为武术文化的延续发展提供了传承场域，民办武术学校作为中国武术文化传承延续的依托，它的兴衰发展直接关系到中华武术的存亡。

习近平总书记曾高度评价武术说："武术练出了中国的传统文化。"武术所给予学生的不仅是掌握一门技艺，还是无尽的人生财富，它所锻造出来的坚毅、勇敢、永不言败的精神是常人所不能理解的。武术学校作为青少年习练武术的专门场所，通过武术训练和武德风范熏陶，使学生深入了解中国优秀的传统文化，激发他们的爱国热情，陶冶他们的民族情操，对提高青少年的思想觉悟、

---

① 国家体育总局武术运动管理中心. 民办武校现状及发展趋势调研报告 [J]. 中华武术，2006（1）：4.

振奋民族精神有深远的历史意义。回顾历史，每当国难当头时，无不是习武之人纵马乾坤、奋勇杀敌、保家卫国。和平时代，武术学校每年都为全国各地的部队、武警、公安、保卫等部门输送大批优秀人才，为巩固国防、保卫人民贡献了坚实的力量。如今的武术学校，更加紧密地适应社会对不同人才的需求，使曾经被家长学校放弃的"差生"都能掌握一技之长，找到合适的就业渠道。

可以说，民办武术学校为中国社会的经济、文化、政治、国防等方面都做出了不凡的贡献，对构建和谐社会、实现中华民族伟大复兴的中国梦具有超越时代的意义。这些年武术学校的发展也在发生着巨大的变化，虽然还存在着这样那样的问题，整体上还未能满足社会对办学水平、教育质量的一定要求，但中国教育体制中有武术学校浓重的一笔，中国社会的发展离不开民办武术学校所做出的贡献。

三、双刃剑：两种权威的博弈与管理冲突

基于布迪厄的场域资本理论视角，组织的每一个行动均被行动所发生的场域所影响，内含不同利益群体、目标追求的权力博弈。[1] 民办武术学校管理也是一个充满着权力博弈、利益争夺和机制转换等资本运作的世俗战场。民办武术学校管理的焦点表现为专业权威下的自主自治和科层权威下的行政权力之争。

（一）专业权威基础上的专业发展需要

民办武术学校的自身价值就在于为社会培养合格的人才，一方面促进学生身心发展，推动个人自身价值的实现；另一方面培养专业武术人才，满足社会的需要。而民办武术学校价值使命的实现则是主体不断改造客体并进而达成客体满足主体需要与超越的过程。民办武术学校的主体是由那些具有深厚专业造诣和技能经验的教导人员组成，不同于行政、法律权威的外在强制规限性，民办武术学校的专业权威是以学校占有的专业技能、知识、经历的专门训练和实践及其信奉的管理理念、认同的专业价值和规范为支撑的，并在此基础上，形成了民办武术学校的专业权威，即客体（顾客和社会）出于信任主体（学校）具有卓越的才能或专门知识，认为主体能够更好地为客体进行服务，维护并满足客体利益和需求，而自愿服从的一种权力形式。所以，只有主体拥有过人的专业知识和技能，才能在民办武术学校教育实践和管理过程中更为顺利地获得客体信任感。

---

① WACQUANT L D. Towards a Reflexive Sociology: A Workshop with Pierre Bourdieu [J], Sociological Theory, 1989 (7): 39.

社会体制的转轨，出现了人才需求格局的变化。民办武术学校以不变应万变，在专业权威基础上建立的多元化发展的培养目标，使学生学有所长，以适应社会对武术人才的不同需求，通过专业权威的影响为学生提供广泛的对口就业渠道。此外，民办武术学校还通过高水平招生、挂靠、单招考试等形式，为高等院校输送了大批的高素质人才，有的学生毕业后还留在高校任教。如鹅坡武校先后向北京体育大学、郑州大学等全国高等院校输送优秀新生 2000 余名，向全国各地武警、公安、保卫等部门输送优秀人才 4500 多名，为全国各地武术馆校培养优秀教练员 3000 多名，向河南省高级人民法院、中国空空导弹研究院和江苏、云南、广东、新疆等地输送高级文秘和安保人员近千名，连年保持凡年满 18 周岁的毕业生安置就业率达 100% 的纪录。

在武术专业人才培养上，仅仅靠国家培养是远远不够的，在很多重大国际武术比赛中的运动员有相当一部分是来自武校。武术学校拓宽了武术专业人才的培养渠道，并凭借在各种比赛中获得的成绩，正在逐步取代业余体校而成为培养竞技武术后备人才的摇篮。以少林寺塔沟武校为例，该校共参加国内外重大武术比赛 733 场次，共获得奖牌 9338 枚，其中金牌 4504 枚，获得奥运、世界和国际级冠军 382 人次，获得全国冠军 725 人次，在全国性大型武术赛事中获得42 次团体冠军，实现了在奥运会、世锦赛、世界杯、亚运会、全运会等国内外重大武术赛事上夺取金牌大满贯的目标。塔沟武校已被确定为河南省散打训练基地、解放军散打训练基地、河南省重竞技运动训练基地、河南省拳击跆拳道训练基地、全国青少年体育俱乐部等。再如，山东郓城宋江武术学校，先后向国家队、省专业队、北京体育大学等院校输送学员 3800 多名，百余名学员进入国家武英级和运动健将行列。①②

民办武术学校对武术专业知识的传授、对专业技能训练和专业权威领导下的管理环境，获得了社会对其专业权威的认可。民办武术学校已成为我国竞技武术的中坚力量，成为竞技武术和社会武术发展的重要后备人才基地。民办武术学校适应市场经济人才需求的培养模式，为全方位的人才培养和就业机会创造了有利条件，这也是民办武术学校赖以生存和发展的原因之一。

（二）科层权威基础上的全面发展需要

民办武术学校是教育机构，不同于武术馆、拳社、武术辅导站等社会武术组织，它以学校的形式存在，就必须遵循我国的教育方针，遵守教育行政法规，

---

① 国家体育总局武术运动管理中心提供资料。

② 少林塔沟教育集团［EB/OL］．（2015-12-16）．http：//www.shaolintagou.com.

符合国家对学校的各项基本要求，要根据国家规定开设文化课程，进行文化知识学习。民办武术学校和其他大多数科层制机构一样，都是由国家授予特权的复杂社会组织，是必须承担公共责任的"社团法人"。武术学校存在正式的等级制，不论是在创办之初"师徒父子"式的传统型权威关系，还是走上正轨后通过法定化的章程建构管理人员之间的具体关系，都有明确的科层制权威关系。学校内部管理上也有正式的政策规章和管理制度，如财务预算制度、教师年度考核办法、学校印章管理规定等，常规性的教学活动，包括学生注册、学生评优条例、学籍登记、毕业记录等现代学校管理的活动和项目，这些因素都体现了民办武术学校在一定程度上适用科层制治理。① 随着学校治理结构的日益复杂化，恰当运用科层制模式，有利于形成典型的紧密而具凝聚力的学校组织结构，有利于促进民办武术学校的发展。科层权威同样能在民办武术学校这种组织中发挥积极功能，比如，教职工考勤管理制度、教学常规管理实施细则、教职工评优评先工作意见等，能够帮助、激励个体体验成就感，并且更有效地工作。

古希腊哲学家亚里士多德提倡全面自由的教育，主张把奴隶主贵族子弟培养成自由人，要求身体、道德、智力和美感各个方面平衡、和谐发展。因此，学校有义务与责任实现学生身心的和谐发展，而不是使学生丧失自我。康德说过："教育的目的是使人成为人。"学校是培养人的机构与场所，学校教育则承担着实现人的身心全面发展，使人成为真正意义上的"人"的价值使命。"全面发展"是我国始终坚持的教育方针，而实际上全面发展教育实施效果并不理想。恢复高考之后，人们的注意力集中在高考的结果。高考不是教育，而仅是一种选拔制度，虽然教育的最终是要进入选拔，但选拔并非教育的全部目的。② 高考作为教育的指挥棒，将对于学生、教育的评价整齐划一，即分数是衡量学生优劣的标志，升学率、就业率是学校好坏的刻度。

长期以来，德育、智育、体育、美育和劳动技术教育一直作为我国社会主义全面发展教育的内容。该理论的理论基础是马克思主义关于人的全面发展学说和我国社会主义的教育目的。在我国，"全面发展"的内涵全部体现在政府的教育方针中，即"教育为社会主义现代化建设服务，为人民服务，与生产劳动和社会实践相结合，培养德智体美全面发展的社会主义建设者和接班人"。这个表述既继承了马克思主义关于人的全面发展的理论，又在新的形势下有了新的

---

① BALDRIDGE J V. Models of university Govern-ance：Bureaucratic，Collegial，and Political，1977 ［EB/OL］. ［2016 -10-20］. http：//eric. ed. gov/PDFS / ED060825，pdf.

② 刘古平. 全面发展教育的争议与再认识 ［EB/OL］. （2017-01-16）. 人民教育出版社. http：//old. pep. com. cn.

发展。1994年，全国教育工作会议提出，基础教育必须从"应试教育"转到素质教育的轨道上来，全面贯彻教育方针，全面提高教育质量。《中共中央关于进一步加强和改进学校德育工作的若干意见》第一次正式在中央文件中使用了素质教育的概念。素质教育其本质与全面发展并没有不同，人的全面发展必然体现在人的素质的提高，是适应社会发展的实际能力的提高。在我国现行科层权威领导下的教育管理实践中，从教育部到教育厅，再到教育局，存在明确的科层权威等级。一系列的命令自上而下延伸，使协调性的决策成为可能。正如韦伯所说，科层权威是处理大规模社会系统管理要求的唯一方式。基于此，学校科层制与企业科层制一样，是一个通过专业化的分工来提高组织绩效与效率的组织体系。

《国家中长期教育改革和发展规划纲要（2010—2020年）》提出了"坚持以人为本、全面实施素质教育是教育改革发展的战略主题"，这对于推进素质教育有重大意义。应当特别关注的问题是教育的价值取向。概括地说，"战略主题"所要解决的价值取向是"两个转变"："以教为中心转变为以学为中心"和"由应试教育转变为素质教育"。最终要实现让学生学习和形成正确价值观，仅仅重视"以教为中心转变为以学为中心"是不够的，只重视课堂改革是片面的，"由应试教育转变为素质教育"不能被忽视，特别是德育更不能被忽视。近几年，中央领导多次强调"要坚持育人为本、德育为先，把立德树人作为教育的根本任务"，必须看到德育是今天教育的短板。① 人的全面发展必然体现在人的素质的提高，是适应社会发展实际能力的提高。在这一点上，我们欣喜地看到，一些民办武术学校已经做出了有益尝试，并走在学校教育的前列。

（三）专业权威和科层权威之间的管理冲突

彼得·布劳和理查德·斯科特在《正规组织》一书中，进一步将韦伯法理型权威分为专业权威和科层权威。专业权威是以技术能力为基础，依靠同行而不是上司的客观判断而形成的；科层制权威则建立在合法权利和规章制度基础上。两种权威之间既有联系又有冲突。在民办武术学校的管理实践中，专业权威和科层权威虽缺一不可，但又冲突不断。

1. 两种文化差异引起的管理冲突

《辞海》中指出："广义的文化是指人类社会在历史实践过程中所创造的物质财富和精神财富的总和；而狭义的文化则指社会的意识形态，以及与之相适应的制度和组织机构。"管理学上认为，文化是一系列共有的概念、价值观和行

---

① 刘古平. 全面发展教育的争议与再认识［EB/OL］.（2017-01-16）. http://old. pep. com. cn.

为准则，它是使个人行为能力为集体所接受的共同标准。① 武术学校以传统"武"文化形成了主导学校管理的强势文化，将专业权威和儒家文化中的伦理道德奉为圭臬。在东方"家"文化的管理架构下，"师徒父子""江湖情义"是我国民办武术学校组织文化的主体，而"法"与"理"则被组织文化漠视。这是因为，民办武术学校的决策者（创办人）、管理者、（校长、管理人员）绝大多数是习武出身，很多是武林高手，他们所呈现出来的管理气质和领导风格与其他组织的领导者截然不同，在学校发展的不同时期，其领导行为的表现也不尽相同。而且，不同于现代管理机制的是，在武术学校内部，管理者和被管理者之间存在一种互为认同的人伦情怀与江湖义气。以行政文化为主体的科层权威致力于传播某种正规的意识形态，以维系整个松散的组织，并给其成员以使命感。科层组织的权力分布一般呈金字塔状，位居金字塔顶端的管理层具有绝对的领导权和决策权，组织内部成员必须无条件地服从上级和组织的权威，强调管理要有一套系统的规章制度来约束各种行为，从而使组织活动能够按照决策层的要求统一进行。② 换言之，科层权威期望学校或教师遵守规则，并按照既定的条文办事或正视后果，但教师管理与雇员管理在整体逻辑上是不同的，学校是在一般人性需要和专业特性基础上架构管理制度的，中性甚至有点冷冰冰的教师"管理"观，在院校管理实践中，是难以调动教师工作积极性和创造性的。

美国组织社会学家艾兹尼（A. W. Etzioni）在《现代组织》一书中认为，知识主要是一种个人财产，它不能依靠政令的形式进行迁移。创造性基本上是个体的，只能在很有限的范围内被上级所协调和控制，给予专业人员的自治是保证有效专业工作所必需的。③ 基于此，民办武术学校管理中，专业权威与科层权威的文化异质程度越大，其管理冲突的程度也越高。此外，传统师徒制文化在民办武术学校中根深蒂固，管理者与被管理者之间以父子般的师徒亲情关系为主的成分较多，管理中也容易加上个人的情感因素。科层规章制度的有效性有限，教职工不希望有严格的规章制度，在伦理情义的组织文化氛围中，他们不愿意接受严格、机械的管理。民办武术学校组织文化异质的程度和内在管理逻辑的不同导致了两种权威对立下的管理冲突。

2. 价值取向分歧导致的管理冲突

随着现代组织的发展，组织内部的分工越来越细，专业化程度越来越高，

---

① 彭汉香. 论组织·文化·管理 [M]. 上海：上海财经大学出版社，2014：72.

② 周进. 由冲突到协调：学术自治与科层制 [J]. 江苏高教，2010（1）：18-21.

③ ETZIONI. Modern Organizations [M]. Englewood Cliffs, NJ：Prentice Hall，1964：75.

加之现代领导体制的发展，"职业软专家领导体制"的出现，以管理为职业的"软专家"不可能在各个具体的专业领域内都具有超过下属的知识技能，在这种情况下，强调以层级节制为基础的纪律控制和强调以客观事实为基础的专业知识技能控制之间的矛盾再也无法调和，科层取向与专业取向的冲突由此产生。①科层取向与专业取向代表着两种不同的价值观，科层取向是以科层体制的价值观念和是非标准，作为学校管理的基本原则；而专业取向是在科层组织内部产生，同时又与科层体制的管理原则存在严重矛盾的一种学校管理倾向。

专业取向与科层取向最为严重的管理冲突，表现在民办武术学校发展的办学（专业）自主权和科层体制的纪律与控制之间不可调和的矛盾。在价值取向上，专业性的发展方向是服务，而科层制的方向是原则性地服从上级。武术学校以传授专业武术技能和知识体系为根本，其不可替代的专业性决定了其办学经营、教育教学要以内在的专业取向为主导。然而，科层系统作为中国教育的保障体系，最终追求的是效率。制度约束就是通过固定不变的规则体系来限制成员的行动以实现效率的最大化。这种价值取向上的严重分歧导致了民办武术学校自主办学与行政效率的管理冲突。科层取向的最突出特点是强调严格的层级节制。在科层取向的学校组织中，每一级职位赋予其承担者对下属进行合法控制的权力，整个组织系统以"服从命令，遵守纪律"为最高控制原则，构成学校内部严格的层级节制系统。韦伯是以理性作为科层制理论的学理预设，但官僚制的科层权威理性模式无视了一个事实，即人并不总是以理性的方式行事或在科层权威理性的结构体制下表现的效率最高。② 自古习武之人无拘无束的真性情和传统武术寻求超越自我、和平自由的终极理念，必然会和以效率、约束为基本价值取向的科层权威产生激烈碰撞，形成管理冲突。

（四）组织规模扩张派生的管理冲突

武术作为独立的社会文化现象，是同中华民族文明的产生同步的。伴随着我国改革开放的春风，在国家支持鼓励社会力量办学政策的指引下，我国民办武术学校出现迅猛发展的势头。根据国家体育总局的统计③，在全国遍及 23 个省、自治区、直辖市的 88 个武术之乡中，各级各类武术馆校 10000 余所，仅河南省登封市 500 多人以上的就有 86 所，1000 人以上的有 36 所，10000 人以上的就有 6 所，保守估计全国武术学校在校学生达到 100 万人以上。组织的规模必

① 张新平. 论学校管理的科层取向与专业取向 [J]. 教育评论，2001 (5)：36-38.
② 登哈特. 公共组织理论 [M]. 项龙，刘俊生，译. 北京：华夏出版社，2002：78.
③ 国家体育总局武术运动管理中心内部资料。

然影响着组织的结构，当组织的规模不断扩大，人员随之增多时，组织就会采取专业分工的方式来提高效益，其结果是加强水平分化。①

我国民办武术学校的发展经历了从私人授武的单一模式到体系完备的学校武术教育模式的过程。起初，学校规模小、人员少的时候，以创办者为最高权力的专业权威架构对学校运营实行专业化管理，部分人负责招生，部分人负责教学，部分人负责后勤管理，但管理中存在机构设置不明确，职责落实不具体，职权划分不明显，管理和决策背道而行，造成管理不通、令而不行的纷乱局面。尤其是伴随习武人数的急剧增加，规模的不断扩大，由此也带来了行政任务的大量增加，如果没有科层化，大规模的行政就难以得到维持。民办武术学校规模的扩张，必然要求学校实行科层化管理，也就是说，学校要增加管理层次，减小管理幅度，以协调部门间的活动。随着官僚组织的发展，武术学校内部劳动分工变得更加专业化，因为更多的人被卷入同一个决策中，这提高了协调的难度。而且，由于每个任务被分割成许多小部分，科层系统内部的人们难以了解整体情况②，由此也派生出新的管理冲突。随着民办武术学校管理的复杂性程度越来越高，"上面千条线，下面一根针"的倒金字塔执行体制已无法适应民办武术学校发展。整体来说，内部管理处理得不好会损害民办武术学校的整体形象，成为阻碍其健康发展的拦路虎，这客观上要求武术学校的管理呈现扁平化。从管理学的研究视角来看，当组织达到一定的规模时，管理幅度与管理层次应该成反比关系，即管理幅度越大，管理层次应该相应减少。

第三节　江湖渐远：政府规制下的民办武术学校价值重构

一、有序竞争：社会价值最大化

（一）特异化竞争：武术特色课程体系建设

各个生产环节的厂商为了生存，必须经过市场竞争的淘涤——供应链各个环节上的厂商存在竞争，消费者之间也存在竞争。竞争最终会使厂商只能够获

---

① 姚加惠，李泽彧. 冲突与协调：现代大学管理的民主化与科层化 [J]. 江苏高教，2006（2）：24-27.

② 安东尼·唐斯. 官僚制内幕 [M]. 郭小聪，译. 北京：中国人民大学出版社，2006：170.

得市场的平均收益，提供与其价格水平相应质量的产品。市场本身发挥着监管与认证的作用，在信息费用的约束条件下，政府不可能比市场做得更好。那么，市场是如何发挥监管与认证作用的呢？答案依旧是价格与竞争。[①] 特异化竞争是指民办武术学校向教育对象提供的教育产品或服务与其他竞争者相比独具特色、别具一格，从而使学校建立起一种独特的竞争优势。实现特异化竞争可以有许多途径：设计品牌形象、技术特点、外观特点、客户服务、经销网络或者其他方面的独特性。由于武术学校的业务和服务是通过各种教育教学来实现的，武术特色课程体系建设的实质，则是各民办武术学校要根据地方区域性的差异和地方教育培训机构的发展历史以及现实基础条件，按照本校学生的知识结构、能力结构、素质结构和社会实际需求之间的矛盾，建立起学校特色化的课程体系。原哈佛大学校长、著名的教育家埃利奥特曾说过："课程改革是人的改革，课程发展是人的发展。"民办武术学校武术课程体系的特色化是指"人无我有、人有我优、人优我精"的武术特色专业建设之路。这就要求各个民办武术学校因地制宜、因人而异地制订课程教学计划，使设置的课程既能充分体现武术学校的培养特色，又能最大限度地满足教育对象和社会的实际需求。民办武术学校的课程体系要有利于充分发挥学生对教育质量的能动作用，满足教育对象的个性、兴趣、特长的发展需求作为准则；还要符合社会对武术专业细分方向人才的知识、能力、素质的规格要求为导向，从而建立以发展方向为特色的武术课程体系，实现课程设置方向化和市场需求化。武术课程体系的特色化建立就是要不断提高学校教学、训练的质量和成绩，使武校课程的教学内容、教学方法、教学质量既满足于受教育者的需求，又符合社会发展的实际需要。

根据中共中央、国务院《关于深化教育改革全面推进素质教育的决定》，要"调整和改革课程体系、结构、内容，建立新的基础教育课程体系，实行国家课程、地方课程和学校课程"。[②] 通过完善的三级课程体系建构，使民办武术学校的课程体系具有多层次满足社会发展和学生需求的能力。

民办武术学校完善三级课程体系构建，首先，要严格执行国家课程标准，形成以国家课程体系为主体的文化课主框架，认真落实地方课程标准。课程设置要以河南省出台的课程标准为主要参考依据，积极开发校本课程，开展武术特色课程和兴趣特长课程，还要积极寻求与国内外院校的合作，为校本课程的

---

① 周燕. 政府监管与市场监管孰优孰劣［J］. 学术研究，2016（3）：89-99.

② 中国政府网. 关于深化教育改革全面推进素质教育的决定［EB/OL］.（2016-04-16）. http://www.gov.cn/content_ 1670004. htm.

拓展开发注入新的契机和活力。其次，在教学实践中努力开拓创新，打造优秀课程案例，丰富新课标的课程理念和实践，有意识地培养学生发现问题、质疑权威的意识，学生可以对老师、教科书所教授的内容提出疑问，并可以在课下与教师形成良性探讨，真正做到让学生以"课堂主人翁"身份、教学主体地位、知识主宰的姿态出现在课程教学中。最后，建立开放、自主、平衡的课程体系，每个学校都有自身的特点，从差异性角度分析，各个武校的课程体系构建不可能统一模式，千篇一律也会使学校没有特色，没有自主权。各武术学校在构建课程体系中，不论培养目标如何，都应全面设置德、智、体、美、劳方面的课程，保证普通科目和职业科目的平衡，学科课程和活动课程并重，形成课程间的相互配合、补充，提升教育质量，实现培养目标。

《国家中长期教育改革和发展规划纲要（2010—2020年）》提出"各学校要办出特色"，主要是针对当时中国学校实际上形成的千校一面、没有特色的问题。民办武术学校要办出特色，成为"特色学校"，则是一个受制于多种现实条件的实践问题。首先，武术学校实现了办学体制的创新，并开创了集团化、集群性、多样性的办学新格局，努力推进了教育均衡化的发展，也是对教育公平的一种有益尝试。世界性的特色教育的发展主要是基于"多元文化教育"，"多元主义"文化价值观逐步地成为一种时代精神。当"多元主义"成为一种基本的教育价值观的时候，就自然要求承认并尊重教育的差异性与个体性，同时自然要求用多元价值标准评价教育，当教育的差异性与个性得到尊重并得以提升的时候，当然就形成了特色教育。① 我国民办武术学校的特色化教育发展之路上，在保持自身独特的武术特色教学及相应运作形式同时，更加敢于正视各种各样的学生的个性，致力于培养出来的学生有一技傍身且具有独立思考和解决问题的能力，能够对社会有所担当，更加适应国家、社会的需求。就武术学校的特异化发展而言，特色的呈现如同人的个性形成，需要根据自身的条件和具体问题，在追寻教育真意的过程中，提升教育性内涵、积淀文化。② 民办武术学校的特异化发展，需要在自主发展的基础上，不断对自身经验进行反省，明确自身的问题，并开阔思路、获得启迪，超越自身，形成特色，获得社会认同。

（二）培养目标：社会对武术人才的需求

教育是有目的地培养人的实践活动，培养目标就是教育目的和价值的具体

---

① 张华. "特色教育"本质论 [J]. 教育理论与实践，1998（3）：16-18.

② 顾书明. 特色教育的发展与课程改革的校本化发展 [J]. 江西社会科学，2003（11）：234-236.

反映。民办武术学校以培养文武兼备的武术人才为主要目标，要求学生在学习文化课的同时，以武术为特色，进行系统的武术理论学习与武术技术训练，成为社会所需要的合格人才。学校培养文武并重全新人才的目标最后总要通过课程来实现，促进武术学校的发展必须建立健全扎实的课程体系。某种程度上，课程体系决定了培养人才的规格和质量。因此，建立与培养目标匹配一致的课程结构和武术特色的课程体系是每所武校必须完成的目标。根据社会对武术人才的实际需求，调整学校的培养方案，建立以方向化、市场化为导向的课程体系，使学校的课程设置既能充分展示武术特色，又能最大限度地满足教育对象和社会的实际需求。根据《国家中长期教育改革和发展规划纲要（2010—2020年）》的指示，支持民办学校创新体制机制和育人模式，提高质量，办出特色，办好一批高水平民办学校，对具备学士、硕士和博士学位授予单位条件的民办学校，按规定程序予以审批。目前，河南省的塔沟武校和华北水利水电学院、河南中医药大学合办本科专业，学校正在争取独办本科，创办全国首所武术大学。我国民办武术学校接下来的办学层次要转型升级，需以武术职业专科为主，大力发展本科教育，创造条件发展更高层次的研究生教育，实现高层次武术专业人才的培养目标。

"生源是武术学校的生命线，就业就是生命线中的生命线。"就业涉及每个学生的切身利益，能为学生提供更多就业机会和渠道，是武术学校得以发展的核心问题，也是能争取更多生源的关键。[①] 有调查表明，武术学校学生就业意向的首选是考大学继续深造，其次是进入公安、武警系统和省市专业队。[②]

由于近年来国家体育总局加强了对运动员等级认定的管理，各地高校也加强了对体育单招、体育加分的监管，而升学考试也只有取得省级（由省体育局主办）武术锦标赛的前三名才具备申请国家二级武士（等同于国家二级运动员）的资格，具备了国家二级武士的证书，才能够参加全国各个高校组织的民族传统体育专业的单独招生考试。这就在无形中加剧了各个武术学校之间的竞争。学生、家长、用人单位、政府和社会共同构成了民办武术学校的需求方压力。那么，武术学校教育就必须考虑社会市场和受教育者的教育消费需求。武术学校毕业生的高就业率、签约单位和雇主满意度是学校教育成果的直接体现。因为学校学员就业率高、就业后得到受雇单位的好评就是对武术学校教学教育成

① 刘劲松，肖鸿，陈盼. 论我国武术馆校学生就业体系的构建 [J]. 湖北师范学院学报（自然科学版），2005（3）：50-52.

② 马学智. 中国民办武术学校可持续发展研究 [D]. 北京：北京体育大学，2010.

果的直接肯定。

目前，国内一些民办武术学校已单独设立科室以承担学校学员就业工作，如设立专门的就业指导中心、接待室、咨询室、档案室、招聘接待办公室等。此外，民办武术学校要加强与社会各界的合作联系，形成武术学校在招生、培养、实习、就业方面的准确定位，拓展毕业生就业途径，提升武校学生职业能力和促进毕业生就业。学校可以单独设立科室以承担学校学员就业工作，如设立专门的就业指导中心或科室，建立学生学业档案，跟踪学生学习、成长状况，在学生毕业的时候提供就业指导，保证学生能够学有所用。各个武术学校要建立高速有效的就业信息网络，培养选拔责任心强有魄力的就业指导队伍，主动与相关单位联系，建立亲密的战略合作伙伴关系，主动抢占就业市场并发掘潜在就业市场，优化就业市场环境，强化就业指导，鼓励学生自主创业，全方位开拓就业途径，提高学生就业率；加强与家长、校友的沟通，建立校群网络互动系统平台，发动家长、校友的力量，提供就业信息和指导，学校可将应届毕业生的情况和就业意愿等信息在平台上发布，形成供需信息互动及时的良好局面；完善学校外部公关网络，建立与政府、企业、学校、周边社区等社会各界之间的联系，依托外部关系网络的建立，拓展学生就业的途径和选择，既为社会输送了有用人才，又为学生的就业找到了出路。民办武术学校要适应市场经济人才需求的培养模式，实现教育的全面发展，为将来全方位的学生就业和满足社会需求创造有利条件，这也是民办武术学校赖以生存和发展的重中之重。

在对河南省民办武术学校的实地调查中发现，学校每人每年学费在4000~6000元（基本包含了文化课学费、住宿费、水电费、保险费、电教费，不含伙食费）。最低的学费收费标准是1800元每生每年（不含杂费、住宿费、水电费、管理费等）。大部分武术学校根据不同层次的需求都开设有贵族班，收费基本在2万~5万元不等，收费最高的是对外籍学员，每生每年学费8500美元。当然，收费高的班别设置使学生在住宿、生活监护、教学、训练上的条件也要好很多，以鹅坡武校的全托高级A班为例：3人间，每年收费36800元；2人间，每年收费39800元，其中学费1800元（3年后学费全免），杂费4200元。硬件设施：楼内配有电梯，房内宽带入室，安装电视、电话，设单独卫生间，全天24小时供应热水，按快捷酒店与学校纪律相结合的模式进行房间管理。①

武术学校会根据家长、学员不同的需求，提供不同的学习内容，设置不同的收费标准。此外，武术学校还针对家庭经济困难的学生减免学费，为特困户

---

① 少林鹅坡教育集团［EB/OL］．（2015-12-16）http：//www.shaolinepo.com.

寄宿生予以生活费补助等，大大减轻了经济困难学生的家庭负担。

在河南省的塔沟武校，具有小学、初中阶段电子学籍的学生，按照国家九年义务教育阶段家庭经济困难寄宿生生活费补助政策，符合低保家庭、贫困家庭、孤儿、革命烈士子女等条件之一并提供相关证明，小学生每年享受 1000元、初中生每年享受 1250 元的生活费补助。在少林鹅坡武术专修学院，特困生只要持乡、村两级证明都可减免学费，仅此一项就为社会贡献数百万元。同时，学校还安置退伍军人、下岗职工及其他社会劳动力百余人到学校工作，在一定程度上减轻了政府的压力，维护了社会的稳定和谐。

（三）共同生存：战略联盟式的发展

随着全球教育竞争和服务的兴起，一个越来越明显的趋势是大型教育集团正从自身资产的拥有者，通过与多个合作伙伴共同参与教育合资项目、交叉培养协议、开发学校和企业建立战略合作关系并与企业签订合作框架协议，与高新技术开发区、产业园区和企业合作，实现无缝对接。①②③ 这种由多个实体组织机构通过一定方式而达到共同目的的网络式联合体，称为"战略联盟"。战略联盟作为一种全新的现代组织形式，已被众多当代企业家视为企业发展全球战略最快速、经济的方法，同时也是企业实现增长战略的有效途径之一。④ 2013年，全国学校体育武术项目联盟在北京成立，该联盟会集了来自教育、体育、文化、军事、产业等领域的代表和专家，他们以"武术的当代价值"为主题，共同思考、探讨和谋划中华武术发展之路和武术教育模式创新，旨在通过各方面对话形成共识，通过结成联盟凝聚合力推动大中小学在武术教育方面的工作，通过武术教育传承文化。联盟在各级教育行政部门的领导下，会同体育、文化、产业等各方力量，广泛动员全国高等学校、武术学校、职业院校、普通高中、初中和小学加盟，着力构建大中小学武术教育衔接体系，共同研究学生武术素质标准，开发武术课程大纲和教材，开展武术教师教练培训，实施学生武术等级认证考核，促进武术理论与实践的交流，参与中华武术的国际合作。毋庸置疑，全国武术联盟的建立，对于提高武术学校的竞争实力，促进武术教育发展

---

① 王振洪，邵建东. 构建利益共同体推进校企深度合作 [J]. 中国高等教育，2011，（Z1）：61-63.

② 查建中. 面向经济全球化的工程教育改革战略：产学合作与国际化 [J]. 高等工程教育研究，2008（1）：21-28.

③ 李志强，李凌己. 国内产学研结合发展的新趋势 [J]. 清华大学教育研究，2005（4）：97-103.

④ 海洋. 民办学校战略联盟问题探讨 [J]. 中国民办教育研究，2003（7）：129.

产生了积极的影响，也意味着我国武术学校的发展方式正在面临战略性联盟合作发展的转型。

民办武术学校的产业化发展就是要不断改革运行发展体制，从而使武术学校形成具有自我发展潜力、充满活力的新机制，使其从事业型、公益型向经营型转变，能够向社会提供产品和劳务。武术学校产业化的实质是要把武术教育和市场经济结合起来，并通过一系列经济行为，刺激武术教育产品劳务的需求，拓展武术教育市场，加快武术学校市场化进程，为国民经济发展注入新的活力。随着教育培训行业的竞争越来越激烈，民办武术学校战略联盟的合作发展势在必行。一方面，在教育培训行业的激烈竞争环境中，武术学校要想获取持久的竞争优势，占据教育市场的一定份额，就必须善于利用各方面的力量提高竞争能力，通过与自己有共同利益的经营单位建立战略联盟，彼此之间加强合作来发挥整体优势，产生"1+1>2"的效果；另一方面，通过战略联盟的方式可以分担经营风险，在瞬息万变的市场经济中降低办学风险，而且联盟单位可以利用彼此的平台进入新的地区或领域，加强武术教育业务和产品的创新研发，或者共同举行品牌营销活动提高影响力。武术学校战略性联盟的建立能探索出更多的有效合作模式，吸引社会各界来关心武术，参与武术文化的传播和武术教育资源的开发，联合发展也必将成为我国武术学校整体转型升级的趋势和发展主题。

二、凤凰涅槃：提升办学质量

（一）办学理念的转变

具备明晰的办学定位和现代化的办学理念，才能保证民办武术学校不会偏离既定的办学目标。我国民办武术学校的办学实践必须坚持武德为先、武为特色、文武兼修的教育理念，不断深化教育教学改革、改进教学训练方法、全面推进素质教育，才能切实提高教学训练质量。武术学校在具有很强的文化特色时，会通过学校的办学理念、核心价值观等表现出武术学校的特殊性，这样有利于为民办武术学校的成功奠定文化基础，武术学校只有具备个性鲜明的核心价值观，才能显现出强有力的办学治校能力，才能够具备一定的竞争能力和竞争优势。① 在河南省登封市，该区域的武术学校立足区域行业集聚发展，不断培育、增强自身的办学实力，巩固提高区域武术学校在整个武术教育培训行业的地位和竞争力。迅猛发展的武术产业，每年给登封市创造的社会综合效益已达

---

① 王虎成. 文化管理与战略管理互补研究［D］. 上海：华中师范大学，2013.

20 亿元，武术产业在登封经济总量中的份额已占 10% 以上，武术学校已成为登封的一项支柱产业。① 在民办武术学校发展过程中，关键要根深步稳，切莫盲目扩张、四面出击，办学者必须深谙"根深方可叶茂，本固才能枝荣"的办学规律。此外，民办武术学校发展定位必须满足学生个人和国家社会的需要，适应社会发展是武校存在的价值，武术学校办学定位必须以个人和社会需要为价值追求，依据现有办学条件和教学训练水平，提高学校的核心竞争力，形成区域化、特色化教育优势。办学理念影响着一所学校的发展方向与发展方式。武术学校领导者必须对办什么样的学校以及怎样办好学校进行深层次思考。首先，武术学校要有提供优质教育服务，一切为了学生的教育理念，保障每一个学生的安全，坚持德育为先，育人为重点，促进每一个学生的全面发展。其次，要树立特色的办学理念，武术学校在办学过程中会形成相对持久稳定的发展方式和被社会公认的、独特的、优良的办学特征，明显区别于其他教育机构的办学风格或优良特点。

特色的办学理念和教育思想是一所优秀武校必须具备的学校精神，也唯有这种特立独行的办学理念才能使武校达到其战略目标。我国民办武术学校应从内涵上提升办学思想和境界，形成个性鲜明的办学特色，促进武术学校的教育质量提高和人才培养。具体的措施应包括：以先进的办学理念引导民办武术学校的品牌建设，秉承"一切为了孩子，为了一切孩子"的办学理念，树立服务学生的观念，围绕办学理念引导下的学校品牌建设落实好日常教学、训练工作，努力提高服务学生的水平；以先进的校园文化作为品牌武术学校的支撑，加强校园环境建设，创造绿色、人文、科学、开放的育人环境，充分调动学校全体教职员工的全员积极性，形成良好的校风、教风、学风，立足学校办学实践，积极构建和谐民主的校园文化，全面提升学校的文化品位，以校园文化建设为突破口建设品牌学校；以鲜明的办学特色作为品牌学校建设的基础，发挥自身的办学特色，如塔沟武校的散打项目、鹅坡武校的传统武术套路、小龙武校的武打影视表演等，把办学特色或特色的教育服务项目作为品牌学校建设的立足点；注重品牌的推广与宣传，加强家校联动，以家长的口碑为学校的品牌声誉树立威信，增添色彩。学校围绕品牌坚持正确的舆论宣传导向，不断加大正面宣传力度，全面、客观、真实、具体、多层次地反映武术学校的办学思路、人才培养、办学成绩、名师名生，为品牌学校建立营造良好社会舆论氛围，将武

---

① 《武术产业发展规划》通过论证，登封打造"功夫之都" ［EB/OL］. （2006－08－08）［2016－01－16］. http：//www. henan. gov. cn/jrhn/system/2006/08/08/010001134. shtml.

术学校的品牌深入人心。

(二) 管理能力的提升

首先要立足建立科学合理的分层次教学管理模式，教学管理组织结构清晰、管理职责分明的模式能够确保学校对教学训练重大事件的科学决策，并保证具体教学实践的开展。在实地调查中发现，办学成功的民办武术学校，它们的校长们不仅武艺超群，而且多具备较高的学历水平，能够起到很好的文武双全模范作用。在校务管理上，他们能够主动提高自身管理水平，在此基础之上，以身作则，为教职员工树立了榜样，而且会定期组织学校管理层参加管理培训，强化整个学校管理组织的管理意识，使管理层积极主动地要求学习管理知识、强化自身管理水平、提高管理服务质量，以此达到提高学校整体管理意识和水平的目的。在内部管理中，各职能部门都制定了明确详尽的岗位责任书，要求各部门互相沟通，达到工作无阻碍、业务无迟滞的状态。

其次民办武术学校的领导者是学校发展航行的总舵手，如果校领导不具备相应的战略素质，就无法对武术学校所处的战略环境进行具体的分析，没有办法根据自身学校的实际情况和发展需要进行发展战略目标确立和战略规划设计，没有清晰明确的学校发展战略目标体系，就注定要随波逐流，久而久之，也必将在教育大发展的国际化趋势下落后失势，丧失应有的发展机遇。另外，校领导缺乏战略眼光，也无形中对发展中存在的危机不敏感，不能控制办学可能存在的风险。从管理学的视角出发，民办武术学校的校领导不仅要具备一定的武术专业素养和管理经验，而且必须具备机智果断、勇于创新、远见卓识、知识广博的管理能力和魅力，能够引领武校开拓未来。某种程度来看，武术学校的领导者更像是纵横武林中的谋略家、战略家。

最后民办武术学校在办学中要不断注重建立健全学校的机构设置，建立健全学校内部管理权限的科学划分，才能使学校各部门之间的运行保证有条不紊、畅通无阻。民办武术学校的发展要以强化内部管理为主线，使人治转为法治，用制度约束人、规范人，使学校管理运行逐步走向规范化、科学化、法制化的轨道。此外，加强学校常规管理是提高教育质量所必需的稳定合理的管理方式，常规管理的核心定位在于管理教与学的统一活动，落实到具体的管理实体就是教师、课堂和学生。在河南省的实地调研中，能够在不同的武术学校看到形式、内容各不相同的《学生课堂守则》《教师礼仪规范》《武德三字经》等手册和管理办法，让学生从小就养成懂礼貌、守纪律的好习惯。实地走访中，经常会有学生主动打招呼问好；在座谈会中，学生还饶有兴趣地同笔者讨论武术抱拳礼的文化内涵，让笔者也更加深刻地体会到禅武圣地之文礼厚重。一些武术学校还组织学生担任"文明纠察员",对校园内的不文明、不礼貌行为进行制止劝诫。在观摩嵩山少林寺武僧学院的文化课教学过程中,没有发现一个上课睡觉的学生,教师不仅传道、授业、解惑,还会时不时地走到讲台下来纠正学生的坐姿,让人倍感温馨。实施素质教育的主要渠道是在课堂,提高教育质量的主要途径就是加强课堂管理,强化常规管理可有效助推民办武术学校教育质量的提升。

(三)教育质量的提高

在提高教育质量方面,民办武术学校要根据学制层次结合先进的现代教学理念和教学训练手段,以"为了一切学生"的价值导向不断提高教学质量,形成一套符合自身办学实际的特色教学训练模式。教学训练模式的形成不仅是理论上的创新发展,还是武术学校在丰富的教学训练活动中所形成的经验总结,教学模式应成为一种相对稳定的教学活动组织框架,应能在教学过程中给学校成长带来切实的好处。在文化课教学中要努力结合多媒体,实施影像教学模式、开拓式教学模式、跨学科交叉式进行模式等,围绕学生喜闻乐见、开拓思维、课下主动学习习惯的养成,大胆对教学模式进行创新,不断完善课程结构体系,总结出一套学科视角下的创新教学模式,真正达到以办学质量、教学质量来兴校的目标。

例如,在河南省孟州武校的调研中,观察到学校文化课学习上,有意识地培养学生发现问题、质疑挑战权威的意识,学生可以对老师、教科书所教授的内容质疑,并可以在课下与教师形成良性探讨,真正做到了让学生以课堂主人翁身份、教学主体地位、知识主宰的姿态出现在课程教学中。

《国家中长期教育改革和发展规划纲要(2010—2020年)》把改革创新作为教育发展的强大动力,鼓励地方和学校大胆探索和试验,加快重要领域和关键环节改革步伐。创新人才培养体制、办学体制、教育管理体制,改革质量评价和考试招生制度,改革教学内容、方法、手段,建设现代学校制度。《国家中长期教育改革和发展规划纲要(2010—2020年)》还鼓励学校办出特色、办出水平,出名师,育英才;加快解决经济社会发展对高质量多样化人才需要与教育培养能力不足的矛盾、人民群众期盼良好教育与资源相对短缺的矛盾、增强教育活力与体制机制约束的矛盾,为教育事业持续健康发展提供强大动力。① 随

---

① 中央政府门户网站. 国家中长期教育改革和发展规划纲要(2010—2020年)[EB/OL]. (2010-07-29)[2016-03-16]. http: // www. gov. cn/jrzg/2010-07/29/content_ 1667143. htm.

着时代的发展，民办武术学校已经意识到了传统武术教学在内容和形式上的单一性与局限性，培养出的武术人才可能无法很好地在社会就业，因此开设了内容多样化和目的性较强的武术培训班。国内大部分的武术学校在文化教育方面，专门开设有文化高考班、体院补习班、预科班等培训班，有针对性地培养高学历武术后备人才。民办武术学校要想继续在现有的教育格局下生存下去，就必须要让不同的学生享受高质量的特色教学，做到全面培养、逐一雕琢，为社会培养文成武就、独树一帜的人才，没有这一点，武术学校在当前教育环境下难以长远发展。"一切为了学生，为了一切学生"应当成为民办武术学校行业的共同信念，其中暗含着武术学校的教育者对每个学生真诚的爱和默默的付出，这里面既折射出以学生为主体的教育观，又体现了现代素质教育的根本要求。民办武术学校秉承着"教育无差生"的理念，不论学生的起点和基础如何，都能公平耐心地对待每一个学生，并着重培养学生的学习能力，激发学生的潜能，调动学生的学习积极性、主动性和创新性，在教学训练中做到因材施教，促进每个学生的身心全面健康发展，使学生成为社会的合格人才。民办武术学校必须依靠严格的教育质量和高品质的教育人才输出，赢得学生和家长的信任，打造属于自己的优质教育品牌。

三、尚武崇德：武术精神的当代回归

中国武术是我国优秀传统文化的重要载体，积极发展和推广中国武术，对提升我国文化强国战略具有不可或缺的作用。在一次访问调查时①，一个大学生神采奕奕地对笔者说："我练的是韩国跆拳道，多潮多帅啊，跆拳道才是真正的武术。"作为一名武术教师，作为一个中国人，笔者惊恐且悲愤不已。殊不知空手道、柔道、跆拳道等一些国外武技项目都是发源于中国武术。作为中国人，对自己本民族的文化需要有一定的认知，淡漠自己的民族文化，不了解文化背景而盲目跟风追随，只会令祖辈蒙羞、引世人耻笑。笔者习武30余年，深感武术不仅有利于增强学生体质，还是弘扬中华民族精神、增强学生对中华民族文化认同感的有效实施途径。对于中华优秀传统文化的传承发扬，习近平总书记指出："中华民族传统文化是我们民族的根和魂，如果抛弃传统，丢掉根本，就等于割断了自己的精神命脉。"在文化强国战略下，国家、民族的强盛，必须以民族文化的兴盛为支撑，如果没有中华文明的继承和发展，没有传统文化的弘

---

① 康涛. 刍论中国武术段位制推广普及的"三动三不动"[J]. 山东体育科技，2015（3）：26-30.

扬和繁荣，就没有中国梦的实现。新形势下党和国家领导人高度重视对青少年实施传统文化的教育，国家体育总局积极响应并提出了在 2014 年向全国各级各类中小学推进武术教育。普通学校的武术教育体现了国家传承武术文化的意识，而社会民间拳师组织仍然是以传承武术文化为根基，两者根本目的相通但出发点不同，一个是国家意识的视角，一个则是个人自发的视角，而在两者之间的武术学校则作为新型的武术教育形式和主要传承场域。从组织目的来讲，它的教育目的更加多元化，在传承武术文化的同时，注重市场规律，适应社会需求，极大丰富和满足了文化传承和教育多元化的需求。

当今世界，教育越来越成为提高一个国家创新能力的基础，教育水平的高低决定着人才培养的数量和质量，决定着一个国家的科技发展水平和创新能力，并最终决定着一个国家和民族的兴衰成败。大力发展教育，才能提高我国国民素质，培养更多的人才，把沉重的人口负担转变为巨大的人才资源优势。民办武术学校对于人才培养，以爱国主义为主导的社会主义核心价值观下教育才是兴国之魂。中华民族屡遭挫折、历经磨难，能够成为世界历史上唯一文明不曾中断的伟大民族，正是因为爱国主义和民族精神已深深融入中华民族血液之中。习练武术，就是自觉接受中华优秀传统文化熏陶，深化爱国主义教育的过程，增强青少年学生的民族自豪感。《孟子·滕文公下》中记载："富贵不能淫，贫贱不能移，威武不能屈，此之谓大丈夫。"这种"大丈夫"是历代中国人民的理想典范，受到了中华民族的广泛崇拜。忘记历史等于背叛，丢弃传统等于割断血脉。在学校开展武术教育，是一件功在当代，利在千秋的大事，是强国强种的重要举措。① 中华武术所承载的民族精神对于当代中国的意义，正如季羡林先生所讲："'国之魂魄，民之肝胆，屹立东方，亿万斯年。'人民的灵魂，百姓的脊梁，中华民族大有前途。"②

第四节　专业权威下的武校治理与权力建构

一、由冲突到协调：二元权力的互动调适

民办武术学校自主办学、自主管理意味着学校要不断获得权力。科层制就

---

① 马麟，康涛. "去中国化"对学校体育的警醒 [J]. 青少年体育，2015（10）：119.
② 季羡林. 中国精神·中国人 [M]. 北京：国际文化出版公司，2013.

要不断地放弃权力，减少对学校的微观控制，双方对权力的争夺，控制与反控制的斗争是必然的。随着社会权力结构逐渐向现代分权型的结构过渡，政府主导的科层组织与民办武术学校统领的专业技术结构，必定要从分立走向并重、平衡阶段，并最终形成民办武术学校自治所赖以实现的专业组织结构。在这一背景之下，要使民办武术学校走出科层化困境，与自主办学理念的追求相协调，就必须在对民办教育进行深入认识的同时，对政府管理的科层体制做出适当的变革，以适应民办学校的组织特性，从而调动民办武术学校的办学自主性和积极性。但事实上，民办武术学校的办学自主性和积极性还未充分体现出来，其行政受动性和社会制约性太强。① 不论是教育还是体育主管部门，科层组织内部形成的主要是正式的科层（行政）权威，而不是非正式的专业权威，科层制解决了民办武术学校行政管理的问题，但并不能够解决办学实践和专业技能发展的问题；科层组织致力于管理效率，而对专业发展并不关注；科层制有效地实现了行政领导，但不能够实现对民办武术学校的专业领导。② 在长期科层权威的影响下，我国计划经济时期沿袭下来的行政管理制度和措施在一定程度上制约了民办武术学校办学的自主性。一旦民办武术学校办学自主权得不到保障，专业发展和文化传承的最高价值实现将受到阻碍，教育与社会发展的公共利益也必然会受到损害。

民办武术学校作为一个专业人才培养的教育机构，它与政府、企业以及其他的社会组织一样，同样是由具有追求政治利益与经济利益本性的人组成的。因此，在民办武术学校的组织内部建立起一种理性科层制度，能够规避人类行为中存在的一些消极本性，提高办学效率，但必须根据民办武术学校管理事务的性质，有效地对科层制进行改造，协调二元权力，保障民办武术学校向着自主办学和专业发展的道路有机运行。科层权威根植于科层组织以及特定的职位权力，作为一种外在的结构形式维系着学校组织的存在和发展，倾向不断实现自身管理权力的最大化，并尽可能以制度化的方式增强管理权力的合法性，而专业权威根植于专业技能和知识，作为一种内生力量发挥着支配作用，其合理性和合法性主要来源于专业素养和技术能力。"人怕出名猪怕壮"，一般说来，民办武术学校的办学规模和名气越大，二元化权力间的抗衡越明显。地方政府和行政主管部门为了确保这些民办武术学校在办学方向上的"正确性"，各种形

---

① 郭元祥. 民办学校发展中的冲突与调适：全国民办学校研究专业委员会年会综述 [J]. 教育研究与实验，1996（4）：26-29.

② 苏君阳. 我国学校内部组织管理：科层化与扁平化的冲突和协调 [J]. 北京师范大学学报（社会科学版），2010（1）：13-20.

式的检查、督导、评定应接不暇，"树大招风"的武术学校疲于应对科层权力的检查验收。科层式管理之下，科层的力量也慢慢渗透到民办武术学校的内部管理中，在内、外科层力量的夹击下，民办武术学校的专业权力受到挤压，进而冲击其办学自主性，以校长为主导的专业权力必然竭力抵抗，学校二元权力的冲突和对立就会产生。美国学者欧文斯（R. G. Owens）提出了"双重系统理论"，该理论认为理想的学校组织形态，应是二元权力适度分离的双重系统组织形态，即专业组织松散联结，强化学校专业权力的实现途径，而行政组织则需在"以人为本"的理念下按科层体制运作，让渡非教学事务。① 从民办武术学校的自主办学权力出发，以代理组织的形式通过行政权力的确认而产生新的权能，建立专业组织群体，成立校委会或评议会等专业组织，并以行政权力的方式加以合法化和制度化，确保专业组织权力的有效行使，对行政权力形成有效制衡。② 学校内部的管理中，专业权力的范围应包括招生标准、培养目标制定、专业与课程设置、职称评定等方面；科层管理的范围应包括人事管理、财务分配调控、资源管理与调配及对外事务等方面。③ 在民办武术学校的管理实践中，两种管理机制并非始终水火不容、非此即彼，它们彼此适当渗透，相互协调，更能够激发民办武术学校的办学活力，保障其办学自主性和相应权力。

二、专业人员框架下的教师管理系统

（一）教师教学工作的专业性要求

"Profession" 指需要接受高深教育及特殊训练的专门职业。由此可见，专业的根本属性在于它的不可替代性。民办武术学校的武术教练（教师）毋庸置疑是专业人员，那么学校的文化课教师呢？他们的教学对象以中小学生为主，学生学习的内容在学科领域属于基础性知识，教授的内容当然不具备不可替代性，因为普通师范本科毕业生的知识储备足以应对中小学教学。在英美国家，因为教学工作的不可替代性不明显，教师因而被称为"准专业人员"。④ 那是否可以认为民办武术学校的文化课教师顶多也算是"准专业"？答案是否定的，在我国，《中华人民共和国教师法》明确规定，教师是专业人员。笔者认为，教师的

---

① OWENS R G Organizational Behavior in Education [M]. Englewood Cliffs：New Jersey，Prentice-Hall，1991：26-27.

② 周进. 由冲突到协调：学术自治与科层制 [J]. 江苏高教，2010 (1)：18-21.

③ 姚加惠，李泽彧. 冲突与协调：现代大学管理的民主化与科层化 [J]. 江苏高教，2006 (2)：24-27.

④ 曾晓东. 中小学教师管理的制度分析 [M]. 北京：北京师范大学出版社，2004：78.

专业性不光体现在知识结构上，如何有效地激励和引导学生的学习活动，才是教师专业性的最终体现，而不仅局限于其掌握的学科知识多少。

作为专业人员，教师的专业性能够为学生的发展起到不可替代的判断作用和支持作用，包括教师独立设计教学过程的能力，对学生全面才能的判断能力，创新教学教法的能力，有效沟通促进学生成长的能力等。按照专业人员的标准对武术学校的教师进行管理，是对师资队伍的专业教育基础、专业水平不断实现和完善的过程，有助于促进教师专业性的增强，使教师拥有不可替代的专业能力和特殊的职业规范。在专业人员框架下，民办武术学校的教师专业性首先体现在专业管理上，在立足专业发展的基础上，建立科学合理的分层次的教学管理模式，教学管理组织结构清晰、管理职责分明的模式能够确保学校对教学训练重大事件的科学决策，并保证具体教学实践的开展。另外，要根据学制层次结合先进的现代教学理念和教学训练手段，以"为了一切学生"的价值导向不断提高教学质量，形成一套符合自身办学实际的特色教学训练模式。教学训练模式的形成不仅是理论上的创新发展，还是民办武术学校教师专业性的体现，是教师在丰富的教学训练活动中所形成的经验总结。教学模式应成为一种相对稳定的教学活动组织框架，应能在教学过程中给学校成长带来切实的好处。文化课教师的专业性要求体现在文化课教学中要努力结合多媒体，实施影像教学模式、开拓式教学模式、跨学科交叉式进行模式等，围绕学生喜闻乐见、开拓思维、课下主动学习的养成，大胆对教学模式进行创新，不断完善课程结构体系，总结出一套学科视角下的创新教学模式，真正达到以办学质量、教学质量来兴校的目标。

（二）多激励来源丰富教师激励构成

关于"激励"一词，《辞海》将其解释为"激发使振作"，即激发人的动机，诱导人的行为，使其产生一种内在的动力，朝着所期望的目标努力的过程。通常来讲，院校在管理实践过程中采取的激励措施按照主动和被动的标准可划分为正激励和负激励两种机制。正激励是学校对教职工的"符合学校发展目标的期望行为进行奖励，以使这种行为更多地出现，提高个体的积极性"，主要表现为奖励现金、授予荣誉称号、表扬等。负激励是与正激励相反的一种机制，是反向的激励机制，它是指某个组织中当单个人与组织的目标相违背时，通过采取批评和惩罚等各种措施及时地予以否定，并制止当事人的有关行为的一种机制。负激励机制主要表现为批评、处分、减薪、降级、淘汰等形式，它通过给予当事人压力，使那些背离行为弱化乃至消退，并朝着有利于个体需要满足和学校目标实现的方向发展，进而对其他人产生教育作用的一种管理手段。科学严谨的激励机制可以激发每个教职工的工作热情，调动大家的主动性、积极性和创造性。[①]

除了正、负激励机制外，民办武术学校还要将福利保障和制度激励作为主要激励渠道，可以通过多种途径来提高教师、教练的待遇和改善工作、生活环境作为激励。一些民办武术学校（如塔沟武校、鹅坡武校、宋江武校、北京少林武术学校），通过引入相应的激励竞争机制，对评优评先、考核等级、职称评定、奖金分配等问题做出具体的规定，体现公平竞争的原则，以求最大限度地调动教职工的积极性，促使他们潜心为民办武术学校工作。还要引导教师进行自我激励，教师本身就代表着一种社会形象。"学为人师，行为世范"这八个字对于教师的要求和激励是时时刻刻、方方面面的。作为教师，时刻都要告诫自己为人师表，光明正大地成为社会模范。

（三）师德建设：教师管理的核心

教师职业是世界上组织最紧密的职业之一，所以教师组织在社会中能够起着并且正在起着极大的作用。教师职业的作用主要依托于教师道德的巨大感染力，高尚"师德"一直成为全人类共同追求的目标。自从教育科学的先驱者夸美纽斯将教师职业赞誉为"天底下最光辉的职业"之后，著名教育家洛克、裴斯泰洛奇、第斯多惠等都对教师职业及教师道德做出了各种各样的解释与理解，充分体现出人类对教师职道德理想的最高追求。[②] 民办武术学校教师管理的核心就是要注重教师的师德建设。教师是学校行为文化建设的塑造者，教师的思想政治工作应摆在教育教学工作的首位，注重加强教师、教练的职业道德、奉献精神、事业心、责任感，使师资队伍树立正确的人生观、价值观和教育观，对待学生一视同仁，关爱每一个学生。

教师的师德形象包括教师的工作态度、文明礼仪、精神面貌等。中国传统武术教育者重视言传身教，以身作则，而且把身教放在突出的地位，但应当注意的是，要坚决杜绝打骂、体罚学生等不良现象的发生。"师者，人之模范也。"教师应以平等、尊重、引导为原则，构建师生为一体的教师行为文化。武术学校在民主参与和民主管理方面，要让教师参与到学校的决策和管理中，让教师、教练感受到学校作为家的温暖，营造民主、平等、和谐的校园管理文化氛围，不以行政命令压制教师的个性，让教师的精神和人格得到自主发挥，鼓励教师

---

① 康涛，陈红梅."负激励"在高校科研管理绩效中的运用 [J]. 中国高校科技，2015
（12）：21-23.

② 张桂春. 国外教师职业道德建设的经验及启示 [J]. 教育科学，2001（1）：33-36.

建立自己的教育思想和训练理念，支持教师进行教学改革实验和训练方法创新，形成自己的教学风格，使教师的职业意识、角色认同、教育理念、教学风格、价值取向与学校的主体文化协调一致，温馨典雅、务实奋进的精神应成为民办武术学校组织文化的主流。

三、知行合一：人性化的学生管理

教育存在于复杂多变的环境之中，变化着的不稳定因素往往会打破已经形成的秩序、平衡和稳定状态。在对待民办武术学校管理问题上，需要用发展的观点看问题，不能总是用规范、标准来管理教育，这样不仅达不到预期的效果，而且会给学校管理带来一定的问题。所以，民办武术学校的管理者要依据专业的办学特色，顺应环境和条件的变化，不断完善管理制度，使管理制度符合实际情况，体现人性化、多样性。

在学生管理实践中，要着重加强对学生的思想教育管理，通过调动、转化、规范、引导和教育来进行管理。教育环境的复杂性以及社会的偏见，认为只有"调皮捣蛋的坏孩子""差生"才会去上民办学校、武术学校，导致有些学生来到武术学校本身会有自暴自弃或者自卑等不良心理表现，有些学生对自己的未来也感到迷茫，不知以后的路在何方，久而久之就会形成心理缺陷，加上本身武术学校的生源中有部分学习水平和素质不高的学生，会影响周边学生，因为整体学生水平参差不齐，这就给武术学校的学生管理带来巨大挑战。而且，民办武术学校的学生管理工作既具有思想工作的特点和性质，又有行政工作的特点和性质，同时还具对未来进行服务的特点和性质，对武术学校学生的日常管理中德育工作的开展起到了决定性作用。武术学校学生管理工作中，学生日常管理工作和德育工作之间具有相辅相成性，通过武德武风教育以及各种教育活动，对学生进行德育教育，以德治校。

在武术学校的学生日常管理工作中，德育工作得到了一定的体现，将两者进行有机的结合不单是将管理和教育进行结合，将"知"和"行"进行结合，是将学生和教育工作者进行结合的一种表现。这种结合主要是为了促进学生将学习到的外在内容尽快地转化成自己的知识，所以在学生日常管理中融入德育教育，能够将德育工作更加具体化地体现出来。利用武术技击格斗练习时的"点到为止"与"友好切磋"仁和之心，深化武德教育，实现"技艺提高与武德修养同行"的教育目标。通过在武术训练场合行抱拳礼，在其他场合对师长行抱拳礼、鞠躬礼，以及"站如松""坐如钟""行如风"行为规范的养成，实施武术礼仪教育。民办武术学校在学生日常管理工作中，应建立健全管理制度，使学生能够向着正确的方向发展，按照学校自身的专业培养目标建立一套有效的管理制度，并且严格地实施。

民办武术学校在权衡人的发展本位与社会发展本位时，要坚持以人为本的原则，面向全体学生的全面发展。一方面要确立学生在学校教育中的主体地位，尊重学生的主体人格、兴趣爱好和个性特长，营造民主、平等、和谐的教育教学环境氛围，创造个性化、多样化、开放式的教育教学必要条件，为学生的自主全面发展提供宽广的平台；另一方面要增强学生的主体意识，调动学生的自主性、主动性和创造性，引导学生自主管理，使学生学会做人、学会做事、学会、学会学习、学会探究、学会创造，为学生的未来和终身发展奠定基础。

四、组织文化变革：武校管理文化创新

（一）民办武术学校的组织文化内涵

组织文化广义上被认为是组织在建设和发展中形成的物质文明和精神文明的总和，而狭义的组织文化是指组织为解决生存和发展的问题而树立形成的，被组织成员认为有效而共享，并共同遵循的基本信念和认知。组织文化是一个组织主动建构起来的文化，它与人类学意义上的文化的主要区别是：组织文化是人为的，是有意识建构出来的，人类学意义上的文化是在长期历史过程中自然而然形成的；组织文化需要不断进行调整和更新，甚至重塑，人类学意义上的文化具有很强的稳定性；组织文化有好坏之分，良好的组织文化能够营造积极向上的组织氛围，激励协调员工的行为，人类学意义上的各种文化没有优劣之分，都是人类文化有机组成部分。① 总之，管理活动要求把组织文化当成提高效益的有效资源，不断加以优化，人类学意义上的文化则要求管理活动主动地适应它。

最早使组织文化引起人们注意的当数美国的迪尔和肯尼迪，1982 年他们出版了第一本系统探讨企业文化的权威之作——《企业文化：企业生活中的礼仪与仪式》，其影响极其深远，在各国的企业组织中掀起了一股"文化热"，组织文化的建设越来越受到重视。迪尔和肯尼迪把组织文化的整个理论系统概述为五个要素，即价值观、企业环境、英雄人物、文化仪式和文化网络。② 对于民办

---

① 埃德加·沙因. 组织文化与领导力 [M]. 马红宇，王斌，等译. 北京：中国人民大学出版社，2011.
② 特伦斯·迪尔. 企业文化：企业生活中的礼仪与仪式 [M]. 北京：中国人民大学出版社，2008.

武术学校而言，价值观是民办武术学校组织文化的核心，统一的价值观使学校组织内所有成员在判断自己行为时具有统一的标准，并以此来选择自己的行为。企业环境是指民办武术学校的办学性质、办学经营方向、外部环境、武校的社会形象、与外界的联系等方面，环境因素往往决定了武校的行为。英雄人物是武校文化的核心人物或学校文化的人格化，如武校的创办人或是学校培养的武术冠军等，其作用在于作为一种活的样板，给武校师生提供可以仿效的榜样，对学校组织文化的形成和强化也起着极为重要的作用。仪式是一种活动，把武术学校中某些生活戏剧化、固定化、程式化，以宣传学校的价值观念，强化学校文化。抽象的价值观通过仪式的体现变化为有形、可见的东西，学校的升旗仪式、表彰大会、奖励活动以及各种文娱活动等都是典型的武校组织文化仪式。文化网络指非正式信息传递的主要渠道，它不是用来传递官方信息，而是用来传递文化信息。由文化网络传送出的信息往往能反映事物发生的真正原因及其背景。非正式渠道一旦被人们所重视，就能为武术学校事业的成功担负起重要的功能。最典型的文化网络就是学校内部编辑出版，用于学校内部信息、武校生活情境和情感沟通的内部报纸、杂志等刊物。

（二）自主创新的武校组织文化构建

学校是培养人实现服务职能的组织场所，但现行学校组织行政化严重，赋予学校太多的意识形态意义，忽视了学校组织自身的特点，忽视了教育的文化传承及对人的教育发展功能。[①] 基于当前大环境下学校组织文化的问题，在现代学校制度建设的进程中，需要民办武术学校根据专业发展目标来选择最优的教育业务组合和模式，持续推动管理变革和创新，并不断提升学校的竞争力，不断地创造新的机会并为所有师生提供均等的发展机会，使每一个学生都能够心情舒畅地启迪智慧、获得专业技能，从而构建一种自主创新的学校组织文化。

民办武术学校的深层文化，如学校精神、学校价值观等是最根本、最稳定的，是武校组织文化的根本，直接表现为精神活动，直接具有文化的性质，在武校组织文化中起着根本性的决定作用，是民办武术学校组织文化最重要的组成部分。它具有隐性的特点，常常隐藏在显性的表层和中层文化背后，并影响这两个层面。而武术学校组织文化的表层和中层文化，例如，学校规章制度、学校环境等则属于武校组织文化的显性内容，是以精神性行为和精神的物化产品为表现形式的，是精神的外化，是学校组织文化的重要组成部分，具有外显

---

① 周稽裘. 教育现代化：一个特定历史时期的描述［M］. 北京：教育科学出版社，2009：390-393.

性，它们以其外在的形式体现了武术学校组织文化的特色，体现了学校所特有的精神，但它们不是学校组织文化的根本内容。所以，民办武术学校组织文化建设时，不能仅仅把注意的焦点放在外显的学校环境的改善和规章制度层面的建设上，而主要应该从学校组织文化的深层抓起。

教育工作的意义在于积极地创造而不是被动地反映，正如学习型组织之父彼得·圣吉（Peter M. Senge）所说："让大家在组织内由工作中活出生命的意义。"积极向上的学校组织文化，可以形成教职员工的精神风貌、性格和动力，可以积极地影响学校的能量、工作习惯、运营活动、各部门的合作程度以及对待教育对象的方式。民办武术学校的组织管理文化是创新性的整合主流文化、精英文化和大众文化，形成学校特色的组织文化。组织文化自主创新的主体是教师，学校文化强调对人的尊重和信任，认为人是一个完整、独特且具有个性化、创造性和独立人格的个体。民办武术学校组织管理文化应该朝向开放、民主的方向进行变革，组织文化的自主创新要着眼于学校组织价值观念的转换，重造学校教育的使命。在变革学校管理文化时，要着力于更新现有的学习观念，推崇共同学习的信念，提倡师生探索、交流和试验，建立良好的沟通环境和人际关系，为知识和思想的自由流通提供保障，激发组织成员的学习潜力。

第六章

结论与启示

民办武术学校管理中，专业化与科层化的结合应该有一个最适当的水平，只有在这一水平上的双重取向才有可能获得理想的管理效果，避免管理冲突。但是，具体在操作中如何处理好两种取向之间的关系却始终是个难题。随着社会权力结构逐渐向现代分权型的结构过渡，政府主导的科层组织与民办武术学校统领的专业技术结构必定要从分立走向并重、平衡阶段，并最终形成民办武术学校自治所赖以实现的专业组织结构。在这一背景之下，要使民办武术学校走出双重权威困境，与自主办学理念的追求相协调，就必须在对民办教育进行深入认识的同时，对政府管理的科层体制做出适当变革，以适应民办学校的组织特性，从而调动民办武术学校的办学自主性和积极性。在人类历史上，每一种较大文明的传播和扩展都会带来较大社会地域的（社会学意义的）文化教化，形成某种文化相对广泛的覆盖空间。作为一种文明形态，现代化在人类历史上确实是一种新型、实践上独一无二的文化现象，并逐步带来了人类历史上最为广泛的文化覆盖空间，形成近乎全球或多或少共享的文明框架。其开展孕育出普遍的世界性结构、制度框架和符号系统的发展趋向，如理性化及其表现——社会结构的分化、市场化、民主化等。①

第一节　困境破解：科层化与专业化的调和

一、破局之困：科层权威与专业权威的冲突

专业权威和科层权威是理性组织的两个方面，专业性根源于专业技术知识，

---

① 苏国勋，张旅平，夏光. 全球化：文化冲突与共生 ［M］. 北京：社会科学文献出版社，2006：120-122.

而科层制根源于科层官员要求顺从的合法性要求。一方面，科层组织内部专业知识不断发展；另一方面，又面临着上级的控制和监管，表明他们的冲突不仅是工作上的冲突，而且两者有着理论和经验基础的差距。专业性和科层制不同，专业性自己管理一群专业人员，有自己的职业操守和行为规范，而这非常容易和科层权威的原则要求相冲突。

布劳和马歇尔·梅耶在《现代社会中的科层制》中断言："在当今社会，科层制已成为主导性的组织制度，并在事实上成了现代性的缩影。除非我们理解这种制度形式，否则我们就无法理解今天的社会生活。"① 但科层制从一开始就隐含着它自身的悖论："科层制能使组织规模成长壮大，能使控制加强，能使效率提高，这是一种进步，但它需要付出精神或情感方面的沉重代价……使人沦为庞大的科层制机器中附属而又不可缺少的零件。"② 从常规上讲，科层行政与专业技能被认为是解决复杂问题的选择性手段，如现代社会福利体系的运作。然而，这两种模式的适当性被质疑。李普斯基提出"街头官僚"教师、警察、社会福利工作者、其他掌控政府项目的人的工作比正式组织程序设计的还要周到。李普斯基声称，低级官员考虑的是如此周到以至于公共政策实际上是由他们在掌控，而不是高级官员。这种情况的出现是因为：街头官员的工作情景太复杂以致无法使用规则，对问题的主观或人为的反应常常需要在现场做出应对，这样工作的周全性便增强了个别街头官员行为的合法性。但是，李普斯基认为专业化不会是科层控制政府服务传递的满意替代。专业人员不仅期望得到公共行政部门难以提供的高收入，而且他们的服务常常指向高地位阶层。此外，医疗与法律服务的专业化可能使公共服务者既不向其上级又不向其顾客负责，显然，这不是公共政策执行的满意结果。③ 一方面，专业权威有利于实现教育管理的科学化、均衡化和制度化。首先，专业权威作为特定知识和方法的结合，具有其他权威没有的学科性、知识性，能科学有效研究教育管理的主客体行为，为院校运行发展奠定理性基础。其次，制约政府教育部门的行政权威。为有效控制行政权威的泛用、滥用，专业权威是合理的控制方式，避免督导中集权、特权的出现。最后，专业权威凭借专业声望，可以有效调动教育管理活动中客

---

① 彼得·布劳，马歇尔·梅耶. 现代社会中的科层制 [M]. 马戎，时宪明，邱泽奇，译. 上海：学林出版社，2001：8.

② D. P. 约翰逊. 社会学理论 [M]. 南开大学社会学系，译. 北京：国际文化出版公司，1988：292.

③ 彼得·布劳，马歇尔·梅耶. 现代社会中的科层制 [M]. 马戎，时宪明，邱泽奇，译. 上海：学林出版社，2001：8.

体积极作为，对于促进教育管理制度化具有重要作用，但另一方面，当专业权威过分绝对化、过度迷信和崇拜专业权威时，只会造成专业霸权，严重影响教育管理主客体的平等地位。

在价值取向上，专业性的发展方向是服务，而科层制的方向是原则性地服从上级。科层取向的最突出特点是强调严格的层级节制。在科层取向的学校组织中，每一级职位赋予其承担者对下属进行合法控制的权力，整个组织系统以"服从命令，遵守纪律"为最高控制原则，构成学校内部严格的层级节制系统。由于克服了封建宗法体制中家庭背景、裙带关系等不公正因素的干扰，将组织内的所有控制与被控制关系完全建立在职位关系上，所以层级制强化了学校组织管理的合理性。但是，科层取向过于强调权威的层级制，也导致了一系列问题，最为常见的是教师与行政管理人员之间较为频繁的矛盾冲突。专业取向与科层取向的更严重的冲突，在于教师的专业自主权与科层体制的纪律和控制之间的不可调和的矛盾。教师作为专业人员，通常希望在自己的业务范围内拥有广泛的自主权，他们的行为选择或决定，多以在长期受教育过程中获得的专业知识技能为基础。与行政领导相比，他们更愿意于认同本专业的同行、专家的意见，以他们作为自己行为的参照群体。科层取向要求教师的一切行为接受来自上级行政领导的指示与控制，对教师的行为评价要视其是否与学校现存的各项法规条例一致，这是专业取向与科层取向冲突的最重要原因之一。①

二、双重取向：一种理想的院校管理模式

在我国，受行政管理思想的影响，"科层取向"一直是学校管理中的强势模式。基于"专门化""等级制""技术化""非人格化"等基本思想的"科层制"，在为现代社会的组织管理提供有效工具的同时，在现实的学校管理实践中逐渐陷入了"管理主义"的泥沼，如规矩越多越好、要求越高越好、越量化越好等。由此造成管理思想僵化、制度和考核指标非人性化、管理过程机械化操作等弊端。简单的量化考核使教育教学行为模式化、标准化，妨碍了教师自主性的发挥，降低了职业的成就感；制度制定和实施的非人性化，损害了教师的人格尊严，降低了教师工作的主动性和积极性；工作竞争性的增强破坏了教师之间的合作和良好人际关系的建立等。"科层取向"在当前教师管理与评价实践中表现出了种种弊端：其一，从评价目的看，它偏重于对教师的"鉴定、分等、奖惩"，这种利益驱动的评价机制往往引起教师的抵制甚至公开反对，因此难以

① 张新平. 论学校管理的科层取向与专业取向 [J]. 教育评论，2001（5）：36-38.

从根本上激发教师改进工作的内部动机；其二，从方式上看，在教师评价中，对"领导评价"和"他人评价"方式的过分依赖，使得评价过于注重教师的显性工作而忽略教师的隐性工作，由此造成评价的局限性和片面性；其三，从评价过程看，在评价中更多地审定教师的工作结果而忽视教师的工作过程，这样必然打击被评价教师的积极性，带来一系列消极影响。①

在中国社会，受到传统思想的影响，人们仍然无法把"科层制"从贬义的词汇中完全分离出来。而《现代社会中的科层制》也是从马克斯·韦伯的科层制谈起，讲到目前西方各国对这一体制的实践和对其理论的再认识，对社会主义国家的理论界是怎样看待科层制和对"官僚制度"进行批判的问题全无涉及。因此，我们仍然需要结合中国社会的现状去亲身地对韦伯的科层制进行实践。中国当代行政学的主要奠基人夏书章教授早在1948年发布的《官僚制度与民主政治》（bureaucracy and democracy）一文中就提及这种问题："所谓官僚制度（bureaucracy），有译作'分部政治'者，原是政府组织中的一种行政制度，有时且可用为'行政'之意，然其所遭遇的诟病和责难也极为普遍，如在野者对当政者的攻讦，不能尽如人意的行政措施、表现以及种种弊端……遂使官僚制度的面目全非至没有人注意的余地。"

韦伯型是学校组织中专业取向与科层取向互相融合的结果，所以被称为"双重取向"，是一种比较理想的学校管理模式。② 双重取向在学校管理的硬件方面基本上保留科层体制的学校组织结构，但相应加强了教师的参与管理和专业自主权，并通过系统的法规条例加以保证。在实行双重取向的学校，往往同时存在两个权力系统，区分而治。一是行政的，二是专业的。前一系统自校长、各职能部门的行政管理人员到普通的职工，由上至下实行层层控制；后一系统则由教师及其他专业人员组成自己的层级结构，如专业委员会或教师联合会等组织，进行自我管理。这两个系统协同运作，共同实现对学校的管理。在组织文化方面，双重取向的学校表现出较强的人文特点和较低的机械性，教师与学校管理人员之间的关系表现得比较平等，人们可以感受到自由的空气，法规对人们的行为更多的是起引导而非限制作用。事实上，现实中几乎每一所学校都只是处在某一种发展状态，或者科层化更多一些，或者专业化更多一些。可以推测，专业化与科层化的结合应该有一个最适当的水平，只有在这一水平上的双重取向才有可能获得理想的管理效果。但是，具体在操作中如何处理好两种

---

① 张新平. 对学校科层制的批判与反思 [J]. 教育探索，2003（8）：29-31.
② 张新平. 论学校管理的科层取向与专业取向 [J]. 教育评论，2001（5）：36-38.

取向之间的关系却始终是个难题。总之，专业取向与科层取向似乎很难二者兼顾，但至少有一点可以肯定，即现实中的大多数学校必须尽可能改变单一的权威型模式，以缓解学校内部专业取向与科层取向的冲突，减少学校内部的人员关系疏离，将学校驶向良性运转的轨道。①

第二节　江湖新秩序：利益表达诉求与社会协商对话

一、教育需求变化与公共教育产品短缺的矛盾

近年来，包括教育、公共卫生与基本医疗、基本住房保障、环境保护、公共安全等公共产品短缺的矛盾越来越突出。总的来看，公共产品短缺的突出矛盾不仅是新阶段经济矛盾的重要表现，还是新阶段社会矛盾的聚焦点。全社会公共需求的变化必将带来需求结构和供给结构的变化，并导致原有经济结构不合理的矛盾日益凸显，由此形成新阶段经济转型的巨大压力。②

公共教育作为一种具有正外部性的准公共物品，不但会为受教育者带来各种个人利益，还承担着公民社会、公民文化再生产的功能。按照公共选择理论，政府提供这类公共物品是合理的选择，这不但可以改善公众的生活环境和生活质量，提高整个社会的福利水平，而且可以增加该国的人力资本，保障经济的长期可持续发展。③改革开放以来，我国的教育事业已取得了显著成效，教育投入一直保持较高的增长速度，自 2012 年全国财政性教育经费支出占国内生产总值比例首次实现 4% 目标以来，国家财政性教育经费占 GDP 比例连续超过 4%。④然而，公共教育的实际供给无法满足公共教育的实际需求的状况并没有明显改变。教育关系到全民族发展利益，具有公共产品的性质，世界各国教育投入占GDP 的比重平均在 20 世纪 80 年代中期时已达到 5.2%。教育的重要性体现在教育的实际收益上，教育投入与经济增长均存在双向因果关系，教育投入对经济

---

① 张新平. 论学校管理的科层取向与专业取向 [J]. 教育评论, 2001 (5)：36-38.

② 迟福林. 二次转型与改革战略 [M]. 北京：学习出版社, 2012：285.

③ 李连芬, 刘德伟. 我国公共教育供给短缺的原因分析 [J]. 经济体制改革, 2010 (5)：46-51.

④ 人民网. 国家财政性教育经费占 GDP 比例连续四年超过 4% [EB/OL]. (2016-11-10). http：//edu. people. com. cn/n1/2016/1110/c367001-28851636. html.

增长具有持续显著的高正向激励。① 从教育投入占 GDP 的比重比较来看，我国教育投入严重不足，财政性教育经费占国民生产总值的比重与世界发达国家相比还存在较大的差距。教育公共品供给的总量不足、形式单一和使用低效以及地区之间、城乡之间、不同阶层之间教育公共服务的不均等是我国当前教育公共品供给的突出问题，在公共选择理论看来，这些问题都是政府垄断公共品供给体制的必然产物。②

社会经济的快速发展和生活水平的逐渐提高，进一步保证了教育投资需求的实施。在信息化社会图景中，人本主义带来教育本质的变化：学生成为主动的信息获取者，教育更多地被理解为学生主动获取信息和自我教育的过程，学生自主、多样性的选择能力的培养成为他们发展的关键性因素。③ 在这种形势下，多种形式、独具特色、学有专长的民办教育，理所当然地迎合和满足了广大群众对教育多样化选择的需要，包括武术学校在内的民办教育在短短的几十年间发展如此迅猛，其主要原因之一是我国经济发展到现阶段对人才需求的效应。在教育多样化的发展趋势下，许多家长和学生已不满足现有公立学校的教育模式和方法，他们更希望通过文武双修的训练管理和教育，传承中华传统美德和学风，使学生既能在专业上学有所长，又能在个性上得到全面发展。按照市场经济条件下社会需求和政府导向的演变，民办武术学校经历了从"拜师学艺"到"以文为主"，然后又从"以文为主"到"全面发展"的教育历程变迁。在民办武术学校出现的 40 多年里，可以说在为促进教育均衡公平、实现每个孩子都享有受教育的权利、维护社会安定发展等方面也做出了不可磨灭的功绩。因为我国现行教育制度长期以来有片面追求升学率的"应试教育"倾向，所以许多公办文化学校把一些学习成绩不好、调皮捣蛋、犯过错误的青少年拒之门外并推向社会，很多孩子又不到工作年龄，家长也无可奈何。这一部分青少年无所事事，很容易成为社会的不安定因素，甚至走向犯罪的道路。恰恰是武术学校收留、教育、培养了一批又一批这类孩子，通过习文练武，化"废"为宝，培养他们成为社会的有用人才，解决了社会和家长都十分头痛的问题。

---

① 钟无涯. 教育投入与经济绩效：基于京沪粤的区域比较 [J]. 教育与经济，2014（2）：64-72.

② 鲍传友. 公共选择理论视野下的教育公共品供给问题分析 [J]. 民办教育研究，2008（2）：12-16.

③ 刘复兴. 后现代教育思维的特征与启示 [J]. 山东师范大学学报（人文社会科学版），2001（4）：11-13, 16.

二、科层制主导的三方利益博弈

（一）浅层博弈：政府的强势主导

在民办武术学校管理中，原有利益格局中的受益方与新制度中的潜在受益方之间的斗争一直在持续，具体说就是政府、民办武术学校和代表受教育者的社会力量三方之间的利益博弈。教育领域要利用市场机制配置教育资源，提高教育资源的利用率，更及时准确地适应社会的教育需求，提高教育质量。在政府的强势主导下，市场机制介入往往会引起更多问题。教育产权领域是利益集中的领域，政府可以凭借制度制定者、执行者和监督者的三重身份向学校和受教育者寻租，学校可以凭借自己的自由优势获取额外利益，受教育者也希望以尽可能少的教育投入获得更多的教育回报。在三方的利益博弈中，有学校与政府、受教育者代表的社会力量与学校、受教育者代表的社会力量与政府之间的博弈。[①] 政府的这种优势主导地位是由我国教育投入的特点和教育管理体制决定的，中央政府和地方政府负担主要的教育经费投入，决定了政府拥有教育财产的绝对所有权。此外，教育行政机构作为政府职能部门存在并接受所辖中央或地方的领导，使得教育行政管理机构具有完全的科层特色。

博弈三方中，政府是强势方，政府的教育决策直接影响着民办武术学校的办学制度和发展方向。政府与学校间关系的调整、受教育者利益的维护，都要依靠政府的力量。政府对民办武术学校实行行政管理，在二者博弈中，学校受制于政府，在社会力量与民办武术学校的博弈中，政府以仲裁者的身份出现，监督学校的办学行为。代表受教育者的社会力量与政府博弈，政府采纳与否，能否按照社会力量提供的主张进行决策，取决于政府对各方利益的权衡。代表受教育者群体利益的社会力量，通常由家长组成，但往往无法成为有效组织或团体与政府或学校进行对话，存在先天不足。因而在维护受教育者切实利益时表现得没有足够实力，甚至力量甚微，不能与政府和学校形成均衡的博弈力量。

（二）政府科层管理的弊端

马克思·韦伯在《经济与社会》一书中提出"理性官僚制"的理念，并介绍了其发展过程及存在特征。他认为此类组织的独特属性在于：组织任务以职务职责的形式在各种职位间进行分配，即职业化分工，通过实现对现代经济社会劳动分工的诉求，让组织成员各尽其能，各司其职，避免混淆，以实现组织效率；职位或职责被组织成一种等级权威结构，即官僚体制中层级化组织模式

---

① 张娜. 权利与规制：学校产权制度论［M］. 北京：教育科学出版社，2010：85.

的体现，这在政府和大型公司中最为常见，组织成员在层级形式中以权力范围为基础，形成一层一层的链条，上司对下属权威的范围界定得很清晰；一套正式确立的规则和条令支配了职员的决策和行为，即体现官僚制合法性的规则化，这为组织活动的运行提供法治保证，增强了组织的稳定性；职员在与客户和其他职员的接触中应基于一种无感情的准则，即防止职员在履行职责的时候被个人情感破坏理性判断的非人格化，为了同一个组织目标，去除"人治"中的人性化特征，从而使社会系统不断理性；组织的雇佣构成了职员的职业生涯，即官僚制赖以发展的基础之一技术化，职员通常是全职的雇员，并期待在机构中完成其终生的事业，但雇佣的基础是候选者的技术资格。技术的提高使组织中专业人士越来越多，工作效率越来越高，组织成员整体素质也越来越精良。① 彼得·M. 布劳和 W. 理查德·斯科特在《正规组织：一种比较方法》一书中，认为几乎所有的现代行政组织（以及一些古代的行政组织）都是按照科层体制组织起来的。② 韦伯认为科层组织原则使理性决策和行政效率得以最大化。按照他的说法，科层制是最有效的行政组织方式，因为经验丰富的专家最具有资格做出技术上的决策，而且由抽象规制支配、权威等级协调的遵守纪律的工作表现能培育出一种对组织目标理性而连续的追求。但韦伯对科层制组织的分析并不是实证上的，而是把它作为一种理想的类型。

在我国民办武术学校的管理实践中，政府长期占据学校管理的主导地位，而且缺少相应的制衡机制，因此容易形成政府科层管理的弊端。如政府职能规范的错位，行政人员人为的混淆权力规范与非权力规范，或是将权力规范化当作非权力规范，或是将非权力规范当作权力规范，致使在民办武术学校管理工作中机制僵硬、管理不顺，政府职能的越位干涉导致多头审批、多头管理或只批不管、只收费不管的混乱局面。缺乏严明的法律和强有力的监督约束机制，致使政府对民办武术学校的控制无限扩张，甚至出现权力滥用，造成对管理客体的侵犯。在科层组织层级管理和权威等级下，行政人员容易局限于科层框架之内，拘泥于形式上的完善和精确，没有对形式合理性所表现出来的规范和技术做出批判性的思考和价值的审视，致使服务能力有限，对行政工具的使用和把握单一且缺乏专业性，造成管理思想僵化、制度和考核指标非人性化、管理过程机械化操作等弊端。从我国民办武术学校政府管理的实践来看，并不能怪

① 马克思·韦伯. 经济与社会 [M]. 北京：北京出版社，2008.
② 彼得·M. 布劳，W. 理查德·斯科特. 正规组织：一种比较方法 [M]. 北京：教育科学出版社，2010：85.

罪于科层制不好，关键在于政府"理性官僚制"的缺乏，丢失了韦伯所要求和继承的"理性""合理"及"合法"。

三、利益诉求与正和博弈

（一）一种新的公共需求：利益表达与利益诉求

教育需求的日益提高与教育资源供给之间的矛盾根结在于教育制度中的一些不合理因素。比如，在学制、教育法律、教育财务制度等方面，从而在教育资源和教育利益的分配上，存在着相对不公平，形成了教育利益的冲突。这种冲突和矛盾促使教育制度发生变革，以改变原有不合理、不完善的制度安排，在教育制度改革中贯彻公平理念，推动教育制度的改革和发展。所以，教育制度改革的深刻根源是内含于教育内的利益诉求背景与教育利益的冲突。① 随着经济社会的快速发展，利益主体多元化、利益主体分化成为大趋势。基于利益关系的教育矛盾和管理冲突将逐步增多，在这个特定背景下，利益表达和利益诉求开始成为全社会一种新的公共需求。

在《教育炼狱十年——南洋教育集团前董事局主席任靖玺自述》一文中，任靖玺最后总结道："民办教育面临的一切苦难，源于教育行政部门对教育的垄断权力和利益控制，源于教育行政部门对民办教育的歧视和打压，源于一切教育官僚不顾国家民族命运只顾谋取部门垄断利益。"② 这个结论也许有所偏颇，但他所提到的这些现象确实存在，也确实成为阻碍民办武术学校健康发展的主要因素。民办学校管理中，为什么利益相关者会有这么大的怨气，甚至不惜将事情闹大？其中的主要原因就在于尚未建立利益表达、利益诉求的制度化渠道。面对政府的强势主导，民办武术学校和受教育者代表的社会力量（主要是家长、学生群体）是相对的弱势群体，他们在切身利益表达和诉求得不到有效回应或沟通不畅时，更需要"减压阀"，构建制度化、规范化的表达渠道和平台，可以有效引导社会成员的表达行为，避免矛盾的恶化和冲突的升级。

市场化转型带来利益格局的深刻调整，不仅触及个体利益，而且往往涉及某个社会群体或阶层。不同利益群体之间的矛盾和冲突便大量产生。尤其是在相关政策规范尚未建立或尚不完善，利益群体缺乏有效的诉求表达渠道而利益受损的时候，由此带来的利益矛盾具有很强的普遍性。建立市场经济条件下的利益均衡机制，关键是首先要承认各类群体利益的合法性，其次加以制度化

---

① 马健生. 现代教育制度与思想 [M]. 北京：高等教育出版社，2009：137.

② 杨东平. 中国教育发展报告 [M]. 北京：社会科学文献出版社，2006：125.

安排，包括信息获得机制、诉求表达机制、施加压力机制、利益凝聚机制、利益协商机制等。① 利益协商机制是在利益诉求明确表达的基础上，沟通协商对话渠道，建立对话和谈判协商制度，并成为利益相关者表达诉求、维护自身权益的制度安排，利益表达、社会协商、公众参与的目标是形成完善、有效的公共治理结构。为此，新阶段创新社会管理，应当规范发展多种形式的社会参与，如建立健全政府和学校信息公开、听证、检举等公共参与制度，建立民办武术学校、受教育者代表群体与政府、公共领域的沟通平台，使之成为各方利益主体进行利益协调的主渠道。

（二）促进利益方正和博弈

基于布迪厄的场域资本理论视角，组织的每一个行动均被行动所发生的场域所影响，内含着不同利益群体、目标追求的权力博弈。② 博弈从收益和损失的对比上分有三种类型，即正和博弈、负和博弈与零和博弈。正和博弈是各博弈方在博弈之后都有收益，博弈方是合作的关系。负和博弈是各博弈方都有利益损失，是完全对立的做法。零和博弈是一方的收益恰好等于另一方的损失，经济领域内，只有正和博弈才会带来社会财富总量的增长，因为正和博弈能为博弈各方带来好处，是理想的博弈方式。正和博弈的博弈方是合作协调的关系，各方有自己不同的利益，并非完全的对立方，博弈各方在利益协调中实现各有所得。③

从民办武术学校专业权威下的自主自治和政府科层权威下的行政权力之间的博弈来看，民办武术学校在专业权威基础上建立的多元化发展的培养目标，以不变应万变，使学生学有所长，以适应社会对武术人才的不同需求，通过专业权威的影响为学生提供了广泛的对口就业渠道。而政府基于人的全方面所提出的"全面发展"教育方针，意在促进学生综合素质的提高，从而提高学生适应社会发展的实际能力。学校与政府的教育目标其实是一致的，都是为社会提供可用之才，只是双方的行为方式和路径不同，因此造成了民办武术学校办学自主的专业取向与政府科层体制纪律与控制的科层取向之间的博弈和管理冲突。但不可否认的是，政府、学校和代表受教育者利益的社会力量，他们都是教育发展的受益者，尽管在利益上并非完全对立平等。

我国政府、学校和受教育者三方力量不均是民办武术学校发展的主要障碍，

---

① 迟福林. 第二次改革 [M]. 北京：中国经济出版社，2010：215.

② WACQUANT L D. Towards a Reflexive Sociology：A Workshop with Pierre Bourdieu [J]，Sociological Theory，1989（7）：39.

③ 张娜. 基础教育产权制度研究 [D]. 上海：华东师范大学，2007：67.

应该积极提高学校和代表受教育者的社会力量的博弈能力，在三方的正和博弈中完善民办学校管理制度，只有博弈三方力量均衡，民办武术学校才能不断提高教育质量，促进健康发展。博弈三方在承认利益分化的基础上，在公平的原则下，通过法律、政策等手段，构筑有效的谈判沟通和意见表达的平台，如借助媒体、网络、社会组织等渠道，保证社会中不同的群体、不同的阶层进行利益博弈时，拥有相对平等的权利和能力。尤其是对于弱势一方，在利益受损时，能够通过制度化的形式和渠道有效地进行利益表达，保护自身合法权益。教育发展的最终目标是让普通民众都能接受教育。现代教育的发展应当不断普及和扩大范围，让不同层级的人都能接受教育，更大程度地实现教育机会均等。良性发展的教育是有益于国家、社会和民众的教育，能促进人和社会的共同发展，同时满足国家利益、团体利益和个人利益。不论是专业发展取向的教育还是全面发展取向的教育，都可以成为实施这种途径的教育形式，可以提高国民素质，满足经济增长和社会发展的需要，增进和扩大社会民主。

第三节　政府责任：推进民办武术学校教育现代化

一、教育现代化的价值取向：全面发展与专业发展的统一

现代化是自科学革命以来人类急剧变动过程的统称，人类社会这种史无前例的变化不仅限于工业领域或经济领域，还发生在知识增长、政治发展、社会动员、心理适应等各个方面。科学革命具有改变人类环境的巨大力量，形成特殊的社会变迁方式，而社会各单元对于这一新环境和变化的适应和调整的过程就是由传统社会过渡到现代社会的现代化过程。如果说马克思的学说为我们认识西方现代化的初始条件与动力来源指明了方向的话，那么韦伯的理论则有助于人们把握现代性的基本特征。① 马克斯·韦伯很早就关注到现代化问题，在其代表性著作《新教伦理与资本主义精神》中，韦伯从历史发展的角度，对整个人类社会的发展进行全面剖析，总结出社会历史发展的基本规律。在书中，韦伯的庞大宗教社会学体系中蕴含了一个今天仍在困扰当代世界的主题，即宗教

---

① 钟明华，魏明超. 现代性是如何生成的：马克思和韦伯的视角［J］. 现代哲学，2009（2）：39-44.

与现代化的关系问题。① 从韦伯学派的社会学观点来看，现代化就是"合理化"，是一种全面的理性的发展过程。彼得·布劳与理查德·斯科特在《正规组织：一种比较方法》中认为专业生活的专业形式与组织行政的官僚形式是流行的两种制度模式，在很多方面象征着现代社会。此外，专业原则与官僚原则虽有不同的东西，但还是有着很多的共同元素。② 现代化是一个复杂的历史发展过程，它不是局限于社会生活的某一领域，而是包括社会生活的一切基本方面，而教育恰是社会生活的基本方面之一。20世纪70年代后期和20世纪80年代初期，美国学术界曾出现一股对西方现代社会和西方中心论进行反省的潮流。罗兹曼、布莱克等人在1974—1981年写成的《中国的现代化》与20世纪60至70年代带着"现代化就是西方化"甚至是"美国化"偏见的社会学家 T. 帕森斯和 H. 罗斯托等人有所不同，他们承认不同国家有不同的现代化道路。③ 以色列社会学家艾森斯塔德把教育视为讨论社会现代化问题不可缺少的重要方面。④ 教育是培养人的一种社会活动，就是个体的社会化的过程。⑤ 更具体一点说，教育就是由教育者根据社会的要求和人的身心发展的规律，对受教育者所施加的一种系统影响活动。在这一活动中，既要体现出社会要求，又要反映出人的身心发展规律。

1919年，五四运动拉开了中国现代史的帷幕，中国现代教育制度也是从这个时期开始真正建立起来。⑥ 我国的教育现代化是一种后发追赶现代化，它必须同时完成两次跨越：一是由农业社会迈向工业社会。这一阶段主要以发展经济为主，以工业化、城市化、专业化、民主化为特征，关注资本和资源的利用，反映在教育上则是追求科学与效率、民主与平等，重视教育的普及，其最重要的功能是为促进经济发展输送合格人才。二是由工业社会迈向信息社会。这一阶段主要以促进人本身发展为主，反映在教育上则是追求个性化、多元化、国际化和信息化等，为人的发展创造更好的环境。⑦ 资中筠先生曾痛心疾首中国教

---

① 马克斯·韦伯. 新教伦理与资本主义精神［M］. 彭强，黄晓京，译. 西安：陕西师范大学出版社，2002.

② 彼得·M. 布劳，W. 理查德·斯科特. 正规组织：一种比较方法［M］. 北京：东方出版社，2006：69.

③ 吉尔伯特·罗兹曼. 中国的现代化［M］. 比较现代化课题组，译. 南京：江苏人民出版社，1995：10.

④ S. N. 艾森斯塔德. 现代化：抗拒与变迁［M］. 张吕平，沈原，陈育国，等译. 北京：中国人民大学出版社，1988：19.

⑤ 马健生. 现代教育制度与思想［M］. 北京：高等教育出版社，2009：181.

⑥ 周稽裘. 教育现代化：一个特定历史时期的描述［M］. 北京：教育科学出版社，2009：3.

⑦ 胡卫，唐晓杰，等. 中国教育现代化进程研究［M］. 北京：教育科学出版社，2010：4.

育，"如果中国的教育再不改变，中国的人种就会退化"。教育形态的变迁是教育各个层面的变化、演进过程，主要指教育结构（行政管理体制、学校结构、课程结构等）分化和教育功能增生改变的过程。教育现代性是现代教育一些特征的集中反映，它体现了在教育现代化过程中教育呈现的一些新特点和新性质，教育现代性的增长是教育现代化进程的根本特征。① 未来的社会生产越来越个性化，教育既要培养学生全面发展，又要培养其个性发展。在教育管理实践中，受教育者的个性化和社会化并不总是处于一种非此即彼的对立状态，二者往往是同一过程的两个侧面。所以，根本没有必要将全面发展和专业发展割裂开来，甚至对立起来，而应该尽可能使二者达到某种统一。

　　教育的现代化发展使教育活动具有多种多样的价值，人们在受到社会历史条件制约的同时，也可以根据自己的需要，对教育的价值进行选择。也就是说，人们可以根据自己的教育目的的价值取向来选择不同的教育价值，制定不同的教育目的，从而实现不同的教育价值。1978 年以后，中央出台了一系列关于教育改革的文件和政策，大力促进我国教育向现代化教育转型。1983 年 10 月 1 日，一代导师邓小平同志提出："教育要面向现代化，面向世界，面向未来。"我国著名的教育学家、北京师范大学教育管理学院院长顾明远教授认为："教育现代化是以现代信息社会为基础，以先进教育观念为指导，运用先进信息技术的教育变革的过程，是传统教育向现代教育转变的过程。"现代化学者维纳在《现代化：增长的动力学》中指出："虽然社会科学家们对价值与态度如何变化的看法不同，我们可以肯定的是，价值与态度的变化乃是创造一个现代化社会、经济与政治体系的先决条件。"② 以此看来，如果只讲社会制约下以全面发展为教育目的，而不关注个体对专业发展价值取向的教育目的诉求，那么，就会陷入形而上学或机械唯物论。同理，如果只重视个体对专业发展教育目的的价值取向，而不分析教育目的的社会制约性，那么，教育目的的制定者则会成为唯心论者或唯意识论者。

二、教育现代化的公共精神

（一）人的教育现代化

教育现代化是动态发展的，它的核心是人的现代化。因此，它应该始终置

① 褚宏启. 教育现代化的路径［M］. 北京：教育科学出版社，2000：8.
② 孙立平. 传统与变迁：国外现代化及中国现代化问题研究［M］. 哈尔滨：黑龙江人民出版社，1992.

身于社会经济文化发展的优先地位，教育现代化作为政府的责任工程，突出了政府在教育现代化道路建设上的主导推进性和制度保障性。英国教育学家托马斯·沛西·能在《教育原理》中提出："一切教育努力的根本目的应该是帮助男女儿童尽其所能达到最高的个人发展。"① 马克思和恩格斯在全面发展的概念中，不仅不排斥每个人的个性发展，而且是以每个人的自由发展为条件的。《马克思恩格斯全集》指出："文化科学技术的巨大进步，社会组织的合理化和科学教育的全面实施等等，都为人的自由发展、个性解放创造了一切有利条件。"② 从哲学角度观察，人的现代化是由传统人格转化为现代人格的过程。美国哈佛大学国际事务研究中心的调查研究材料对"现代化的人"的"分析模型"和"行为模型"都做了具体解释，并在分析模型中提出了几个要求：愿意接受新事物，思想上倾向于革新和变化，乐于发表见解，实践观念较强、对人本身的能力较有信心，计划性较强，普遍的信任感，信奉并且愿意遵循"公平待人"的原则，对新式教育感兴趣，比较尊重他人。③ 个人现代性的获得意味着人的态度和价值观的改变，而这又必然伴随着行为的改变，这些行为的改变能导致国家经济体制的现代化。英克尔斯和史密斯在《从传统人到现代人：六个发展中国家中的个人变化》中指出："在当代世界的情况下，个人现代性素质并不是一种奢侈，而是一种必须。它们不是派生于制度现代化过程的边际收益，而是这些制度得以长期成功运转的先决条件。现代人素质在国民之中的广为散布，不是发展过程的附带产物，而是国家发展本身的基本因素。"④ 英克尔斯更是认为，在决定个人现代性之中，教育本身是一个非常强有力的直接和独立因素，学校通过学习课程的正式教育以外的很多活动过程使人现代化。在"受教育较少"的人中，具有现代化品质的人的平均比例是30%，而在"受教育较多"的人中则占49%，这就十分有力地说明了教育对个人现代化有直接的独立的贡献。⑤

我国著名教育学家顾明远教授曾对人的现代化教育做过这样的论述："现代化教育是建立在先进科学技术基础上的，与生产劳动和社会活动紧密结合的，能够满足全民学习、终身学习需要，促进社会和谐发展和人的全面发展的教育

① 托马斯·沛西·能. 教育原理［M］. 北京：人民教育出版社，1992：2.
② 中共中央马克思恩格斯列宁斯大林著作编译局. 马克思恩格斯全集［M］. 北京：人民出版社，2007.
③ 杨弃之. 什么是"现代化的人"？：介绍哈佛大学国际事务研究中心的调查研究［J］. 国外社会科学，1981（10）：33-36.
④ 阿列克斯·英克尔斯，戴维·H. 史密斯. 从传统人到现代人：六个发展中国家中的个人变化［M］. 北京：中国人民大学出版社，1992.
⑤ 阿历克斯·英格尔斯. 人的现代化［M］. 成都：四川人民出版社，1985：97.

活动"。教育现代化虽然先是在西方国家发生，但教育现代化并非西方化。教育现代化有多种模式，我们要建立有中国特色、中国气派、中国风格的现代教育体系，我国培养的现代化人才必须是"德、智、美、体"等方面全面发展的，这是我国教育现代化对受教育者在个人素质结构方面的培养要求。① 所谓提高个人素质，就是要使人们身上那些人之为人的属性得到健康生长，成为人性意义上的优秀的人。德育的目标是培育善良、高贵的灵魂，帮助其确立人生坐标，做一个有道德、有信仰的人；智育的目标是培养自由、独立的大脑，更是培养人追求真理的勇气、智性生活的习惯和独立思考的能力；体育的目标在于培养人强健的体魄和乐观的心态，以健康的身心和充沛的精力投入学习中去；美育的目标是培育美丽、丰富的心灵，塑造鲜明的个性和多彩的内心世界；劳育的目标是培养学生进行劳动观念和劳动技能的教育，进而打造吃苦耐劳、富于创造的精神。此外，教育现代化是贯穿人一生的教育过程，而不是某个特定阶段的教育。随着人类已经进入高速发展的知识经济时代、信息化时代，教育逐渐走向社会化和国际化，终身学习也成为每个人的必然选择和社会发展的必然趋势。

（二）公民教育：教育现代化语境下的公共精神

公民是一个社会人及政治人，是以社会和国家的一个成员身份而存在的，其处世原则依赖于其与社会的契约而定，即具有相应的公民权利和义务。② 从"教育"二字的整体含义来看，它包含着由教育者对受教育者所施加的影响过程，最后达成教育者所设想的目的。其社会功能比较明显，当然这其中也包含着对受教育者的发展要求，但这些要求也是外铄、社会的。现代化赋予教育越来越深刻的公共性与公益性。公共理性是一个民主国家的基本特征，它是公民的理性，是那些共享平等公民身份的人的理性。他们的理性目标是公共善，此乃政治正义观念对社会之基本制度结构的要求所在，也是这些制度所服务的目标和目的所在。可见，美国政治哲学家罗尔斯教授正是在政治的正义观念透视下来看待公共理性的，并把公共理性作为公民民主思想的核心，其运行的目标正是公共之善和社会的公平正义。

韦伯对于新教伦理与资本主义精神的肯定，也是对促进社会生产力的经济行为与求利行为的道德赞赏，也是在这种观念和精神影响下，西方个人主体意

---

① 马健生. 现代教育制度与思想［M］. 北京：高等教育出版社，2009：187.

② 李萍，钟明华. 公民教育：传统德育的历史性转型［J］. 教育研究，2002（10）：66-69.

识、理性精神及平等观念等才得到快速的普及和实现。一种虚位的上帝观念实际上成为人们精神信仰的家园，也成为一种实在的公共精神。① 公共精神包括民主精神，即公民的意愿是政府合法化的唯一来源；法律的精神意味着公民对现代社会公共社会制度、规制、契约的恪守和维护；公正的精神是承认社会公民应具有平等的权利并不受到公共权力所侵害；公共服务精神是公民对国家共同体利益、秩序和发展，履行自己的义务，其表现为一种利他主义的精神。② 公民教育的理念和模式作为教育本身历史发展中的一个实现方式，这一方式本身是现代的，表征着教育现代性。公民教育与教育现代化是息息相关、如影随形的。西方原发内生现代化国家在追求现代化时大多寄望于公民教育，教育也是从那时起开始被赋予了公共性、伦理性的含义。现代人不仅追求个人拼搏与奋斗以实现个人价值，还追求建立社会责任感，积极投身于各种社会建设中，在社会公共服务、公益事业中实现人的更深刻的社会价值，寻找更深刻的人生幸福。公民教育所塑造的民众人格成为现代化进程的行动主体，公民人格与传统的臣民人格相对，成为变革社会、启蒙心智及激励进取的力量，公民教育的出现通常标志着社会对教育现代化的追求。教育现代化也是保障人民受教育权利，追求高质量的教育平等，让教育成果惠及人民的现代化。同时，教育现代化也必须能够为社会经济、文化等发展提供有效的支撑，为培育高素质公民提供保障，并让全体人民共享教育现代化的成果。

现代公共教育体系发展的水平和教育公益化程度，成为衡量一个国家和地区的社会文明先进与否、人民福祉增进与否的重要标志。在教育的自由主义精神和公共主义精神的张力运动中，民办教育的发展更富有"个性的""选择自由的"和"高质量的公平"，使教育现代化的公共精神更加深化。教育作为"公共产品"，承担着促进社会团结、提高社会共同的公共利益的最重要公域，尤其是在一个科技生产高度社会化、组织结构高度体系化、社会成员高度依存的后现代社会里，培养合格、高水平的公民，提高知识的整体生产力水平，最大限度提高社会的整体公益水准是现代化教育的首要考虑问题，然后才是一定的选择性和排他性，即教育非公共性的发展。教育现代化越来越成为国家重要的公共职责和规模最大的政府公益事业，原因即在此。③ 民办武术学校也在教育现代化的巨大驱动下，高举着弘扬自由主义精神和社会公共精神两面大旗昂首前行。

---

① 马克斯·韦伯. 新教伦理与资本主义精神 [M]. 彭强，黄晓京，译. 西安：陕西师范大学出版社，2002.
② 刘鑫淼. 当代中国公共精神的培育研究 [M]. 北京：人民出版社，2010：201-202.
③ 舒悦. 区域教育现代化增长研究 [M]. 广州：广东高等教育出版社，2013：44-45.

三、政府主导下的民办武术学校教育现代化建设

（一）管理体制现代化建设

政府的教育决策直接影响着学校管理体制的发展方向，没有政府对民办武术学校管理制度的认同，其管理体制现代化建设不可能顺利进行。政府与民办武术学校间关系的调整、受教育者利益的维护，都要依靠政府的力量，政府的管理能力和决心直接决定着民办武术学校管理体制的现代化建设。[①] 韦伯型管理模式是学校组织中专业取向与科层取向互相融合的结果，所以被称为"双重取向"，是一种比较理想的学校管理模式。事实上，现实中几乎每一所学校都只是处在某一种发展状态，或者科层化更多一些，或者专业化更多一些。正如前文所提到的，民办武术学校管理上的专业化与科层化的结合应该有一个最适当的水平，只有在这一水平上的双重取向才有可能获得理想的管理效果。

民办武术学校在内部管理上应根据转型升级的需求调整完善学校管理机构，实行精细化的系统管理机制，建立健全学校以人为本、科学高效的管理运行机制。管理机制必须从加强制度建设入手，制定各项管理制度，不断规范办学行为，强化内部管理。校领导要明确分工，充分发挥各自职能，协调各部门之间的关系，实现统一领导与民主决策相结合，充分调动各部门工作的积极性和创造性。在教学训练常规管理和学生日常生活行为规范管理上多下功夫，通过建立德育处来负责学校德育工作的指导、督促、检查和评估。根据学校办学层次及人才培养定位，形成学部制的管理组织结构模式，建立分层次、多样化的管理体系，调整、优化学校直属行政机关部门的岗位职责，努力形成管理层次少、管理效率高、管理成本低的扁平化管理模式。武术教育集团在宏观管理层面实行董事会、监事会的"双会制"领导和决策体制，以保证学校运作的规范性，强化权力制约和监管机制，构筑科学化的运营管理模式。

在民办武术学校产权制度、组织制度和管理制度等方面着手建立学校现代化管理体系，以保障武术学校正常顺利运营。首先应理顺产权关系。我国的民办武术学校大都由第一代创办人逐渐注入资金一手建立的，由于学校未落实法人财产权，与办学相关的大部分校舍及土地等资产，在财务处理上基本登记在举办者名下，举办者任意使用、支配学校收入，甚至挪用学校财产进行经营性活动都没有相应的约束。在发展转型中要逐渐实行分类管理，明晰产权关系，由校委会统一管理学校财产，分别登记建账，实行专项管理。其次，学校要聘

---

① 张娜. 权利与规制：学校产权制度论 [M]. 北京：教育科学出版社，2010：185.

请德才兼备的职业经理人，大胆选用外界品行好、有能力的专业管理人才，实行产权和经营权分离，实现产权家族化，管理社会化。最后，要建立武校的现代化管理制度体系，建立健全监事会、工会、党团、教职工代表大会等组织机制。

（二）教学条件现代化建设

教育设备的现代化同样重要，装备设施和使用现代化设备也是民办武术学校发展的必由之路。① 国内的各大型民办武术学校都将办学硬件条件作为现代化学校教育的必备条件。如山东莱州中华武校，在武术训练设施方面建有大型训练场馆 7 个，其中武术套路训练馆 2 个，散打训练馆 3 个，跆拳道馆 1 个，摔跤、拳击馆 1 个，力量训练房 1 个，总面积为 9914 平方米，同时建有室外训练场地大小共 6 块，总面积近 1.6 万平方米。实训设施设备器材 4000 余套件，总金额达到 1575.8976 万元，其中，实训设备总额为 690.2976 万元，生均 5136 元。学校图书馆设教师阅览室、学生阅览室、藏书室、借书室等，场地齐全，现有藏书达到 4.1 万册，其中专业图书 12368 册。学校于 2005 年就建立了千兆校园网络，现有高配置电脑 347 台，新增 63 台，教师均配备教学用笔记本电脑，学生电脑教室 3 个。学校全部教室都安装了先进的多媒体教学设施及有线电视系统、校园网系统，教师可以用多媒体课件进行教学。2015 年，学校按照山东省规范化职业学校的要求，对校舍及教学训练实施进行了升级改造。新建塑胶地面灯光篮球场 2 个，硬化武术训练场地 7000 余平方米，增添武术训练、健身教练培训设备器材千余件，教室全部更新配套了多媒体教学设备，新购图书 30200 册，使文化教学、武术训练条件全部超过规范化学校标准。

河南省登封市引导民办武术学校围绕"少林功夫"主题，将武校教育与当地文化相融合，把加快建设校园少林武术文化基础项目作为民办武术学校校园文化工程建设的重点，主要建设以少林武术为代表的中国武术文化展示传承基地、少林竞技演艺示范舞台、少林武术学术研究和交流的国际平台、尖端人才培养基地、嵩山少林核心景区延伸体验观光产品等。仅塔沟武校就投资 2.5 亿元，建成了嵩山少林武术博物院静态展示区、功夫文化交流活动中心以及演员生活区，占地面积 203.31 亩。塔沟武校下一步将进行动态展示区（武术擂台赛和武术演艺厅）的重点建设，还将在嵩山少林武术博物院投入 1600 万元建设办公楼、练功房、武术演艺馆等。在教学硬件投入上，为了提高课堂教学效率，实现现代化教学，塔沟武校在 2015 年到 2016 年新增语音室 4 个，语音设备 4

① 成彦明. 办好学校的关键策略［M］. 南京：南京大学出版社，2010：28.

套；新增普通话测试站设备 1 套，试卷保密室设备 1 套，录播室设备 1 套；新购进教学一体机 433 台、教师课堂电脑 1000 台、课桌 6875 张、方凳 5869 个、办公桌凳 1000 套，共计投资 975 万元。为了继续改善师生学习、生活条件，集团董事会经过研究，决定在 2016 年投资 8000 万元，用于购进教学和生活设备，新建教学楼、训练房、田径场、家属楼等。该校还通过实施校园环境美化、绿化、学校标志形象塑造、少林文化物质建设，创造优美舒适、底蕴深厚的校园文化环境，并不断扩充学校图书馆，丰富书刊和资料，还设立了校园文化走廊，除了展示学校荣誉、培育人才的成绩外，还结合社会主义核心价值观展出优秀学员、道德模范、民族英雄的光荣事迹，进行社会主义正能量的弘扬。

随着现代化信息技术向教育领域的迅速扩展，教育技术环境不断革新，呈现出应用现代化技术手段来优化教育、教学过程的趋势。通过人们的不断应用，现代教育技术发挥出优化教学、提高教育质量等价值。此外，在武术专业技术训练方面，随着现代科技、教育、文化、医疗、心理、信息等技术知识在武术训练教学过程中的渗透和应用，竞技武术的水平越来越高，这就要求民办武术学校必须不断地创新训练观念、技术、方法和手段。例如，为了增强武术套路中运动员空中旋转后落地的稳定性，国家武术运动队和个别训练条件较好的武术学校引进了专门定制的武术脚踝运动器，因为套路运动员在进行空中旋转后落地是否稳健是武术套路比赛中重要的评分标准。因此，套路运动员的脚踝力量就变得很关键，强大的脚踝力量可以为运动员平稳落地提供强有力的支撑，减少比赛失误，获取稳定发挥。这些现代化的教学训练技术改变着社会和经济的发展，影响着人们的生活方式，现代化教育技术的进步和使用也为民办武术学校的发展带来了更广阔的发展空间。

（三）师资队伍现代化建设

在我国教育界，普及义务教育后，公共教育难以满足人们对优质教育的需求的状况，使教师不得不面对来自社会各个方面的批评，要求教师管理体现"问责"的呼声越来越高。①② 在外界的强大压力下，教育界逐渐形成了专业人员框架下管理教师的制度路径，一方面要强化教师管理对保证教育质量的必要性，另一方面要突出教师的专业性对提高教师地位和改善教育质量的重要性。③

① 王建慧，沈红. 美国大学教师评价的导向流变和价值层次 [J]. 外国教育研究，2016 (7)：32-44.

② 孟卫青，吴开俊. 中小学教师工作绩效评价系统的发展：英美经验 [J]. 比较教育研究，2013 (9)：77-82.

③ 曾晓东. 中小学教师管理的制度分析 [M]. 北京：北京师范大学出版社，2005.

专业性框架下的管理教师的路径选择，必然要求教师管理制度在组织架构、激励制度设计和控制手段上体现专业力量在教师管理中的作用，要求按照专业所涉及的内容和标准对教师人员施加管理。

民办武术学校紧跟素质教育的时代呼声，在文化课教学和武术专业训练上，要求教师、教练按照相应课程标准并结合学生的实际情况制订教学计划，并结合就业、升学对学生进行专门指导，充分发掘不同学生的潜质，做到有教无类。在培养武术师资方面，各武校都不断加大对武术教练员的培训力度，结合国家和省武术主管部门的要求，积极改革培训模式，开放培训的内容、时间和空间，并对武术教练员的相关专业理论知识进行强化培训学习，将先进的训练理念、科学的教学方法在训练实践中使武术教练员运用掌握。武术学校内部还定期进行训练、学习及考核，要求教练员参加武术段位评审和裁判学习，推行持证上岗制度，强化了教练员的专业能力和上进心。民办武术学校的教练来源以本校留校生为主，一些武术学校开设有对内就业的培训班，是专门针对本校内部培养师资队伍所开设的班种，主要学习礼仪、法律、德育、运动学、心理学、教育学等理论知识，加强培训武术专业方面的知识和技能、武术教学方法及学生管理方法，所以他们在对运动员进行选材时会主要依据选材理论与仪器，然后根据训练水平、竞赛成绩来选拔武术运动员。在平时训练的疲劳恢复措施中懂得按摩放松和心理放松，并能够提醒学生注意哪些方面的营养及调整措施，能够做到鼓舞激励学生，和学生建立起非常亲密融洽的师生关系。在文化课教师的聘用上，多选用师范类院校毕业持有教师资格证的教师，并通过较为严格的笔试、面试、试用期考核等流程遴选出优秀的文化课教师。一方面，民办武术学校要继续加大对师资队伍建设的投入力度，保障师资建设的稳定发展，使学校"招得到人，留得住人"，建立科学的师资考核和评价机制，有目的、有步骤地引进高层次教学名师和知名教练，为学校教学、训练注入新鲜血液；另一方面，要鼓励在校教职工通过各种进修途径提高学历层次和教学训练水平，推进教职工的专业发展，强化职后培训和继续教育，建立科学的教学质量保障体系，切实打造一支朝气蓬勃的师资队伍，满足民办武术学校可持续发展的需要。

在改善我国民办武术学校师资水平偏低、教学质量缺乏保障的现实处境上，通过打造教学能力强、师德高尚、爱岗敬业、为人师表、年龄结构合理的师资梯队，以高品质的师资队伍来促进民办武术学校教学、训练质量和水平的提高。在具体措施上，建议严把教师、教练聘用关，逐渐提高入门条件、转正条件、晋升条件，逐步实施文化课教师非师范类、没有教师资格证人员的不聘用，武术教练达不到二级武士、武术四段及以上的不聘用，教师要通过笔试、面试、试用期考核，合格后方能聘用或转正。实施传帮带机制，把从教时间短、教学经验不足的青年教师与经验丰富的教师结成"师徒制"互助组，师父要检查、指导教案，互相进行听课，培养青年教师把握学生特点、吃透教材、驾驭课堂的能力。教师、教练的成长、成熟不仅要靠自我学习省思、同事协助，还要有专家引领，武术学校除了加强内部师资学习培养外，还要在每学期组织教师、教练到各地名校参观学习，掌握教育、训练新动态、新方法、新模式。此外，还要聘请文化课特级教师、名师，武术领域学者、优秀教练等名师专家来校讲座、指导、示范。学校各学科教研组要进行集体备课，促进交流学习，定期组织各种形式的教学竞赛，引导教师围绕学校发展、教学、训练、管理等办学实践情况开展科学研究，解决学校发展中的现实问题，积极为教师职业培训、职业发展提供条件和机会，为每位教师的职业生涯发展提供尽可能多的指导和帮助，辅以各种评价、培训、激励、奖惩制度，形成优质教师队伍的有效构建。

（四）学生管理现代化建设

民办武术学校对学生管理多采取的是封闭式、军事化的管理方式，而关于学校实施军事化封闭式的学生管理，各方也是褒贬不一，由于武术学校的生源质量参差不齐、学生的年龄和心理成熟度又各不相同，为了统一管理，武术学校一般都会采取全封闭式的军事化管理，但也应该要注意封闭式管理的弊病，那就是生活枯燥与社会隔离。在学生的日常生活管理和德育管理上，通过实地调查走访，发现大部分武术学校做得还是很好的。

浙江省平阳育英体校为了加强对学生日常行为规范管理，实行半封闭军事化管理，每天24小时无缝隙管理，着重突出"实而有爱"和"严而有情"，通过优化管理体系，建立了学校-政教（武训处）一年段三级值周巡视制度。三级值周协调联动，巡视范围包括班级卫生、早晚自习、课堂纪律、食堂、宿舍、水电安全、大门管理等。学校每个角落都安装了监控器，能大大加强安全管理。另外，学生到教学楼上课、放学及晚自习上下课均有教练接送，学校对班主任及教练实行"日反馈""月考核"的班级管理考核制度。学校还实行以"孝"为主题的德育教育管理机制，通过背诵《弟子规》《三字经》《孝经》等活动培养学生养成良好的行为习惯，引领学生懂得"习武要先学文，学文要先学会做人"的道理。

山东省莱州中华武校为了保证德育工作的扎实开展，专门成立了"四德"教育工作委员会，全面负责领导、部署全校"四德"教育活动，各部门明确分工，有专人负责。在教育形式上，积极创新，学校设有道德讲堂、"四德"榜、"四德"课、布满校园的四德教育宣传栏，编写了14本"四德"校本教材，举办各种教育活动、演讲比赛等丰富的实践活动，扎实地开展"四德"教育工作，使学生的理想信念、道德水准、文明素质得到较大的提升，精神面貌发生了根本的变化，学校高度重视德育工作的做法受到了家长的欢迎与高度认可。

在学生德育管理工作方面，民办武术学校都能够有计划地开展各种丰富多彩、灵活多样的思想政治教育活动，一些武术学校还形成了由校总务处或办公室、班主任、教练或生活老师一条龙的纵向管理模式，并兼以学生会、家长为横向联系，建立了完善的德育工作网络。为使学生德育管理落到实处，福建省福清市的西山武术学校着力强化政教处的德育管理职能，在强化家长联系制度方面，规定班主任和教练有重大活动、学生受到表扬或发生严重违纪、受到伤害或身体健康出现异常状况的时候，必须与家长电话联系，家长来访探望学生时，必须热情接待，向家长通报学生在校的学习、训练、生活情况；规定班主任至少一个月与学生家长电话沟通一次，政教处会严格检查家长的访问记录，对与家长沟通不符合要求者，要对班主任和教练进行批评和处罚，并限期改进，通过强化家长与学校的联系机制，调动了家庭的教育力量，形成了齐抓共管的育人合力局面。

在福建省泉州市剑影武术学校，学校通过定期举办文化节、读书日、文化讲座等活动，营造浓厚的校园文化氛围，让学生参与学生管理制度的制定、参与社团、活动的组织与管理，使学生积极学习进步、遵守校规，提高生活自理能力，营造良好的学生文化氛围。学校还强化教职工的日常行为管理，为学生树立优良的行为榜样，形成了良好的校园行为规范和精神风貌。

河南省是民办武术学校集聚的大省，也是全国武校行业率先实行现代化管理的先锋军。在河南省小龙武院，学校针对不同年龄层次的学生制定了非常详尽的学前教育管理、小学教育管理、中学教育管理和中专教育管理的相关管理制度，把习武人"行如风、坐如钟、卧如弓、站如松"的行为规范和日常行为规范结合，使得学生风貌精神倍增。在学生生活管理上，仅护理老师方面，学校就建立了护理老师的工作职责、行为规范、关爱学生十条准则和工作责任制等相关制度和规定。在嵩山少林寺武术学校，学校开通了校园局域网，通过"绿色上网"加强对网络信息管理，提高了学生自我约束和审视、识别有害信息的能力。学校还改善了校园安全设施，定期对学生在防火、防盗、交通规则、自然危害逃生等方面加强安全教育和演习，完善了校园突发事件应急预案，提高了学生应对危机的能力。在少林寺武僧团培训基地，对学生的宿舍和食堂走访中，发现宿舍内务整齐、井然有序，即使五六岁的儿童都能够自理生活，洗衣叠被，许多家长也反映，孩子来到学校以后，变化很大，学会自己洗衣服、叠被子，有了一定的自理能力，更加自立自强，放假的时候学生还会主动帮家长干一些家务活。在一些武术学校的学生食堂，能够看到学生安静有序、文明就餐，没有出现任何浪费粮食的现象，学校都有相应的学生用餐制度，几千人在食堂吃饭，几乎听不到有人说话，真正做到了"食不言"，一些武术学校的校领导或武术教练会巡查食堂，帮助个别学生纠正不良用餐习惯。

民办武术学校在学生管理上多采取家长式的教育管理，培养家长和学生的忠诚度，从交易过程转向关系建设，一些民办武术学校已建立起了比较完善的现代化家校联系机制，有条件的学校还邀请家长参与到学生管理中，使武校和家长、学生建立了和谐融洽的关系。

（五）课程体系现代化建设

民办武术学校要通过建立健全扎实的课程体系，来实现培养文武并重全新人才的目标。某种程度上，课程体系决定了培养人才的规格和质量。因此，民办武术学校对课程体系的建设要实施现代化科学管理，按照课程设置方向化的思路，针对学生个性、兴趣、特长的差异，根据社会对武术人才的知识结构、能力结构、素质结构的实际需求，调整学校的培养方案，建立以方向化、市场化为导向的课程体系，使学校的课程设置既能充分展示武术特色，又能最大限度地满足教育对象和社会的实际需求。

新课标是中国国家课程的基本纲领性文件，它的基本价值取向是"为了每一个学生的发展"，要求课程内容应从学生发展的需要出发，结合社会和学科发展的实际，精选学生终身发展必备的知识，将学生学习的过程转变为学生学会学习、学会合作、学会生存、学会做人的过程，有计划地安排学生学习的过程，并使学生获得知识、参与活动、增加体验。传统的应试教育影响强大，素质教育很难真正得到落实。新课标把培养学生素养作为终极目标，要求每个学生不仅要获得科学知识，而且要掌握科学的学习方法和技能，这就促使教师的教学行为、学生的学习方式和师生关系发生重大转变，学校和教师将成为课程资源开发的重要力量，教科书不再是唯一的课程资源，切实达到提升学生政治素质、心理素质、文艺素质、学习能力素质、健康体魄素质等综合素质的培养目标。

实地调查中观察到，在新课标背景下，大多数民办武术学校能够依托自身办学实际，在课程结构上以国家课程标准为主体，认真落实地方课程，并能够积极开发校本课程，构建具有自身特色的课程体系。如山东省宋江武校，为了培养受社会欢迎的一专多能的复合型人才，确立了"宽口径、厚基础、高素质、强能力、有特色"的育人标准，在教学上优化课程体系，在加强武科教学的同时，更加注重学生文化课的学习和武德教育培养，学校率先在小学三年级以上开设了外国语和计算机课，建立了培养自主发展的创造性人才和复合型人才为教育目标的特色课程体系。

民办武术学校在教学实践中努力开拓创新，打造了许多优秀课程案例，丰富了新课标的课程理念和实践。例如，在陕西省西安市的西北武术院专门为学生开办有国学班。笔者旁听了一堂主题为"中华文化和民族精神"的国学课，在课上，教师运用角色转换法，让学生"穿越"为唐朝诗人，来讲述博大精深的中华文化，带领学生穿越时空去体会中华文化的发展变化，以此激起学生实现中华民族伟大复兴的决心，引导学生去思考弘扬民族精神、传承中华优秀传统文化的途径。

（六）教育现代化趋势：本土化与国际化相融

现代化的人既是在世界中的人，又是善于本土化行动的人。在经济全球化、文化多元化推动下的今天，教育资源在国与国间配置、教育要素在国与国间加速流动、教育国际交流与合作日益频繁，教育不仅要满足本土化要求，还要适应国与国间的分工与互补。国际化已经成为影响和塑造教育并使其能够应对21世纪挑战的主要力量。现在，几乎每个学校都在提倡国际化办学，诚然，国际化办学最重要的当然不是能够送多少学生出国，也不是学校能够开设多少门国际化课程，而是使学校、学生具备国际化的视野。显然，国际化已经成为新时期人才的总体要求，不论是公立学校，还是民办学校，国际化发展已经成为一种共识和趋势。那么，在21世纪国际一体化的大平台下，教育竞争关注的重点将会是真正的全球市场，而不会局限于世界的某个角落或特定地区。

武术是我国最具本土化特色和国际化程度最高的文化表现形式，作为武术文化的专门传承教育机构——民办武术学校，在发展中既要把握市场经济洪流中社会力量办学所面临的机遇和挑战，又要探究文化教育未来发展的大趋势，这样才能以更旺盛的生命力适应社会对教育多元化发展的要求。民办武术学校的教育国际化发展也已不再是一个国家范畴层面的概念。一方面，在国际化过程中积极学习借鉴国外先进的办学理念、教育制度及科学技术文化，使武术学校在私立学校办学建设和教学、训练、管理、培养国际型武术人才等方面实现跨越式的发展；另一方面，民办武术学校在国际化过程中要充分利用中国在世界经济发展中的重要影响力和中华优秀传统文化的吸引力，开展来华留学生武术教育，构建具有中国风格、中国气派和中国特色的武术文化教育国际化体系。河南省塔沟教育集团辖下的嵩山少林武术职业学院，在近十年就先后承接了九届"汉语桥——国际学生夏令营"，并向美国、俄罗斯、意大利、西班牙、新西兰、韩国、日本、泰国、尼泊尔、肯尼亚等国家派出从事汉语教学和文化交流的师生百余人次。学生在学校学习的同时，还可以和几十个国家的外国留学生进行语言文化交流，开阔了学生的视野，增长了他们的见识，培养了他们的协调沟通能力。

国际化发展路径的选择有利于民办武术学校扩大市场，获取更高的资本回报和投资回报率，也有利于形成更大规模、范围的中国"文化热"和学习效应。

文化的多样性和教育的国际化强调了开展中国武术国际化教育的必要性，国际化的武术教育不是脱离本土文化与民族精神的抽象"国际武术"，本土传统文化必须与现代教育有机整合。① 后发型国家教育现代化的核心问题就是在当代社会巨变使本土传统内在演进逻辑发生中断的情况下，如何实现符合时代发展要求的新的教育整合，即如何实现传统教育的时代创新的过程。它既不是西方化，又不是本土化，而是地地道道的"现代化"。② 国际化发展是一个继承与创新中国优秀文化，消化与综合世界先进文化，在多样化观念的交流、碰撞中形成新的平衡的创新过程。民办武术学校的国际化发展要继续以本土传统武术文化为依托，致力于弘扬中华优秀传统文化和汉语国际推广工作，培养文武双全的国际化人才。通过进一步发挥自身特色优势，立足国际化办学视野，建立特色课程体系、引进国际课程，开展双语教学，用更宽广的国际视野提升学校内涵建设。另外，民办武术学校的国际化发展要转向以提升内涵为中心的建设，拓展和国内外教育团体、各类学校、机构的实质交流与合作，提升国际影响力，扩大我国民办武术学校的品牌效应。

---

① 陈昌贵，翁丽霞. 高等教育国际化与创新人才培养 [J]. 高等教育研究，2008 (6)：77-82.
② 冯增俊. 论教育现代化的基本概念 [J]. 教育研究，1999 (3)：12-19.

结　语

组织冲突研究的根本在于实现有效的组织冲突管理，管理冲突是管理的全部，任何管理都是对各种冲突的管理。研究是在组织管理冲突理论、权威结构理论视域下对民办教育机构内、外部管理冲突问题的研究，综合运用了公共管理学、社会学、管理学、教育学等理论，对民办武术学校管理冲突问题进行深入研究。研究的主要结论为以下方面：第一，专业权威与科层权威之间既有联系又有冲突，在民办武术学校的管理实践中，专业权威和科层权威虽缺一不可，但又冲突不断。组织文化异质的程度和内在管理逻辑的不同导致了两种权威对立下的民办武术学校管理冲突。第二，外部的政府监管与学校市场运作，内部的武术文化传承与现代科学教育的承接成为双重权威下民办武术学校管理冲突的主要动因。组织边界的模糊性致使民办武术学校在"公益"与"效益"之间，产生了激烈的认知碰撞和行为冲突。民办武术学校的公益性与盈利性并不是非此即彼的对立物，问题在于要把两者关系处理得当，而盈利是民办武术学校维持办学、实现公益目的的途径。第三，政府在民办武术学校管理规制上，通过法律法规的建设明确了民办武术学校的身份及权益。利用"分类管理"从法律上解决了困扰民办教育发展的法人属性不清、财产归属不明、支持措施难以落实等瓶颈问题，通过确立"武"为特色的办学思路，从多维度引导民办武术学校转型升级，推动了我国民办武术学校由外生性成长模式向内生性成长模式的转变。第四，韦伯型是学校组织中专业取向与科层取向互相融合的结果，双重取向是一种比较理想的学校管理模式。民办武术学校的管理实践也印证了双重权威下的两种管理机制可以彼此适当渗透、相互协调，有利于激发民办学校的办学活力，保障其办学自主性和相应权力。

因研究的条件和笔者的时间、精力有限，研究在进行实地采集数据、收集资料时无法面面俱到，可能一些民办武术学校管理中的实际困难或冲突表现未能悉数纳入研究中。在未来的研究中，笔者将努力扩大调查范围和研究深度，增加样本容量，增强样本的代表性，并尝试进行动态的历史性研究，以现有资料为基础，再次系统地梳理相关文献，进行深入的专家访谈和实地调研。同时，尝试把民办武术学校相关绩效的客观测度指标制成量表，尽力获取能够反映民办武术学校管理冲突的其他信息，以进一步分析相关变量之间的作用关系。在今后的研究中，将会通过纵向历史数据、案例跟踪调查等方式，做多种方法结果之间的比较研究，努力增强实证研究的科学性，以更准确把握民办教育发展的规律和脉络。虽然研究是首次将组织管理冲突理论运用到民办教育研究中，但也只是构建了一个初步性的研究框架，对民办学校的发展规律和政府规制之间的其他相关内容的研究还有待进一步充实。

武术，承载着每一个中华儿女自强不息、厚德载物的民族精神，中华武术在构建社会主义核心价值体系、弘扬优秀传统文化、保障文化安全、维护社会稳定、构建和谐社会、提升国家形象等方面扮演重要角色。习练武术，就是自觉接受中华优秀传统文化熏陶，深化爱国主义教育的过程。民办武术学校的出现使传统神秘的武术传承抛开了"传男不传女，传内不传外"的陈旧落后思想。尽管目前我国民办武术学校的管理中存在理论和实践上的矛盾和冲突，但我们有理由相信，在政府科学教育的指引下，民办武术学校的创新能力会不断提升，在注重素质教育、紧抓教学质量的同时，提高学生的综合素质，必将在全面发展和专业发展两者中探索出一条文武兼并、性命双修的全新发展道路，使民办武术学校走上产业化、现代化、集团化、国际化发展的道路。习武之人重视武德修为，凡事以和为贵，武术文化充分体现出了中国人追求"和谐"的价值取向，这在当今时代具有极其现实的社会意义，是对同心共筑中国梦的伟大实践，对实现中华民族伟大复兴具有极为直接的作用。我们坚信，只要思之以新，行之以实，顺应教育市场的需要，顺应武术自身发展的要求，民办武术学校就能以更加旺盛的生命力阔步走向灿烂辉煌的明天。

参考文献

［1］关于学校武术教育改革与发展的研究课题组．我国中小学武术教育状况调查研究［J］．体育科学，2009（3）.

［2］马麟，康涛．"去中国化"对学校体育的警醒［J］．青少年体育，2015（10）.

［3］中国武术馆校总览编委会．中国武术馆校总览［M］．北京：北京体育大学出版社，2006.

［4］风笑天．社会学研究方法：第3版［M］．北京：中国人民大学出版社，2009.

［5］周三多．管理学原理与方法［M］．上海：复旦大学出版社，1999.

［6］李·S.舒尔曼，王幼真，刘捷．理论、实践与教育的专业化［J］．比较教育研究，1999（3）.

［7］STINNETT T M. Professional Problems of Teachers［M］. The Macmillan Company Collier MacMillan Ltd，London，1968.

［8］彼得·布劳，马歇尔·梅耶．现代社会中的科层制［M］．马戎，时宪明，邱泽奇，译．上海：学林出版社，2001.

［9］劳凯声．教师职业的专业性和教师的专业权力［J］．教育研究，2008（2）.

［10］尤莉．理性的呼唤：教育督导中专业权威的来源与构建［J］．现代教育管理，2011（10）.

［11］盖瑞·J.米勒．管理困境：科层的政治经济学［M］．王勇，等译．上海：上海三联书店，上海人民出版社，2002.

［12］朱国云．科层制与中国社会组织管理模式［J］．管理世界，1999（5）.

［13］安东尼·吉登斯．社会学［M］．北京：北京大学出版社，2003.

［14］马克斯·韦伯．韦伯文集［M］．北京：中国广播出版社，2000.

[15] 托马斯·J. 瑟吉奥万尼. 校长学：一种反思性实践观 [M]. 张虹，译. 上海：上海教育出版社，2002.

[16] 李焰. 借鉴西方视角透析中国校长权威来源 [J]. 教育与教学研究，2009 (7).

[17] 马克·汉森. 教育管理与组织行为 [M]. 冯大鸣，等译. 上海：上海教育出版社，1993.

[18] 法律法规网. 安徽省社会武术管理办法 [EB/OL]. http：//www. 110. com/fagui/law_ 154189. html.

[19] 公安部、教育部、体育总局关于加强各类武术学校及习武场所管理的通知 [J]. 教育部政报，2000 (9).

[20] 江百龙，黄治武. 我国民办武术学校兴起的社会学原因探微 [J]. 武汉体育学院报，2005 (2).

[21] 李萍. 论新形势下武术学校的作用 [J]. 体育文化导刊，2005 (1).

[22] 北京什刹海体育运动学校网站 [EB/OL]. http：//www. bjschtx. com.

[23] 中共中央马克思恩格斯列宁斯大林著作编译局. 马克思恩格斯选集 [M]. 北京：人民出版社，1995.

[24] 辞海 [Z]. 上海：上海辞书出版社，1989.

[25] 阿·辛科. 马克思列宁主义哲学词典 [Z]. 北京：东方出版社，1991.

[26] 恩格斯. 论权威 [M]. 北京：人民出版社，1972.

[27] 朱智贤. 心理学大辞典 [Z]. 北京：北京师范大学出版社，1988.

[28] 韦伯. 经济与社会 [M]. 北京：北京出版社，2008.

[29] 丹尼斯·朗. 权力论 [M]. 陆震纶，郑明哲，译. 北京：中国社会科学出版社，2001.

[30] 莱斯利·里普森. 政治学的重大问题——政治学导论 [M]. 刘晓，等译. 北京：华夏出版社，2001.

[31] 罗伯特·达尔. 现代政治分析 [M]. 王沪宁，陈峰，译. 上海：上海译文出版社，1987.

[32] ETZIONI. Modern Organizations [M]. Englewood Cliffs, NJ：Prentice Hall，1964.

[33] 查尔斯·林德布洛姆. 政治与市场：世界的政治经济制度 [M]. 王逸舟，译. 上海：上海：三联书店，1992.

[34] 切斯特·巴纳德. 经理人员的职能 [M]. 孙耀君，译. 北京：中国社

会科学出版社，1997.

[35] 约翰·洛克. 政府论 [M]. 刘丹，赵文道，译. 长沙：湖南文艺出版社，2011.

[36] D. P. 约翰逊. 社会学理论 [M]. 南开大学社会学系，译. 北京：国际文化出版公司，1988.

[37] PAUL STARR. The Social Transformation of American Medicine [M]. New York：Basic Books. 1982.

[38] Michel Grozier. The Bureaucratic Phenomenon [M]. Chicago：University of Chicago Press. 1964.

[39] 陆有铨. 现代西方教育哲学 [M]. 北京：北京大学出版社，2012.

[40] 霍伊，米斯尔. 教育管理学：理论·研究·实践：第7版 [M]. 范国睿，译. 北京：教育科学出版社，2007.

[41] 张新平. 论学校管理的科层取向与专业取向 [J]. 教育评论，2001 (5).

[42] 谢笑珍. 科层制学术治理模式的功能障碍 [J]. 高校教育管理，2011 (6).

[43] 黄慧. 论高校管理行政化与教师专业化的冲突 [J]. 中国成人教育，2007 (15).

[44] 钟启泉. 从"行政权威"走向"专业权威"："课程领导"的困惑与课题 [J]. 教育发展研究，2006 (7).

[45] 张新平. 对学校科层制的批判与反思 [J]. 教育探索，2003 (8).

[46] 王春娟. 科层制的涵义及结构特征分析：兼评韦伯的科层制理论 [J]. 学术交流，2006 (5).

[47] 鲍传友. 消解与重构：新课程情境中的教师权威 [J]. 湖南师范大学教育科学学报，2004 (5).

[48] 杜芳芳. 从行政控制到专业引领 [D]. 上海：华东师范大学，2011.

[49] 田国秀. 关于教师权威的辩证思考 [J]. 教育理论与实践，1998 (3).

[50] 程培杰，许晓娟. 论教师权威性的重构 [J]. 教育评论，2003 (1).

[51] 马廷奇. 大学管理的科层化及其实践困境 [J]. 清华大学教育研究，2006 (1).

[52] 马克思·韦伯. 韦伯作品集：支配社会学 [M]. 桂林：广西师范大学出版社，2004.

[53] 郑国华. 社会转型与我国民族传统体育文化传承 [D]. 北京：北京体育大学，2007.

[54] 孙培青. 中国教育管理史 [M]. 北京：人民教育出版社，1997.

[55] 新渡户稻造 [M]. 张俊彦，译. 北京：商务印书馆，2005.

[56] 邱丕相. 中国武术史 [M]. 北京：高等教育出版社，2008.

[57] 王晓东，高航. 武术进入学校教育的历史溯源 [J]. 首都体育学院学报，2004（3）.

[58] 吕光明，我国学校武术发展源流探源 [J]. 武汉体育学院学报，1993（3）.

[59] 中国武术百科全书编撰委员会. 中国武术百科全书 [M]. 北京：中国大百科全书出版社，1998.

[60] 康戈武. 从全球化视角探讨武术教育的生存与发展 [J]. 体育文化导刊，2006（10）.

[61] 胡绳. 从鸦片战争到五四运动 [M]. 上海：华东师范大学出版社，2014.

[62] 张之江. 恢复民族体育与抗战的最后胜利 [J]. 国民体育季刊. 创刊号. 转引自周伟良. 中国武术史 [M]. 高等教育出版社，2003.

[63] 崔乐泉. 中国体育思想史·近代卷 [M]. 北京：首都师范大学出版社，2008.

[64] 张胜利，郭志禹. 中国武术的体育化进程及启示 [J]. 体育文化导刊，2007（9）.

[65] 周伟良. 近代武术史上的一桩"剽窃案"[J]. 体育文化导刊，2004（10）.

[66] 李源，赵连文，梁勤超. 学校武术教育百年的演进逻辑与文化反思 [J]. 北京体育大学学报，2016（6）.

[67] 国家体委武术研究院. 中国武术史 [M]. 北京：人民体育出版社，1997.

[68] 张文彬. 民办学校集团化、专业化发展研究：以福建西山教育集团为例 [M]. 北京：人民出版社，2014.

[69] 少林鹅坡教育集团 [EB/OL]. http://www.shaolinepo.com.

[70] 阎彬，马学智. 文化视野中的武术热：历史回溯与现实观照 [J]. 北京体育大学学报，2016（2）.

[71] 昌沧. 武校（馆）为什么要以文为主？[J]. 中华武术，2002（9）.

[72] 栗胜夫，姚丽华，刘卫峰. 我国武术学校发展现状与对策研究 [J]. 体育科学，2003 (3).

[73] 少林塔沟教育集团 [EB/OL]. http：//www. shaolintagou. com.

[74] 王军涛. 河南省武术学校生源现状调查与研究 [J]. 改革与开放，2010 (6).

[75] 王智慧. 社会变迁下的民族传统体育文化记忆与传承研究：沧州武术文化的变迁与启示 [J]. 中国体育科技，2015 (1).

[76] 岳武. 拜师论 [J]. 中华武术，2003 (12).

[77] 白庚胜. 民间文化传承论 [J]. 河南大学学报（社会科学版），2007 (1).

[78] 周伟良. 师徒论：传统武术的一个文化现象诠释 [J]. 北京体育大学学报，2004 (5).

[79] 蔡金明. 传统武术传播的方式与特点 [J]. 体育文化导刊，2003 (6).

[80] 康涛，马麟. 我国武术非物质文化遗产传承发展的思考 [J]. 中国学校体育（高等教育），2015 (3).

[81] 赵世林. 论民族文化传承的本质 [J]. 北京大学学报（哲学社会科学版），2002 (3).

[82] 李俊卿. 师徒传承与师生教学在弘扬中华武术文化中的作用比较 [J]. 南京体育学院学报（社会科学版），2004 (6).

[83] 国家体育总局武术运动管理中心. 民办武校现状及发展趋势调研报告 [J]. 中华武术，2006 (1).

[84] WACQUANT L D. Towards a Reflexive Sociology：A Workshop with Pierre Bourdieu [J]，Sociological Theory，1989 (7).

[85] BALDRIDGE J V. Models of university Governance：Bureaucratic，Collegial，and Political，1977 [EB/OL]. [2010-08 -20]. http：/ /eric. ed. gov/PDFS / ED060825，pdf.

[86] 刘古平. 全面发展教育的争议与再认识 [EB/OL] (2017−01−16). http：//old. pep. com. cn/.

[87] 刘爱菊. 浅谈武术馆校的管理与学生就业体系的构建 [J]. 湖南环境生物职业技术学院学报，2010，16 (3).

[88] 彭汉香. 论组织·文化·管理 [M]. 上海：上海财经大学出版社，2014.

[89] 周进. 由冲突到协调：学术自治与科层制 [J]. 江苏高教，2010 (1).

[90] 登哈特. 公共组织理论 [M]. 项龙，刘俊生，译. 北京：华夏出版社，2002.

[91] 国家体育总局武术运动管理中心内部资料.

[92] 姚加惠，李泽彧. 冲突与协调：现代大学管理的民主化与科层化 [J]. 江苏高教，2006 (2).

[93] 安东尼·唐斯. 官僚制内幕 [M]. 郭小聪，译. 北京：中国人民大学出版社，2006.

[94] 河南省武术运动管理中心内部资料.

[95] 国家体育总局官网 [EB/OL]. http://www.sport.gov.cn.

[96] 郭志禹. 中国地域武术文化 [M]. 北京：学苑出版社，2013.

[97] 姚伟坤，周梅华. 从集群恶性竞争到集群品牌竞争 [J]. 华东经济管理，2009 (8).

[98] 徐红梅. 我国市场恶性竞争产生的原因及影响分析 [J]. 理论导刊，2004 (9).

[99] 陈福初. 论我国《反不正当竞争法》的缺陷及其完善 [J]. 经济经纬，2007 (3).

[100] 张祥建，郭岚. 政治关联的机理、渠道与策略：基于中国民营企业的研究 [J]. 财贸经济，2010 (9).

[101] 顾明远. 学校亟须抑制抢生源的恶性竞争 [N]. 中国教育报，2017-01-05.

[102] 赫胥黎. 天演论 [M]. 严复，译. 北京：科学出版社，1971.

[103] 周一平. "物竞天择，适者生存"今解 [J]. 探索与争鸣，2003 (8).

[104] 刘文新. 重庆江龙武校突然关门，两百学生顿陷失学困境 [N]. 中国消费者报，2013-07-10.

[105] 少林塔沟教育集团学校内部文件.

[106] 沈善洪. 中国伦理思想史 [M]. 北京：人民出版社，2005.

[107] 崔大华. 论《礼记》的思想 [J]. 中国哲学史，1996 (4).

[108] 乔凤杰. 河南旅游武术文化 [M]. 北京：中国旅游出版社，2007.

[109] 北京武术协会提供资料.

[110] 吴殳. 手臂录·附录 [M]. 卷上. 北京：北京师范大学出版

社，1989.

[111] 搜狐体育. 武校"棍棒教学"触目惊心体罚是公开秘密. [EB/OL] (2012-01-11) [2016-02-16]. http：//sports. sohu. com/20120111/n331816730. shtml

[112] 戈登·塔洛克. 政府失灵：公共选择的初探 [M]. 徐仁辉，等，译. 重庆：重庆出版社，2005.

[113] 戴维·L. 韦默，艾丹·R. 维宁. 政策分析：理论与实践 [M]. 戴星翼，等，译. 上海：上海译文出版社，2003.

[114] 何艳玲，汪广龙，陈时国. 中国城市政府支出政治分析 [J]. 中国社会科学，2014 (7).

[115] 澎湃新闻网. 李克强全盘解读新型城镇化：政府官员总是习惯什么都要管起来 [EB/OL] (2017-02-16). http：//www. thepaper. cn/newsDetail_forward_ 1267869.

[116] 张庆. 论民办高等教育中政府职能的"越位"与"缺位" [J]. 湖南涉外经济学院学报，2013 (2).

[117] 秦芩，申来津. 政府法治化与政府职能"错位""越位""缺位"现象的治理 [J]. 行政与法，2006 (3).

[118] 阿尔蒙德. 比较政治学：体系、过程和政策 [M] //伊·普里戈金，伊·斯唐热. 当代学术思潮译丛. 上海：上海译文出版社，1987.

[119] 中南财经政法大学中国地方政府改革发展研究报告 [M]. 北京：中国财政经济出版社，2002.

[120] 张正岩. 中国县级政府公共服务能力研究 [D]. 长春：吉林大学，2011.

[121] 林成. 从市场失灵到政府失灵：外部性理论及其政策的演进 [D]. 沈阳：辽宁大学，2007.

[122] 尚新力. 论亚当·斯密 [M]. 北京：中央编译出版社，2012.

[123] 登封市人民政府. 登封市武术产业发展规划 [R]. 2006.

[124] 李钊. 论民办高校办学风险防范中的政府责任 [J]. 中南大学学报 (社会科学版)，2009 (3).

[125] 苏保忠，张正河. 公共管理学 [M]. 北京：北京大学出版社，2004.

[126] 张康之，张乾友. 公共行政学 [M]. 北京：中国人民大学出版社，2016.

[127] 张建君. 政府权力、精英关系和乡镇企业改制：比较苏南和温州的不同实践 [J]. 社会学研究，2005 (5).

[128] 丁煌. 西方行政学说史 [M]. 武汉：武汉大学出版社, 2005.

[129] 吴松江, 胡扬名. 论影响政府权力运行效率的四种内在冲突 [J]. 甘肃社会科学, 2011 (4).

[130] 托马斯·R. 戴伊. 谁掌管美国 [M]. 北京：世界知识出版社, 1990.

[131] 张康之. 寻找公共行政的伦理视角 [M]. 北京：中国人民大学出版社, 2002.

[132] 丁煌. 威尔逊的行政学思想 [J]. 政治学研究, 1998 (3).

[133] 国家行政学院国际合作交流部编译. 西方国家行政改革述评 [M]. 北京：国家行政学院出版社, 1998.

[134] 刘俊生. 从权力行政到服务行政 [J]. 云南行政学院学报, 2000 (4).

[135] 费孝通. 乡土中国 [M]. 北京：北京大学出版社, 1998.

[136] 张东娇. 学校文化冲突发生、表现与管理策略 [J]. 教育科学, 2016 (1).

[137] 古尔德纳, 唐亮. 韦伯和他的权威结构理论 [J]. 现代外国哲学社会科学文摘, 1986 (7).

[138] 王明琳, 周生春. 家族企业内部冲突及其管理问题探讨 [J]. 外国经济与管理, 2009, 31 (2).

[139] 戴维·斯沃茨. 文化与权力：布尔迪厄的社会学 [M]. 上海：上海译文出版社, 2006.

[140] 刘越. 社会建构论视阈下组织冲突的管理研究 [D] 哈尔滨：哈尔滨工程大学, 2011.

[141] 王凤彬. 战略决定结构还是结构决定战略：兼评联想集团的战略与结构关系 [J]. 经济理论与经济管理, 2003 (9).

[142] 陈英梅, 李春燕. 企业战略与组织结构的有效结合 [J]. 经济师, 2004 (12).

[143] 亨利·明茨伯格. 战略历程：纵览战略管理学派 [M]. 北京：机械工业出版社, 2002.

[144] 刘益, 陈静, 代晔. 组织结构：内涵、维度与形式 [J]. 北京印刷学院学报, 2015 (3).

[145] 饶志明. 东南亚华人企业集团战略态势分析 [J]. 华侨大学学报（哲学社会科学版）, 2003 (1).

[146] 罗辉道，项保华. 行业结构、战略资源与企业业绩的关系 [J]. 山西财经大学学报，2004（1）.

[147] 国家统计局官网. 国民经济行业分类（GB/T 4754—2011）标准 [EBIOL]（2017-02-12）. http：//www.stats.gov.cn/tjsj/tjbz/hyflbz/.

[148] 陈建先. 从零和博弈到变和博弈的裂变：政府经济行为的均衡解 [J]. 行政论坛，2011（4）.

[149] 马学智. 中国民办武术学校可持续发展研究 [D]. 北京：北京体育大学，2010.

[150] 张海鹏. 河南省民办武术学校现状调查研究 [D]. 重庆：重庆师范大学，2015.

[151] 张军. 企业文化的要素及特点 [J]. 河北工业科技，2001（1）.

[152] 李芹. 学校组织文化内涵、结构与功能探讨 [J]. 广东工业大学学报（社会科学版），2008（2）.

[153] 罗长海，林坚. 企业文化要义 [M]. 北京：清华大学出版社，2003.

[154] 王虎成. 文化管理与战略管理互补研究 [D]. 上海：华中师范大学，2013.

[155] 李艳玲. 以生命周期理论视企业不同发展阶段的产品策略 [J]. 中国市场，2011（10）.

[156] 安东尼·吉登斯. 社会的构成 [M]. 李康，等，译. 上海：上海三联书店，1998.

[157] 吕韶钧，彭芳. 我国武术学校等级管理之研究 [J]. 北京体育大学学报，2006.

[158] 薛有志，周杰，初旭. 企业战略转型的概念框架：内涵、路径与模式 [J]. 经济管理，2012.

[159] Blalock H M Jr. Power and conflict：toward a general theory [M]. Newbury Park：Sage，1989.

[160] 王琦，杜永怡，席酉民. 组织冲突研究回顾与展望 [J]. 预测，2004（3）.

[161] 詹姆斯 G. 马奇，赫伯特·A. 西蒙. 组织 [M]. 邵冲，译. 北京：机械工业出版社，2013.

[162] 艾莉森·利·布朗. 福柯 [M]. 北京：中华书局，2014.

[163] 周玲. 大学组织冲突研究 [D]. 上海：华东师范大学，2006.

[164] 黄崴. 教育管理学 [M]. 北京：中国人民大学出版社，2008.

[165] 魏爱云，程方平，张玉林，等．专家激辩我国教育资源问题 [J]．人民论坛，2005（12）．

[166] 王希华．在历史回顾中看现代私学 [J]．大连教育学院学报，1995（Z1）．

[167] 叶沈良．中国民办学校发展轨迹 [J]．江苏教育学院学报（社会科学版），2003（3）．

[168] 胡卫．中国民办教育发展现状及策略框架 [J]．教育研究，1999（5）．

[169] 程方平，刘民．国外民办（私立）学校的特点及管理问题 [J]．教育研究，1999（5）．

[170] 范国睿．民办教育发展的保障与促进：解读《中华人民共和国民办教育促进法》[J]．教育发展研究，2003（7）．

[171] 文东茅．论民办学校的产权与控制权 [J]．清华大学教育研究，2003．

[172] 贾西津．对民办教育营利性与非营利性的思考 [J]．教育研究，2003（2）．

[173] 中华人民共和国国务院．社会力量办学条例 [Z]．1997．

[174] 陈桂生．中国民办教育问题 [M]．北京：教育科学出版社，2001．

[175] 黄济．教育哲学通论 [M]．太原：山西教育出版社，2011．

[176] 肖利宏．论我国民办教育、公办教育发展的非公平 [J]．教育与经济，2000（4）．

[177] 郭元祥．民办学校发展中的冲突与调适：全国民办学校研究专业委员会年会综述 [J]．教育研究与实验，1996（4）．

[178] 胡伶．民办教育政策歧视现象分析 [J]．现代教育管理，2013（12）．

[179] 吴开华，张铁明．我国民办教育法律冲突及其根源 [J]．河北师范大学学报（教育科学版），2008（3）．

[180] 本刊编辑部．认识分歧与制度冲突：制约我国民办教育发展的重要因素：吴华教授访谈录 [J]．教育发展研究，2008（2）．

[181] 曾志平．论民办学校的法律地位与法人治理结构的完善 [J]．教育学术月刊，2008（6）．

[182] 何旭明．从社会化与个性化的关系看创新教育 [J]．教育与现代化，2000（4）．

[183] 刘文霞. 个性教育论 [D]. 南京：南京师范大学，1997.

[184] 张斌贤. 外国教育史 [M]. 北京：教育科学出版社，2012.

[185] 张华. "特色教育" 本质论 [J]. 教育理论与实践，1998（3）.

[186] 石猛. 论民办高校投资办学的非营利性 [J]. 中国成人教育，2014（6）.

[187] 别敦荣. 论民办教育发展的第三条道路 [J]. 华中师范大学学报（人文社会科学版），2012（3）.

[188] 王岗，张玲玲. 武术产业化的问题与反思 [J]. 山东体育学院学报，2013（1）.

[189] 吴跃文. 对 "不得以营利为目的举办教育机构" 的理解 [J]. 杭州师范学院学报，2001（3）.

[190] 赵明安. 高等职业院校战略目标结构体系的设计与改进 [J]. 武汉船舶职业技术学院学报，2012（1）.

[191] 文东茅. 论民办教育公益性与可营利性的非矛盾性 [J]. 北京大学教育评论，2004（1）.

[192] 潘懋元. 我国高校产权制度改革的若干问题：兼论公、民办高校产权问题 [J]. 教育发展研究，2005（14）.

[193] 范敏，李岩. 民办教育的盈利性研究 [J]. 中国科教创新导刊，2012（17）.

[194] 吴跃文. 论营利与教育的本质性冲突和现实性调和 [J]. 教育发展研究，2001（6）.

[195] 陈磊. 民办教育法律政策亟待完善 [N]. 法治日报，2016-04-28（5）.

[196] 苏国勋，张旅平，夏光. 全球化：文化冲突与共生 [M]. 北京：社会科学文献出版社，2006.

[197] 魏成龙，张丽娜，史红民，等. 政府规制创新 [M]. 北京：经济管理出版社，2016.

[198] 劳凯声. 教育市场的可能性及其限度 [J]. 北京师范大学学报（社会科学版），2005（1）.

[199] 沈剑光. 民办教育发展的战略转型与政策应对 [J]. 教育研究，2009（8）.

[200] 钟秉林. 民办学校分类管理正当其时 [N]. 光明日报，2016.

[201] 陆亚东，孙金云. 复合基础观的动因及其对竞争优势的影响研究

[J]. 管理世界, 2014 (7).

[202] 陆亚东, 孙金云, 武亚军. "合" 理论: 基于东方文化背景的战略理论新范式 [J]. 外国经济与管理, 2015 (6).

[203] 夏宏, 李冰. 少林塔沟: 一所武校和一个家族的纠结 [J]. 创业家, 2010 (8).

[204] 储小平. 家族企业研究: 一个具有现代意义的话题 [J]. 中国社会科学, 2000 (5).

[205] 卢福财, 刘满芝. 海外华人企业家族式经营管理的特点与启示 [J]. 首都经济贸易大学学报, 2002 (2).

[206] 李庆华. 企业战略定位: 一个理论分析构架 [J]. 科研管理, 2004 (1).

[207] 成海清. 基于顾客价值导向的战略定位研究 [D]. 天津: 天津大学, 2006.

[208] 登封谋划 "世界功夫之都" 欲组建十大武术集团 [EB/OL]. http://news. sohu. com/20111125/n326824357. shtml

[209] 林枝波. 武术教育集团发展的调查研究 [D]. 北京: 北京体育大学, 2011.

[210] 关于深化教育改革全面推进素质教育的决定 [EB/OL]. http://www. gov. cn/content_ 1670004. htm.

[211] 刘劲松, 肖鸿, 陈盼. 论我国武术馆校学生就业体系的构建 [J]. 湖北师范学院学报 (自然科学版), 2005.

[212] 王振洪, 邵建东. 构建利益共同体　推进校企深度合作 [J]. 中国高等教育, 2011 (Z1).

[213] 查建中. 面向经济全球化的工程教育改革战略: 产学合作与国际化 [J]. 高等工程教育研究, 2008 (1).

[214] 李志强, 李凌己. 国内产学研结合发展的新趋势 [J]. 清华大学教育研究, 2005 (4).

[215] 海洋. 民办学校战略联盟问题探讨 [J]. 中国民办教育研究, 2003 (7).

[216] 武术产业发展规划通过论证, 登封打造 "功夫之都" [EB/OL]. (2006-08-08) [2016-01-16]. http://www. henan. gov. cn/jrhn/system/2006/08/08/010001134. shtml.

[217] 中央政府门户网站. 国家中长期教育改革和发展规划纲要 (2010—

2020 年）［EB/OL］. http：//www. gov. cn/jrzg/2010-07/29/content_ 1667143. htm.

［218］康涛. 刍论中国武术段位制推广普及的"三动三不动"［J］. 山东体育科技，2015（3）.

［219］马克斯·韦伯. 新教伦理与资本主义精神［M］. 彭强，黄晓京，译. 西安：陕西师范大学出版社，2002.

［220］吉尔伯特·罗兹曼. 中国的现代化［M］. 比较现代化课题组，译. 南京：江苏人民出版社，1995.

［221］S. N. 艾森斯塔德. 现代化：抗拒与变迁［M］. 张吕平，等译. 北京：中国人民大学出版社，1988.

［222］马健生. 现代教育制度与思想［M］. 北京：高等教育出版社，2009.

［223］周稽裘. 教育现代化：一个特定历史时期的描述［M］. 北京：教育科学出版社，2009.

［224］胡卫，唐晓杰，等. 中国教育现代化进程研究［M］. 北京：教育科学出版社，2010.

［225］褚宏启. 教育现代化的路径［M］. 北京：教育科学出版社，2000.

［226］孙立平. 传统与变迁：国外现代化及中国现代化问题研究［M］. 哈尔滨：黑龙江人民出版社，1992.

［227］托马斯·沛西·能. 教育原理［M］. 北京：人民教育出版社，1992.

［228］中共中央马克思恩格斯列宁斯大林著作编译局. 马克思恩格斯全集［M］. 北京：人民出版社，2007.

［229］杨弃之. 什么是"现代化的人"：介绍哈佛大学国际事务研究中心的调查研究［J］. 国外社会科学，1981（10）.

［230］阿列克斯·英克尔斯，戴维·H. 史密斯. 从传统人到现代人：六个发展中国家中的个人变化［M］. 北京：中国人民大学出版社，1992.

［231］阿历克斯·英格尔斯. 人的现代化［M］. 成都：四川人民出版社，1985.

［232］李萍，钟明华. 公民教育：传统德育的历史性转型［J］. 教育研究，2002（10）.

［233］刘鑫淼. 当代中国公共精神的培育研究［M］. 北京：人民出版社，2010.

［234］舒悦. 区域教育现代化增长研究［M］. 广州：广东高等教育出版社，2013.

［235］张娜. 权利与规制：学校产权制度论［M］. 北京：教育科学出版

社，2010.

[236] 成彦明. 办好学校的关键策略 [M]. 南京：南京大学出版社，2010.

[237] 王建慧，沈红. 美国大学教师评价的导向流变和价值层次 [J]. 外国教育研究，2016 (7).

[238] 孟卫青，吴开俊. 中小学教师工作绩效评价系统的发展：英美经验 [J]. 比较教育研究，2013 (9).

[239] 曾晓东. 中小学教师管理的制度分析 [M]. 北京：北京师范大学出版社，2005.

[240] 苏君阳. 我国学校内部组织管理：科层化与扁平化的冲突和协调 [J]. 北京师范大学学报（社会科学版），2010 (1).

[241] OWENS R G Organizational Behavior in Education [M]. Englewood Cliffs：New Jersey, Prentice-Hall, 1991.

[242] 康涛，陈红梅."负激励"在高校科研管理绩效中的运用 [J]. 中国高校科技，2015 (12).

[243] 张桂春. 国外教师职业道德建设的经验及启示 [J]. 教育科学，2001 (1).

[244] 埃德加·沙因. 组织文化与领导力 [M]. 北京：中国人民大学出版社，2011.

[245] 特伦斯·迪尔. 企业文化：企业生活中的礼仪与仪式 [M]. 北京：中国人民大学出版社，2008.

[246] 迟福林. 二次转型与改革战略 [M]. 北京：学习出版社，2012.

[247] 李连芬，刘德伟. 我国公共教育供给短缺的原因分析 [J]. 经济体制改革，2010 (5).

[248] 人民网. 国家财政性教育经费占 GDP 比例连续四年超过 4% [EB/OL]. http：//edu. people. com. cn/n1/2016/1110/c367001-28851636. html.

[249] 钟无涯. 教育投入与经济绩效：基于京沪粤的区域比较 [J]. 教育与经济，2014 (2).

[250] 鲍传友. 公共选择理论视野下的教育公共品供给问题分析 [J]. 民办教育研究，2008 (10).

[251] 彼得·M. 布劳，W. 理查德·斯科特. 正规组织：一种比较方法 [M]. 北京：教育科学出版社，2010.

[252] 杨东平. 中国教育发展报告 [M]. 北京：社会科学文献出版社，2006.

［253］迟福林．第二次改革［M］．北京：中国经济出版社，2010．

［254］张娜．基础教育产权制度研究［D］．上海：华东师范大学，2007．

［255］苏力．规制与发展：第三部门的法律环境［M］．杭州：浙江人民出版社，1999．

［256］王俊豪．政府管制经济学导论：基本理论及其在政府管制实践中的应用［M］．北京：商务印书馆，2003．

［257］茅铭晨．政府管制理论研究综述［J］．管理世界，2007（2）．

［258］丹尼尔·F.史普博．管制与市场［M］．上海：上海人民出版社，1999．

［259］胡光明．高等教育中外合作办学中的政府规制失灵问题［J］．现代教育管理，2011（5）．

［260］王学军，胡小武．论规制失灵及政府规制能力的提升［J］．公共管理学报，2005（2）．

［261］保罗·萨缪尔森，威廉·诺德豪斯．微观经济学：第19版［M］．北京：人民邮电出版社，2004．

［262］汤自军．市场失灵与政府失灵：论规制理论的发展［J］．学理论，2011（25）．

［263］克里斯托弗·胡德，科林·斯科特，奥利弗·詹姆斯，等．监管政府：节俭、优质与廉政体制设置［M］．陈伟，译．北京：生活·读书·新知三联书店，2009．

［264］张丽娜．我国政府规制理论研究综述［J］．中国行政管理，2006（12）．

［265］吴开华．我国民办学校政府规制：实践与展望［J］．广西师范大学学报（哲学社会科学版），2007（3）．

［266］教育部人事司．高等教育法规概论［M］．北京：北京师范大学出版社，2010．

［267］郑方辉，尚虎平．中国法治政府建设进程中的政府绩效评价［J］．中国社会科学，2016（1）．

［268］何立胜，杨志强．转型期的社会性规制变革研究［M］．北京：中国法制出版社，2015．

［269］马怀德．法治政府特征及建设途径［J］．国家行政学院学报，2008（2）．

［270］温家宝．政府工作报告［M］．北京：人民出版社，2005．

［271］袁曙宏．关于构建我国法治政府指标体系的设想［J］．国家行政学院学报，2006（4）．

［272］杨海坤．我国法治政府建设的历程、反思与展望［J］．法治研究，2015（6）．

［273］威廉·韦德．行政法［M］．北京：中国大百科全书出版社，1997．